教育部人文社会科学重点研究基地湖南师范大学道德文化研究中心

中国特色社会主义道德文化省部共建协同创新中心重大项目

　"中国道德话语研究"（20JDZD01）研究成果

湖南省"十四五"时期社科重大学术和文化研究专项项目

　"中国道德话语的历史变迁与当代价值研究"（21ZDA07）研究成果

儒家道德话语

刘永春 ◎ 著

光明日报出版社

图书在版编目（CIP）数据

儒家道德话语 / 刘永春著 . -- 北京：光明日报出
版社，2023.3
　ISBN 978 - 7 - 5194 - 7159 - 0

　Ⅰ.①儒… Ⅱ.①刘… Ⅲ.①儒家—哲学思想—研究
Ⅳ.①B222.05

中国国家版本馆 CIP 数据核字（2023）第 062837 号

儒家道德话语

RUJIA DAODE HUAYU

著　　者：刘永春

责任编辑：许　怡　宋　悦　　　　责任校对：王　娟　李　兵

封面设计：中联华文　　　　　　　责任印制：曹　诤

出版发行：光明日报出版社

地　　址：北京市西城区永安路 106 号，100050

电　　话：010-63169890（咨询），010-63131930（邮购）

传　　真：010-63131930

网　　址：http：//book. gmw. cn

E - mail：gmrbcbs@ gmw. cn

法律顾问：北京市兰台律师事务所龚柳方律师

印　　刷：三河市华东印刷有限公司

装　　订：三河市华东印刷有限公司

本书如有破损、缺页、装订错误，请与本社联系调换，电话：010-63131930

开　　本：170mm×240mm

字　　数：253 千字　　　　　　　印　　张：17

版　　次：2023 年 3 月第 1 版　　　印　　次：2023 年 3 月第 1 次印刷

书　　号：ISBN 978 - 7 - 5194 - 7159 - 0

定　　价：95. 00 元

走进中国道德话语世界
感受中国道德文化魅力
——"中国道德话语研究丛书"序

向玉乔

习近平总书记说:"国无德不兴,人无德不立。必须加强全社会的思想道德建设,激发人们形成善良的道德意愿、道德情感,培育正确的道德判断和道德责任,提高道德实践能力尤其是自觉践行能力,引导人们向往和追求讲道德、尊道德、守道德的生活,形成向上的力量、向善的力量。只要中华民族一代接着一代追求美好崇高的道德境界,我们的民族就永远充满希望。"① 推进中国道德文化建设、不断塑造中国道德文化新优势是中国特色社会主义建设事业的内在要求。

中国道德文化是中华文化的精髓。它是在中华民族道德生活史中逐步形成的,具体表现为中华民族的道德思维、道德认知、道德信念、道德情感、道德意志、道德行为、道德记忆、道德语言等得以展现的历史过程。中国道德文化在历史中形成,在现实中发展,是一个动态发展的体系。

中国道德话语是中国道德文化的重要组成部分,其重要性不容忽视。中华民族从古至今的道德生活都是通过中国道德话语得到表达的。中国道德话语不仅将中华民族道德生活的内容描述出来,而且将它内含的伦理意义表达出来。它是一个集描述性功能和规范性功能于一体的符号系统。

---

① 中共中央文献研究室编. 习近平关于社会主义文化建设论述摘编 [M]. 北京: 中央文献出版社, 2017: 137.

　　构成中国道德话语的要素有语音、文字、词语、语法、修辞等。研究中国道德话语主要是研究汉语语音、汉语文字、汉语词语等要素所具有的道德性质及其得到表达的方式、途径等。由于中国道德话语的构成要素极其复杂，对它的研究必然是一条复杂路径。

　　中国哲学家很早就开始关注和研究中国道德话语。孔子与其学生对话的时候发表了很多关于道德语言的论断。他在《论语》中提出了"非礼勿言""名正言顺""敏于事而慎于言""人之将死，其言也善"等观点，反对"巧言令色""道听涂（途）说""人而无信"等言语行为。老子也关注和研究中国道德话语。他在《道德经》中提出了"圣人处无为之事，行不言之教""言善信"等著名论断。有关中国道德话语的论述常见于中国哲学经典之中。

　　令人震惊的是，我国伦理学界迄今还没有系统研究中国道德话语的理论成果。其原因之一可能是，中华民族每天说着中国道德话语，因而很容易将它变成"日用而不知"的东西。我们常常将"上善若水""从善如流""言而有信"等道德话语挂在嘴巴上，达到"习惯成自然"的程度，很容易忽视它们作为中国道德话语存在的事实。

　　长期忽视中国道德话语是我国伦理学研究的一个严重不足。中国道德话语是中华民族道德生活的表达系统，对中国道德文化发挥着强有力的建构作用。中华民族道德生活史的书写必须依靠中国道德话语，中国道德文化的建构也必须借助中国道德话语。语言是维系道德生活和展现人类道德思维的重要工具。如果没有中国道德话语，中华民族道德生活史和中国道德文化发展史是难以想象的。由于长期忽视中国道德话语研究，我国伦理学一直显得不够完善。

　　湖南师范大学道德文化研究院秉承"德业双修、学贯中西、博通今古、服务现实"的院训，坚持弘扬理论与实践并重的学科和学术发展理念，紧密对接弘扬中华优秀传统文化、建设社会主义文化强国、繁荣发展中国哲学社会科学、建设生态文明、推进国家治理体系和治理能力现代化等国家重大战略，坚决落实立德树人根本任务，坚持守正创新的学术发展路线，努力为中国特色社会主义建设事业提供理论和实践支持。

　　研究院依托教育部人文社会科学重点研究基地——道德文化研究

中心、中国特色社会主义道德文化省部共建协同创新中心、湖南省专业特色智库等高端平台，长期致力于伦理学理论研究和道德实践探索，在中国伦理思想史、外国伦理思想史、伦理学基础理论、应用伦理学等研究方向上奋力推进，在研究马克思主义伦理思想及其中国化成果、中国共产党的道德精神谱系、中华民族道德生活史、中华民族爱国主义发展史、美国伦理思想史、后现代西方伦理学、生态伦理学、道德记忆理论、家庭伦理学、共享伦理、财富伦理、网络伦理、人工智能道德决策、公民道德建设等领域形成自己的优势和特色。

　　研究中国道德话语是教育部人文社会科学重点研究基地——道德文化研究中心和中国特色社会主义道德文化省部共建协同创新中心立项的一个重大项目，也是湖南省"十四五"时期社科重大学术和文化研究专项项目。项目由本人领衔，研究团队成员有道德文化研究院副院长文贤庆教授、黄泰轲副教授、刘永春博士，中南大学公共管理学院袁超副教授。此次推出的"中国道德话语研究丛书"是项目研究的重要成果。

　　"中国道德话语研究丛书"由五部专著构成。本人撰写《中国道德话语》，文贤庆撰写《道家道德话语》，刘永春撰写《儒家道德话语》，黄泰轲撰写《佛家道德话语》，袁超撰写《中国道德话语的当代发展》。

　　《中国道德话语》是一部概论式的著作，内容涵盖中国道德话语的特定内涵、历史变迁、构成要素、概念体系、伦理表意功能、伦理叙事模式、理论化发展空间、当代发展状况、道德评价体系、民族特色等，在研究思路上体现了历时性考察与共时性探究、宏观性审视与微观性探察、理论性研究与实践性探索的统一。

　　《儒家道德话语》聚焦于研究儒家道德话语的基本面貌和主要特色。著作主要从儒家道德话语的历史变迁、汉语表意、概念体系、言语道德、道德叙事几个方面做了比较深入系统的研究，将儒家道德话语主要归结为一个人本主义道德话语体系。

　　《佛家道德话语》的研究主题是佛家道德话语的系列重要问题。著作分析了佛家道德话语的历史变迁、整体构建以及佛家道德话语与儒家道德话语、道家道德话语的交锋交融，在此基础上探讨了佛家道德话语的日常应用、叙事模式、自我规范、时代价值等重要问题。

　　《道家道德话语》重点研究道家道德话语的精义和特色。著作对道家独特的形而上学话语体系、实践认识论话语体系、人性论话语体系、工夫论话语体系、境界论话语体系等问题进行了深入探讨，对道家极富特色的道德叙事模式进行了重点分析。

　　《中国道德话语的当代发展》侧重于研究中国道德话语的当代发展状况。受到经济全球化、人工智能技术快速发展、网络空间日益扩大等因素的深刻影响，中国道德话语在当代出现了很多新状况、新情况。对中国道德话语的当代发展状况展开研究，不仅能够揭示中国道德话语的最新发展动态，而且能够为建构中国特色社会主义道德话语体系提供理论和实践启示。

　　"中国道德话语"是一个具有中国特征、中国特色、中国特质的道德话语体系。它主要反映中华民族的道德思维、道德认知、道德信念、道德情感、道德意志、道德行为、道德记忆等。中华民族借助中国道德话语表达中国伦理精神、中国伦理价值和中国伦理智慧。要了解和研究中国伦理精神、中国伦理价值和中国伦理智慧，研究中国道德话语是一个必要而有效的途径。

　　中国道德话语是中国道德文化的直接现实。透过中国道德话语，中华民族可以领略中国道德文化的独特神韵和魅力，并且可以增强文化自信。习近平总书记说："文化是一个国家、一个民族的灵魂。历史和现实都表明，一个抛弃了或者背叛了自己历史文化的民族，不仅不可能发展起来，而且很可能上演一幕幕历史悲剧。"① 研究中国道德话语是推动中华民族增强文化自信的重要途径。这是一项具有重大理论意义和现实价值的工作，因为它事关社会主义中国能否行稳致远的问题。"坚定文化自信，是事关国运兴衰、事关文化安全、事关民族精神独立性的大问题。"② 中华民族可以从中国道德话语中找到文化自信的强大动力。

　　一个国家的发展状况首先会通过生活于其中的人所说的语言反映

---

① 中共中央文献研究室编．习近平关于社会主义文化建设论述摘编［M］．北京：中央文献出版社，2017：16.

② 中共中央文献研究室编．习近平关于社会主义文化建设论述摘编［M］．北京：中央文献出版社，2017：16.

出来。中华民族历经艰难险阻，实现了站起来和富起来的价值目标，目前已经迎来强起来的光明前程。中国的强大需要通过经济实力、军事实力来体现，但最重要的是要通过"精神实力"来体现。在实现"强起来"奋斗目标的过程中，中华民族应该展现强大的精神。强大精神是内在的，但它可以通过中华民族的语言表现出来。拥有强大精神的中华民族，能够在使用语言方面彰显出坚定的自信，能够用得体的语言表达自己的思想、情感态度、价值观念、行为方式等。

日渐强大的中国需要有与之相匹配的中国道德话语。中华民族具有源远流长、博大精深的道德文化传统，拥有高超卓越、与时俱进的伦理智慧。在推进中国道德话语的当代发展方面，当代中华民族既应该立足自身的道德语言史和国情，又应该适应新时代的现实需要；既应该避免犯道德语言自卑的错误，又应该避免犯道德语言自负的错误。中华民族历来坚持弘扬自立、自信、自强而又戒骄戒躁、谨言慎行的传统美德。

"中国道德话语研究丛书"研究团队希望在研究中国道德话语方面做一些探索性工作。我们的探索一定存在这样或那样的不足，但我们的愿望是善良的。我们深刻认识到了推进中国道德话语研究的重大理论意义和现实价值，因而积极投身于与之相关的探索性研究工作之中。举步投足，面对诸多挑战和困难，这让我们有时会产生诚惶诚恐的感觉，但考虑到探索工作的意义和价值，我们又增强了前进的勇气和决心。趋步前行，砥砺前行，奋力前行，真诚期待学界同仁的批评指正。

是为序。

2022 年 6 月 16 日于岳麓山下景德楼

目 录
CONTENTS

导　论

第一节　研究儒家道德话语的意义

黑尔在《道德语言》中说："伦理学乃是对道德语言的一种逻辑研究。"① 该断言或许有些偏颇，但至少提醒我们，研究伦理学不能忽视道德语言的重要性。以往的研究往往聚焦于伦理思想本身，忽略了语言对儒家伦理的重要意义。如汉字作为一种表意文字与表音文字在表达伦理思想时有何差异，词类活用、宾语前置、定语后置等古代汉语的语法形式会对儒家伦理思想的表达产生何种影响；儒家在解释"人性""仁""义"等概念时主要不是采用分析和定义的方式，而是借用比喻、叙事等方式，儒家用事实与价值融合的方式表达他们对历史事件的道德评价等。这些涉及语言的问题和现象都应当引起我们的重视。

需要清晰地认识到，儒家在表达其伦理思想时，采用的是一种独特的话语表达形式。这种语言形式与当代学者在理解儒家思想时所采用的话语表达形式存在着显著的差异。当代学者在理解儒家伦理思想时，除了受到现代汉语的语法结构影响之外，在一定程度上也受到了外语特别是英语的潜在影响。人们除了用西方概念理解儒家之外，更多是在思维方式和语言运用上，也潜移默化地受到英语思维和语法的影响。比如，人们可能会谴责孔子为什么对仁做出这么多自相矛盾的定义，指责孟子怎么可以将不相关的水和性善进行类比论证等。基于目前的语言结构，我们很容易对儒家做出不公正的评价，但事实上，

① 黑尔. 道德语言［M］. 万俊人，译. 北京：商务印书馆，2004：1.

这是儒家独特的话语表达形式：他们不是去定义或者论证，而是在从不同视角、用不同的比喻或叙事试图解释一个概念。当然，不是说要反对以西释中或者反对用另一种语言形式表达儒家伦理思想。我们的立场不仅不反对，而且是大力支持的，因为传统的话语形式有其自身不可克服的局限性，我们需要采用更好的语言工具表达儒家的伦理思想。但前提是，我们要高度认识到，我们处在不同的语言结构中，语言的差异会影响我们对思想的理解。

为了更生动地理解语言对思想的重要影响，我们不妨借用著名语言学家萨丕尔曾经使用过的一个非常有趣的例子来说明："设想在我们面前发生了这样一个客观事件：一块石头掉了下来。对于所有的观察者来说，这个事件都应该是一样的，所有的观察者所感觉到的是同样的内容。但是当这些观察者将这个事件表现在意识上时，他们就要用语言来做到这一点。这时，使用不同语言会使你意识到不同的图景。如果你是讲英语的，你会将这个事件分析成两个部分：'石头'这个事件以及'掉下来'这个运动。如果你是讲法语的，你会将这个事件归于阴性类。而你如果讲德语的话，会将其看作是阳性的。在所有这几种语言中都必须确定石头是确指的——'这块石头'，还是泛指的——'有一块石头'。但如果你是讲俄语的话，就觉得这是不必关心的。如果你是讲奇普瓦语的，你就得立即指明，这件事是属于无生物。如果你是讲夸千鸟都语的，你就会觉得一定要说明这物件是处在说话人看得见还是看不见的地方，还要说明这物件是处在靠近说话人的地方，还是靠近听话者的地方，或者靠近某个第三者的地方。对于说英、法、德等语的人来说，你必须说明掉下来的是一块还是几块石头，而对说夸千鸟都语的人来说数的差别是不重要的。对于说英、法、德等语的人来说，你必须说明这个运动是在什么时间发生的，但对说夸千鸟都语的人来说，这也是不必要的。在所有这些语言中，我们都保持了一个对整个事件的基本分析，即一边是一个物件，一边是这个物件所经过的运动。人们会有这样的看法，以为这种分析是客观的、唯一可行的。但是，这也是一个我们的语言习惯所给予我们的错觉。如果你是讲努特克语的，你对这个事件的分析就会完全不同。在努特克语中，你不必用一个词来特别地表示石头这个物件，在这种语言中，你用一个动词来表示石头或类似石头的物件的运动，然后你再加上一个小词表示这个运动是向下的。这样在讲努特克语的人的意识中，对这个事件是从根本上分析成一个运动和运动的方向这样两个部分的。"①

　　这个例子生动地展示了语言结构如何影响人们对事物的认知。处在不同语言结构中的人们目睹同样的一个客观现象："一块石头落下来"，但由于受到各自语言结构的制约，人们对这种客观现象的认知存在着显著差异。人们自以为自己的认知是客观的、确实无疑的，但是殊不知语言结构就像一个过滤器，总会过滤掉一些东西。被过滤掉的这些事物是很难被人们所认识的，人们只能认识在其语言结构内的事物，可见，语言结构极大地制约着人们思想的表达。

　　不仅如此，正如另一位著名语言学家沃尔夫研究发现："每种语言的背景系统（语法）是表达思想的一种再生产的工具；确切地说，它本身就是思想的塑造者，是个人心理活动、个人分析现象、个人综合思想资料的纲领和指南。思想的形成不是独立的过程，而是某种特殊的语法的一部分；在各种不同的语法中，思想形成会多少有些不同。……五光十色的世界是通过我们内心的语言系统而组织起来的。……除非人的语言背景是一样的，或是经过某些方法取得一致，否则就让人们接触了同样的自然现象，他们也不会对宇宙取得统一的看法。"② 沃尔夫的观点告诉我们，语言不仅被动地表达思想，也积极地参与思想的创造，甚至说有多少种语法就会有多少种思想。这意味着研究儒家伦理思想绕不开对儒家道德话语的研究，语言不仅是儒家伦理思想的表达工具，也制约和影响着儒家伦理思想的表达，更重要的是参与了儒家伦理思想的创造。因此，在这个意义上，研究儒家伦理思想需要高度重视道德话语。

　　从增强文化自信、构建中国伦理学学术话语体系的视角看，研究儒家道德话语体系也是一项十分重要而紧迫的工作。当代中国伦理学的学术话语深受西方道德话语的影响，特别是在伦理学的学术领域，

---

①　褚孝泉．语言哲学：从语言到思想［M］．上海：上海三联书店，1991：169-
　　170.

②　桂诗春．心理语言学［M］．上海：上海外语教育出版社，1985：173-174.

目前仍然以西方道德话语为主。在伦理概念上，国内伦理学使用的核心概念如"应当""权利""义务""自由""平等""正义""功利"等主要来自西方，而中国传统的伦理概念则较少被使用；在伦理议题上，人们关注的重要议题，如道德客观性、是与应当、正义论、美德伦理学等问题，以及应用伦理学领域中的安乐死、同性恋等话题，仍然主要源自西方伦理学家所关注的问题，而对于中国自身的伦理问题关注不足；在伦理学的框架体系上，也是按照西方伦理学构建的元伦理学、规范伦理学和应用伦理学的三分法进行划分；更明显的是在伦理学理论方面，功利主义、义务论、契约论、美德伦理学以及关怀伦理学等，这些主要理论的构建和完善无不是来自西方伦理学家的贡献；同样，在解决应用伦理学问题时，我们也是基于上述理论资源分析中国社会中的应用伦理学问题。所以，当代中国主流的伦理话语体系仍然是以西方话语体系为主。

当然，这不是说目前的伦理学话语体系就不好。凡是有利于推进中国社会道德进步的一切好的东西，我们都应该积极吸收。

问题是中国有独特的文化背景、宗教背景、历史传统、特殊的国情和社会问题，这些理论不一定都能够适合于中国或者被中国人所接受。更重要的是，在中国社会，我们本来具有一套以儒家为代表的自成体系的较为成熟的道德话语体系，这套话语体系已经在中国发展了三千多年，趋于成熟：有"仁""义""礼""智""信""孝""君子""圣人"等核心概念，有天人、义利、天理人欲等核心议题，有宇宙论、人性论、规范论、境界论和工夫论的理论体系。尽管这套话语体系有其自身的历史局限性，但是它在民间依然发挥着一定的影响力。因此，构建中国伦理学学术话语体系，增强文化自信，我们需要激活传统的道德话语体系，在中西融合的基础上，实现中国道德话语在现代社会中的创造性转化和创新性发展。

第二节 儒家道德话语的已有研究

对道德语言的研究自摩尔的《伦理学原理》（1903）发表以来，逐渐成为当代西方伦理学的一个重要议题。当代西方伦理学家们围绕道德话语的性质问题，展开深入而广泛的探究，形成了认知主义和非认知主义两大派别。认知主义又分为自然主义与非自然主义两派，其中自然主义的认知主义认为，道德话语具有事实陈述的意义，道德事实或道德属性能够最终还原为自然事实或自然属性，因此它具有适真性特征，可以用真假来判断。非自然主义的认知主义虽然也承认道德事实或道德属性能够还原为事实和属性，但是它是不同于自然事实或自然属性的一类事实。相反，非认知主义认为道德话语不具有事实陈述的意义，道德话语具有无法用语言所穷尽的因素，道德话语表达的不是一种客观事实或属性，也不具有适真性特征。其中以艾耶尔为代表的情感主义认为，道德话语本质上不过是情感态度的表达。当我们说张三说谎是不道德时，只是表达了我们对这种行为的一种否定性情感。吉伯德的规范表达主义则认为道德话语虽然表达情感态度，但是这种情感态度是对规范的认同，因此也一样具有适真性特征。以黑尔为代表的规定主义，则认为道德话语是一种特殊的语言，它的特殊性体现在"规定性"上，是一种规定性的语言，但同时又兼有描述性的双重意义。总之，在西方，围绕道德话语的性质问题的研究已经十分丰富，成果丰硕。

但是西方学界对道德话语性质的深入研究并不意味着我们就不用做什么。西方学界对道德话语的研究主要以英语为范例进行，在一定程度上受英语这门语言的限制。但是英语和汉语存在着显著的差异，例如，英语是表音文字，语言书写符号直接表示发音，而不直接表示意义；而汉语是一种表意文字，语言书写符号直接表达意义，例如，当我们用情感主义的理论解释儒家的"孝""忠""仁"等伦理意义时，我们就很难说它们仅仅表达的只是一种情感意义。正如黄勇教授所认为的，当我们用西方的命题性知识和能力性知识去理解王阳明的"良知"概念时，发现它并不是上述两种意义上的良知，而是独特的西方知识中没有的动力性知识。所以，西方学界对道德语言的研究虽然有价值，但是不能代替我们的工作。

如果说道德语言的研究主要是国外学者在进行，那么儒家道德话语的研究则主要是国内的学者们在推进。但已有的研究还没有形成一个鲜明的构建自身道德话语的文化自觉意识。相关的研究主要集中在两个方面：一是在中国哲学或中国传统伦理思想领域内，学者们重点围绕儒家核心的道德概念进行分析和探究，缺乏鲜明的语言学观念；二是基于语言学视角的研究，这方面的学者重点探究汉字的构词、语法等特征和儒家经典文本中的字词、语法、修辞等语言学现象，但是在古代汉语如何表达儒家伦理思想方面的研究相对不足。具体而言，国内对儒家道德话语的研究，主要集中在"仁""义""礼""君子""圣人"等儒家道德概念上。这方面的研究甚至构成了儒家伦理研究的主流，相关研究的资料十分丰富。但是这些研究最大的问题在于，没有清楚地区分道德话语与道德思想。例如，没有区分词汇的"仁"与观念的"仁"之间的区别，对道德观念的研究不能代替对道德话语的研究。

另一方面，在语言学领域，也有一批学者在研究中国古代汉语的语法结构时，研究了儒家表达道德观念的语言结构。如张月明对《论语》《孟子》《左传》中的"可以"进行了研究，认为"可以"自古及今即作为一个双音节助动词存在于汉语之中。"以"是一个无理据可言的书写符号。① 海柳文对《论语》的动词"为"及其句法结构进行了研究。② 高思曼对先秦否定词"弗"的句法进行了研究。③ 郭锡良对先秦汉语名词、动词、形容词的发展进行了研究。④ 虽然从语言学视角对传统儒家经典中的句法、词汇结构的研究比较丰富，但是这种研究的局限性也很明显：没有进一步探究古汉语的特殊语法形式对儒家道德观念的表达产生了何种意义的影响，因此，这种研究缺乏哲学意义。

在国外，也有一批汉学家对儒家道德话语进行了相关研究。其中最有影响力的学者当属陈汉生。他在《中国古代的语言与逻辑》一书中对中国古代的话语和逻辑进行了深入的哲学研究，他在该书中提出

① 张月明.《论语》《孟子》《左传》中的"可以"［J］.古汉语研究，1997（02）：51-55.
② 海柳文.《论语》的动词"为"及其句法结构［J］.古汉语研究，1992（02）：66-70.
③ 高思曼. 否定词"弗"的句法［J］.古汉语研究，1993（04）：1-9.
④ 郭锡良. 先秦汉语名词、动词、形容词的发展［J］.中国语文，2000（03）：195-204.

了隐含在中国古代思想中关于语言的四个假定："（1）关于语言功能的假定；（2）关于语言与世界相联系的方式的假定；（3）关于语言的起源和现状的假定；（4）关于语言和心理的抽象的对象的假定。"① 这些假定对我们理解儒家道德话语具有重要的借鉴意义。更多的国外学者则专注于汉语的逻辑结构的研究，如齐密莱乌斯基·詹努斯的《早期汉语逻辑简论》、成中英的《古汉语逻辑研究》等，都有相关的研究。

总之，国内外已有的研究贡献主要在于学者们对儒家经典中的核心词汇进行了大量的研究，同时对儒家经典中的词汇、句法、修辞、叙事等也有相关研究，这在一定意义上为进一步系统地研究儒家道德话语奠定了理论基础。尽管如此，目前尚未见有将儒家道德话语作为一个独立研究对象进行研究的相关著作，围绕该话题进行系统研究的著作尚不多见。

第三节　本书的内容安排

本书以儒家道德话语对研究对象，围绕儒家道德话语的历史变迁、构成要素、概念体系、叙事方式、言语道德、等方面进行了深入系统的研究，最终希望能够为推进中国伦理学自主话语体系的建构做出贡献。具体内容安排如下：

在第一章中，追溯了儒家道德话语体系的形成、发展、成熟和转型过程。分别阐述了先秦儒家、汉唐儒家、宋明儒家在推动儒家道德话语发展过程中的作用和贡献，以及在先秦、汉唐、宋明时期话语体系的特点。

在第二章中，围绕古代汉语与儒家伦理的关系，以儒家经典为文本依据，从古代汉语的五个构成要素：古汉语语音、字形、词汇、语法以及修辞五个方面系统阐述了这五个要素在儒家经典中如何影响儒家伦理思想的表达，以及这些要素中蕴含了何种伦理意义。

在第三章中，运用概念分析和语义分析的方法，对儒家道德基础

---

① 陈汉生. 中国古代的语言与逻辑 ［M］. 北京：社会科学文献出版社，1998：72-73.

概念进行了分析。围绕儒家重要文本对儒家道德基础概念"天""理""心"的论述,运用分析的方法,澄清"天""理""心"在不同儒家哲学家那里的意义,进而试图推进儒家道德形而上话语和知识论话语的完善。

在第四章中,采取了和上一章同样的研究思路与方法,对儒家重要的道德规范概念展开了概念分析和语义分析,分别研究了经典文本中的"仁""义""礼""圣人"等概念,澄清其在不同哲学家那里的意义,并对其作出了新的区分,进而试图推进儒家道德规范话语体系的完善。

在第五章中,研究了儒家言语道德。言语道德是涉及言语的伦理规范,主要研究了人们在言语交流中应该遵循什么样的伦理规范。这也是儒家道德话语的一个重要方面。儒家特别是先秦儒家在这一问题上有丰富的论述。在本章中,将围绕孔子、孟子、荀子和《礼记》的相关论述进行深入探究。

在第六章中,对儒家道德叙事进行了研究。道德叙事是道德话语中的重要内容之一,也是儒家进行道德说理和道德教育的重要方法。首先,围绕历史叙事中的春秋笔法,探究历史中的道德叙事;其次,探讨中国传统家风家训中的道德叙事;再次,研究戏曲艺术中的道德叙事;最后,探究了中国传统器物中的道德叙事。

第一章

儒家道德话语的历史变迁

在漫长的历史进程中，儒家如何通过自身的努力逐步建构起一套完善的独具特色的影响深远的道德话语体系，这是研究儒家道德话语的一个重要问题。对该问题的研究能够帮助我们纵览儒家道德话语发展的全貌，理解儒家道德话语在不同历史时期的发展变化和特点，进而更好地理解儒家伦理思想。然而儒家道德话语体系的建构不是一蹴而就的，不是一两个圣人创造的，它是不同时代的不同儒家学者通过不断添砖加瓦，日积月累地建构起了一套成熟的话语体系。因此，接下来将通过分析不同历史时期一些重要的具有代表性的人物对儒家道德话语的贡献来探索开始所提出的问题的答案。

第一节　儒家道德话语的形成

孔子创造性地确立了儒家道德的核心话语，后经孟子、荀子等先秦儒家学者的发展和丰富，到战国末期，儒家道德话语体系初步形成。接下来，我们将逐一分析孔子、孟子、荀子是如何构建起早期的儒家道德话语的。

孔子是儒家学说的创始人，也是儒家道德话语的奠基人。他对儒家道德话语的主要贡献在于他确立了像"仁""义""礼""君子"等一系列核心的儒家道德概念。此后的儒家学者基本上是围绕孔子提出的这些核心概念推进其学说的。而这一贡献是他有意识地通过对早期汉语词汇的改造来实现的。

第一，孔子对"仁"概念的改造。在孔子之前，"仁"是一个不被经常使用甚至有些生僻的词汇。郭沫若曾说："'仁'字是春秋时代的新名词，我们在春秋以前的真正古书里面找不出这个字，在金文和甲骨文里也找不出这个字。"①"仁"字的最早记载见于《尚书·金滕》："予仁若考，能多材多艺，能事鬼神。"后来《诗经》中也出现过两次涉及"仁"的句子：《郑风·叔于田》中的"洵美且仁"与《齐风·卢令》中的"其人美且仁"。这些证据表明，在孔子之前，"仁"在当时的话语体系中并不重要。

但是对儒家而言，"仁"是最核心的概念，他们的道德话语体系就是围绕"仁"概念建构的，甚至儒家学说又被称为"仁学"，这一切首先得益于孔子的努力，是孔子将一个不引人注意的词汇，赋予了新的生命。在《论语》中"仁"字出现100多次，是孔子谈论最多的字。孔子给"仁"的概念赋予了新的道德意义。"仁"被视为人最重要的一种美德，成为仁者是一个人的道德追求，"仁"也是治国的基本方略。是孔子对"仁"的发明，构建了儒家传统道德话语的核心。

第二，孔子还对当时流行的"孝"概念作了新的改造和发展，将其纳入儒家道德话语体系中。与"仁"字不同的是，"孝"字在孔子之前就已经被广泛使用了。如《诗经·大雅·既醉》说"威仪孔时，君子有孝子，孝子不匮，永锡尔类"。根据《殷周金文集成》的记载，在其收录的青铜器铭文1.2万余件中，"孝"字多达190余处，且多是见于西周的铭文中。不过西周时期的"孝"的意义不同于后来儒家话语中的"孝"，它在当时的用法主要有两个。一是在人们祭祀祖先时被广泛使用。如《逸周书·谥法解》说："协时肇享曰孝""用享孝宗室""用追孝于已伯，用享大宗"等。这里的"孝"被用在祖先身上，特别在人们祭祀祖先的时候被使用，用以表达人们对祖先的缅怀和追思。二是也会被较少地用来表达子女孝敬赡养父母的意思。如《尚书·酒诰》说："肇牵车牛，远服贾用，孝养厥父母。"这里的"孝"的意思就如上所述。又如《周书·康诰》记载："封，元恶大憝，矧惟不孝不友。"一个人不孝被视为是一种大恶。尽管如此，"孝"主要还是在宗教意义上被使用，伦理意义并不显著。而孔子显然在《论语》中弱化甚至抛弃了"孝"在宗教上的意义，将其改造为一个伦理上的概念，将"孝"视为是子女对父母的一种道德义务，从而使"孝"进入儒家

---

① 郭沫若.十批判书［M］.北京：东方出版社，1996：87.

道德话语的核心范畴。

第三，与"孝"一样，"礼"也是在孔子之前被广泛使用的词汇，然而孔子之前的"礼"主要是在宗教意义以及日常礼仪规范意义上被使用。在殷商时期，"礼"字与"鬼"字经常联系在一起，作为一种祭祀鬼神的宗教仪式被广泛使用；到西周时期，"礼"字不仅被用来表达宗教仪式，也被赋予了新的人文意义，被广泛地用来指称人文制度以及百姓日常的生活仪式，逐渐形成了冠礼、婚礼、丧礼、乡礼、射礼、朝聘之礼等各种礼仪制度。正如陈来教授所言："中国早期话语的理性化道路，也是由巫医活动转变为祈祷奉献，祈祷奉献的规范——礼由此产生，最终发展为理性化的规范体系——周礼。……西周的信仰已不是多神论的自然宗教，最高存在与社会价值已建立了根本关联。"①礼逐渐走向了世俗化的道路。它被使用的范围极其广泛，大到国家宗庙祭祀，小到个人家庭生活，几乎所有涉及规范的领域都会用"礼"来表达。从现代的视角来看，西周的"礼"相当于现代意义上的"规范"，它包括宗教规范、法律规范、道德规范的内容。但是在《论语》中可以看到，孔子对西周"礼"的概念进行了扬弃：弱化了礼的宗教意义，强化了礼的道德意义。如孔子说："礼云礼云，玉帛云乎哉。"（《论语·阳货》）孔子将礼视为表达仁德的一种存在形式，赋予了传统的形式化的礼以仁的意义。所以，通过孔子对礼的取舍，将礼纳入儒家道德话语中来。

第四，一些词汇本来不具有道德意义，但是经过孔子的改造后，也具有了道德意义，成为儒家道德话语中的核心概念。如"君子""小人"就是如此。在西周时期，"君子""小人"一词也被广泛使用。如"有杕之杜，生于道左。彼君子兮，噬肯适我？中心好之，曷饮食之？"（《诗经·有杕之杜》）又如"彼尔维何？维常之华。彼路斯何？君子之车。戎车既驾，四牡业业。岂敢定居？一月三捷。驾彼四牡，四牡骙骙。君子所依，小人所腓。四牡翼翼，象弭鱼服。岂不日戒？玁狁孔棘！"（《诗经·采薇》）这里的"君子""小人"还不是道德词汇，

---

① 陈来. 古代宗教与伦理：儒家思想的根源［M］. 北京：生活·读书·新知三联书店，2009：11.

主要被用来表达社会身份："小人"相当于普通百姓，"君子"相当于士大夫。但是在《论语》中，孔子赋予了"君子""小人"以新的道德意义，"君子"一词表达为理想的道德人格，"小人"表达对一个人负面的道德评价。正是通过孔子的改造，"君子""小人"一词成了儒家道德话语中的重要概念。

第五，孔子独特的言说方式对后来的儒家也产生了深远的影响。他善于通过叙事的方式，在与学生的对话中表达自己的哲学思想。这种对话语录体的言说方式自从孔子提出之后，便被后来不少的儒家学者所效法，比如，之后东汉的王充、明代的王阳明等就采用了这种语录的方式表达思想。此外，孔子在解释概念和论证他的观点时，不是采用下定义的、严格的逻辑论证的方式进行，而是喜欢用讲故事、比喻的方式阐明其思想，这一点也对后来儒家思想的表达产生了重要影响。

孟子不仅传承和发展了孔子的道德话语，还进一步创造性地将其道德话语推向了更深的层次，特别是为儒家道德思想发展了心性方面的话语。主要表现在以下几个方面：

第一，孟子强化了"义"在儒家道德话语中的重要地位。在《论语》中，孔子虽然也很重视义德，但是孔子并没有将"义"视为和"仁"一样重要的概念对待。而孟子将"义"提升至和"仁"同等的地位，以"仁义并举"的方式论述。例如，孟子见梁惠王便说："王何必曰利？亦有仁义而已矣。"又如："贼仁者谓之贼，贼义者谓之残。"（《孟子·梁惠王上》）"仁，人之安宅也；义，人之正路也。"（《孟子·离娄上》）无论是"仁""义"连用，还是分开论述，孟子都是将二者视为同等重要的道德概念，这是孔孟在核心道德话语上的显著区别。不仅如此，在孟子看来，"礼""智"也是最基本的道德概念，因为它们和"仁""义"一样都来自人性。所以，"仁义礼智"构成了孟子道德话语的核心概念。

第二，孟子对儒家道德话语的突出贡献还体现在他为儒家开辟了人性论的话语路径。人性论是儒家伦理思想的一个重要方面，但是孔子在人性论问题上没有过多论述。孟子则创造性地建构了人性论的话语。他详细论述了"心""性"等概念在道德上的重要性。他认为人性是善的，因为人心天生具有善端："无恻隐之心，非人也；无羞恶之心，非人也；无辞让之心，非人也；无是非之心，非人也。恻隐之心，仁之端也；羞恶之心，义之端也；辞让之心，礼之端也；是非之心，智之端也。"（《孟子·公孙丑上》）自孟子之后，儒家围绕"心""性""情"等人性论概念以及相关命题展开了深入讨论，这些构成了儒家伦理思想中的一个重要方面。

第三，孟子对《尚书》中提到的"五伦"观念进行了发展和扩充，确立了"五伦"话语在儒家话语体系中的重要地位。他说："使契为司徒，教以人伦：父子有亲，君臣有义，夫妇有别，长幼有序，朋友有信。"（《孟子·滕文公上》）孟子用"父子""君臣""夫妇""长幼""朋友"这样的词汇表达了人与人之间五种基本的伦理关系。他认为这五种伦理关系是最重要的伦理关系，任何一个人都无法逾越这些关系。一个人的道德义务是基于这五种伦理关系而被决定的。因为没有一个人能够逃避这些关系，所以也无法逃避上述相应的道德义务。因此，表达这五种伦理关系的话语构成了儒家道德话语的基本骨架。自孟子之后，五伦话语就在中国传统社会被广泛使用。

第四，孟子对儒家道德话语的贡献还体现在他为儒家开创了特有的论证、修辞和叙事方式。孟子为了说服统治者接受自己的仁政学说，回应墨家、农家等对儒家学说的批判，他广泛地运用了类比的论证、道德叙事、比喻的修辞等方式阐明其观点。他的这种论证、修辞和叙事的方式也构成了儒家道德话语的重要形式。

除孟子之外，荀子在讨论人性、修身、荣辱、治国等问题时，也为儒家增加了"性恶""荣辱""天""修身"等词汇，丰富了儒家的核心概念。此外，荀子还对儒家的"心""知"等概念从知识论的视角进行了发展。而且荀子进一步拓宽了儒家的言说方式，他充满逻辑思辨的言说方式、详细严谨的论证，为儒家道德话语提供了另一种论述风格。

总之，在先秦时期，经过孔子、孟子、荀子等学者的创造性工作，儒家核心的道德概念体系、基本命题、话语表达形式等已基本确立。

第二节 儒家道德话语的发展

从汉代到唐代这段时期，尽管儒家的伦理思想发展比较缓慢甚至接近停滞状态，但是儒家道德话语却得到了长足的发展。这在很大程度上要归功于汉代经学的发展和官方对儒家思想的推崇。两汉时期的经学在某种意义上就是对儒家道德话语的研究，因为经学家就是从语言的视角，即语音、构词、语法等视角对儒家的伦理思想进行诠释。此外，经学家对"天""阴阳""五行"等形而上概念的引进弥补了先秦儒家道德话语在形而上方面的不足。具体而言，这一时期的发展表现在如下几个方面：

第一，确定了五经在儒家话语体系中的经典地位。《诗》《书》《礼》《易》《春秋》本来只是记载周代及之前朝代历史、政治、文学、制度等资料的汇编，是一种普通的书籍。但是在经学家看来，五经已不是文献资料的汇编，而是经过圣人有意的选择、编排、删改等努力而创作的经典，是上古三代话语传统和话语经验的凝结，蕴含着亘古不变的真理。经学家所做的工作便是发现和揭示这些经典中所蕴含的真理。所以，经过汉代经学家的诠释，五经成了儒家最核心的经典。而五经博士的确立使得作为上古三代文献汇编的五种著作成为官方和社会都认可的经典。这意味着上古三代的话语传统的命脉得以肯定和传承，五经成为儒家道德话语体系的一个重要载体。

第二，形成了以章句训诂为主的道德话语形式。尽管在战国时期就出现了《尔雅》这样最早的训诂学著作，然而训诂学作为解释儒家经典和发展儒家伦理思想的重要话语形式，是在汉代才被高度重视和广泛使用的。其中，郑玄的《三礼注》、许慎的《说文解字》是当时的经典之作。他们训诂的主要工作是注释字音、解释词义、注解典故以及它的出处、考据证明制度名物、疏通文义、确定句读、概况章句的主旨、补充相关材料等。训诂的目的是试图澄清经典的本意、还原经典的原貌。他们认为这才是发展儒家思想最重要的工作，他们也坚信经典不会有错，如果经典有错误，那一定是人们在诠释经典时歪曲或误解了经典的本意。所以，章句训诂坚持了注不驳经、疏不破注的原则。在这样的话语形式下，儒家思想得到了澄清和丰富。以郑玄为例，他注释了《尚书》《周易》《毛诗》《三礼》等经书，著述凡百万言。正是在郑玄等人的努力下，汉代经学达到了一个新的辉煌。到唐代，又经过孔颖达等人的努力，形成了十分完整而详尽的儒家经典解释体系，即十三经注疏。这些人的工作对后来儒家思想的发展产生了深远的影响，即便在今天，这些对儒家经典的注疏依然是帮助人们理解儒家经典的重要参考资料。特别是从研究方法上看，他们主要是从语音学、语义学、词汇学、语法、修辞等视角研究这些儒家经典文本，从现代视角看，就是对儒家话语的一种语义学研究。

第三，形成了微言大义的道德话语形式。在西汉，以董仲舒为代表的儒家学者，创立了微言大义的话语模式。他们在尊重六经原意的基础上，创造性地发挥了儒家经典中的"微言大义"。他认为对于经典，没有一成不变的解释："《诗》无达诂，《易》无达占，《春秋》无达辞。"（《春秋繁露·精华》① ）解释的正确与否应该考虑到现实的需要。所以，他们对经典的诠释不再拘泥于过去的教条，将历史与现代结合在一起，将伦理与天道结合在一起，进行了大胆的富有创造性的解释。

第四，儒家道德话语成为官方话语。在先秦，儒家思想的发展路径主要局限在学术、民间领域；但是到了汉代，经过"罢黜百家，独尊儒术"，儒家道德话语逐渐成为官方话语。汉武帝设立五经博士，将五经列为官学，儒学成为国家的正统思想，五经也成为国家的正统经典。在经学的地位确立之后，儒家在政治领域内得到了快速发展：在官员选拔制度上，结束了贵族世官的历史，开始以孝廉选官；同时，经学不仅是儒生们进入仕途的敲门砖，也真正变成了可"经世致用"的、能够运用于政治和社会实践的政策方案。特别是在东汉时期，通过白虎通会议，三纲"父为子纲、君为臣纲、夫为妻纲"和五常"仁义礼智信"被正式以官方的形式确立为儒家正统的伦理规范体系，自此儒家道德话语正式走向了官方化的发展路径。

第五，在道德概念和道德思维方面，这一时期的学者们将"阴阳"

---

① 董仲舒．春秋繁露·精华［M］．北京：中华书局，1974：106.

"五行"的概念纳入儒家道德话语体系中来，用"阴阳""五行"的概念论证儒家道德规范的合理性、客观性和权威性；运用阴阳灾异、天人感应等学说解释和论证儒家的王道理想，这进一步丰富和发展了儒家天人合一的观念。这些工作都是汉代儒者对儒家道德话语的重要贡献。

第三节　儒家道德话语的成熟

经过宋明理学家们的创造性发展，儒家道德话语体系更趋完善。他们从宇宙论、人性论、规范论、境界论、工夫论等多方面对儒家道德话语做了丰富和完善，特别是通过引入或发展"天理""气""心""良知"等概念，为儒家建构了以"理""气""心"为核心的形而上的道德话语体系。具体展现为如下几个方面：

第一，宋明理学的开山鼻祖周敦颐为儒家道德话语引入了新的形而上的概念。他第一次将道教的太极图引入儒家中，在用太极图解释宇宙的起源时，将"无极""太极"等概念引入儒家话语体系中，从宇宙论视角为儒家道德规范的合理性和客观性提供了论证。在《太极图说》中，他如此解释宇宙万物的起源问题：无极而太极——太极内部有动静矛盾——生出阴阳——阴阳相互作用——生出五行——阴阳五行生出万物——万物生生变化而无穷。周敦颐认为，万物起源的最终根据是无极，由此建立起一套宇宙——伦理的天人合一体系，以仁义中正为人的价值目标，以无欲、主静为人生哲学的基本原则，弥补了之前儒家道德话语体系在形而上方面的缺失。此外，周敦颐还进一步丰富和发展了儒家"诚"的内涵，将"诚"提高到了一个极其重要的地位。他说："乾道变化，各正性命，诚斯立焉，纯粹至善者也。"（《通书·诚上》）"诚"之所以被他认为是最重要的道德规范，是因为"诚"是"天道"运行的核心法则，是天道生成万物的美德，是至善的。人道效法天道，自然要以"诚"为本，所以，"诚"贯通了天道和人道，从而使得作为道德规范的"诚"，同时也具有了宇宙论的意义。

第二，张载对儒家道德话语也给予了重要发展。他首次将"气"的概念引入儒家道德话语系统中，并且将"气"视为儒家道德形而上的基础，这是以前学者所不曾有的。尽管之前孟子对"气"也有所论述，如他论述了"浩然之气"，然而他只是将这种气作为一种道德修养的工夫和状态，而没有将"气"提升到本体论和宇宙论的高度来看待。"气"倒是被道家经常使用，道家用"气"一词来描述自然界的变化状态和人修炼的精神状态，但它不是一个伦理学意义上的概念，"气"并没有被纳入其道德话语系统中。而张载赋予了"气"这个概念以本体论和宇宙论的地位。他用"气"解释宇宙万物产生的原因，认为世界统一于物质性的"气"，万物的形成和变化根本上是由于气的聚散所致。既然宇宙万物都是"一于气"，那么作为万物之一的人类也不例外，"天人之本无二"（《正蒙·诚明》），因为人与万物都是由气的变化形成的，有共同的来源，那么也就意味着存在着天地万物和人类共有的性："性者，万物之一源，非有我之得私也。"（《正蒙·诚明》）因为人与万物具有共性，所以，张载在《西铭》中说："民吾同胞，物吾与也。大君者，吾父母宗子；其大臣，宗子之家相也。尊高年，所以长其长；慈孤弱，所以幼吾幼。圣其合德，贤其秀也，凡天下疲癃残废，茕独鳏寡，皆吾兄弟之颠连而无告者也。于时保之，子之翼也；乐且不忧，纯乎孝者也。"人与万物皆源于气，这打通了人与万物的隔阂和界限，为道德行为提供了最终的依据。因此，通过张载对"气"概念的解释，"气"构成了儒家道德形而上的重要概念。

　　第三，二程对儒家道德话语的贡献在于将"天理"一词纳入儒家道德话语体系中，并将其作为儒家道德话语的基础概念。尽管"天理"一词在二程之前就已经出现，但是从没有学者将其视为儒家话语的重要概念，二程则将其作为儒家的基础概念。二程用"天理"一词试图表达，无论是自然世界还是人类世界的运行都是有规律的，规律是客观的、不以人的意志为转移的，而儒家的伦理规范类似于自然规律，一样是客观的，即仁、义、礼、智、信等儒家重要的道德规范是客观的、至高的，就是天理。二程认为，作为道德规范意义上的天理是内在于人性之中的，是人禽之别的根本：人有天理，而动物没有。他说："人只有个天理。"（《河南程氏遗书》卷一八）这样，天理就成了儒家道德话语中的重要概念。此外，二程的贡献还在于将"性"与"心""情""欲"联系在一起，作为儒家道德话语的重要构成部分。他说：

"自性之有形者谓之心；自性之有动者谓之情；凡此数者，皆一也。"（《河南程氏遗书》卷二五）在二程这里，性是"天命之性"，"心"是性未发的、寂然不动的状态，二者都是理的表现。心是性的实体状态，情是性的动态："心一也；有指体而言，寂然不动是也；有指用而言，感而遂通天下之故是也。"（《二程粹言》卷一）总之，通过二程的努力，进一步提升了"性""心""情""欲"等概念在道德话语中的重要地位。

第四，朱熹通过调和"理"与"气"的矛盾，对先秦经典创造性诠释，逐步建构起了一套完整的自上而下的儒家道德话语体系。首先，朱熹继承周敦颐、二程的思想，兼采释、道各家思想，形成了一个庞大的哲学体系。他将周敦颐的"太极"、二程的"天理"、张载的"气"等概念融合在了一起，建构了儒家道德形而上体系，这一体系的核心范畴是"理"或称"道""太极"。其次，朱熹还进一步探讨了道德认识论的相关问题，发展了儒家的道德知识论话语。在认识来源问题上，朱熹既讲人生而有知的先验论，也不否认见闻之知。在道德认知与道德行动关系的问题上，他认为知先行后，行重知轻；在知识来源上说知在先；从社会效果上看，行为重；而且知行互发。如此朱熹发展了儒家道德知识论话语体系。再次，朱熹完善了儒家人性论的话语体系，他进一步完善了张载和程颐的天地之性与气质之性的观点，解决了道心与人心的矛盾，提出了"遏人欲而存天理"的主张，他的天理人欲论成为儒家伦理学的一个重要议题。

第五，王阳明对儒家道德话语的完善。王阳明针对程朱理学的弊端，在陆九渊的基础上，确立了"心"在儒家道德话语中的基础地位。首先，在他的道德话语中，"良知"居于核心地位。"良知"一词，最先见于《孟子·尽心上》："人之所不学而能者，其良能也。所不虑而知者，其良知也。"孟子用"良知"一词，表达人的道德知识是先天的、固有的，但是孟子只是提及而非论述"良知"。而在王阳明这里，"良知"成为他核心的道德话语。他给"良知"一词赋予了丰富的含义，并且给予了极高的地位。他说："良知是造化的精灵，生天生地，成鬼成帝"，"天地万物俱在我良知的发用流行中，何尝又有一物，超于良知之外。"（《传习录·下》）良知是人先天固有的内在的道德知识，依照良知而行，自然能够判断善恶，做出符合道德的行为。良知还是判断是非善恶、检验真理的标准："知善知恶是良知""良知只是个是非之心"，"是尔自家底准则"，"是非诚伪"的"试金石、指南针"（《传习录·下》）。总之，在王阳明的伦理学体系中，良知是道德话语的核心。除"良知"之外，王阳明对儒家道德话语的发展还体现在他提出的"知行合一"观念：阳明认为道德知识不同于数学、物理等其他学科的知识，知道并不一定需要行动；但是道德知识则不同，知道应该孝顺父母，却没有去孝顺父母，这种情况根本是不可能发生的，除非不知道，如果真正知道孝顺父母，一定会付出相应的行动。他将儒家的道德认知与道德实践问题推向了一个新的高峰。

第六，宋明理学家对儒家道德话语的贡献还体现在经典诠释方式的创新上。不同于汉代经学家，宋明理学家诠释儒家经典文本采取了新的路径，他们更强调对文本义理的阐发。首先，他们吸收章句训诂的诠释方式，"在对经典进行简略、严谨、质朴注释，对字、词语进行准确'训释'，对章句进行合理分析的同时，依序、注文前的导语、文首宗旨的发挥、引文对引文的'愚按'，多层次和多角度地发掘作者原意和本文义理。"①

特别是朱熹以经典的原文原意为基础，强调在澄清文本本意的基础上进行义理的诠释。在朱熹看来，诠释的首要目标是阐明文本的本意。在没有阐明文本本意基础上的义理发挥，都可能是对经典的扭曲。因此，他认为必须以经典文本为基础，而不是以其他人的解释为基础。他指出："读书如《论》《孟》，是直说日用眼前事，文理无可疑。先儒说得虽浅，却别无穿凿坏了处。如《诗》《易》之类，则为先儒穿凿所坏，使人不见当来立言本意。此又是一种功夫，直是要人虚心平气，本文之下打叠，教空荡荡地不要留一字。先儒旧说，莫问他是何人所说、所尊、所亲、所增、所恶，一切莫问，而唯本文本意是求，则圣贤之旨得矣。"（《朱熹集·卷四十八》）所以，朱熹在对四书、《诗经》等先秦经典进行阐述时，通常首先是解释相关的字词，阐明本义。在此基础上，再进一步从义理的视角进行阐发。义理阐发的方法是基

---

① 康宇．儒家诠释学研究［M］．哈尔滨：黑龙江大学出版社，2015：26.

于自身的体验或经验。朱熹认为理才是根本，是需要被认知的对象，经典是理的载体和表达形式，通过理解经典，最终是希望达到对理的把握和认知。在朱熹看来，理是客观存在的、不以人的意志为转移的。通过了解经典我们可以认知理。但是心学派对此的认知有所不同。陆九渊、王阳明等心学家认为儒家的道理都是内在于人们心中的，正是因为私欲遮蔽了人们的心灵，从而不能够使人向善。而儒家的经典文本是这些学者心灵的投射。

儒家道德话语通过一代又一代儒家学者的共同努力和不断发展，逐渐形成了一套成熟完备的内涵丰富的话语体系，它对中国传统社会产生了重要而深远的影响。

第四节 儒家道德话语的转型

自近代以来，随着中国传统封建政权的土崩瓦解，西方民主、自由、科学新思想的不断传入，新文化运动轰轰烈烈地展开，以"三纲五常"为代表的传统儒家旧伦理道德遭到了五四知识分子的猛烈批判。儒家被视为"吃人的礼教"，封建统治者的帮凶，儒家伦理道德在中国人思想观念中的正统地位逐渐丧失。自改革开放以来，随着中国经济的迅速腾飞，中国国力的不断增强，中国人民族自信心的增强，人们又开始重新反思和认识中国传统道德文化，抱着去其糟粕、取其精华的态度，发掘和吸收中国传统伦理思想中的宝贵财富。在这样的背景下，儒家伦理思想得到了重新认识和发展，相关的研究如雨后春笋，取得了丰硕的成果。儒家道德话语也发生了相应的变化。

从官方的道德话语来看，儒家道德话语在官方的话语体系中依然具有一定的地位。比如，在很多中央的政策文件或习近平总书记的讲话中，都可以看到对儒家道德话语的频繁使用。但是儒家道德话语依然不是正统的官方话语形式，如我们看到中央提出的许多新理念，像"共同富裕""人类命运共同体""五大发展理念"等，虽然这些理念有儒家的思想渊源，但是就话语形式而言，不是儒家道德话语的典型表达。

从民间的道德话语来看，虽然与传统中国社会相比，中国社会已经发生了翻天覆地的变化，西方个人主义、自由主义甚至道德虚无主义也广泛传播，但是儒家道德话语依然富有生命力。中国人在日常的道德生活中，所使用的道德词汇仍然是以儒家的道德话语为主，中国人的道德观念依然深受儒家伦理思想的影响。像"孝顺父母""长幼有序""男女有别"这些观念依然深刻地影响着人们的思想和行动。

儒家道德话语起源于三千多年前的传统农业社会。现代社会与之前社会相比已经是沧海桑田，今非昔比。我们对儒家传统的道德话语不能抱残守缺、故步自封，儒家道德话语要适应于现代社会和未来社会，就必须要进行创造性转化和创新性发展。

那么，如何对儒家道德话语进行创造性转化和创新性发展？我们认为应该把握以下几点：

首先，对外来的道德话语应该持开放包容的态度。没必要反对和拒斥西方道德话语，而应该为我所有，用西方道德话语不断充实和完善自身。

儒家在对待外来语言时一直坚持兼容并包的态度。儒家强调"和而不同""四海之内皆兄弟"，一直有与不同道德话语和谐相处的悠久的历史传统。佛教自东汉末年传入中国后广为流传，尽管佛教的语言和思维系统与儒家道德在理念上存在较大差异，比如，儒家强调个体对家庭、社会和国家的道德责任，反对消极避世，而佛教则主张个人看破世俗生活、放下名闻利养、追求来世。但是居于统治地位的儒家并没有彻底反对和抵制佛教，而是包容和接纳了佛教的道德观念。到后来二者逐渐走向融合，佛教也开始主动吸收儒家的道德观念，比如，佛教的《地藏菩萨本愿经》在印度本是一般的经书，在中国则被大力弘扬，因为这本书展示了地藏王菩萨舍身救母的孝道故事。后期佛教还认为一个人想要成佛，先要敦伦尽分，履行好一个人在世间的道德责任。在共存融合的过程中，儒家也逐渐吸收了佛教的一些理念，宋明理学就是儒家学者在充分吸收和消化了佛教思想之后，将儒家思想推向了新的哲学高峰。事实上，在这个过程中，一些人如苏东坡既是儒家学者也是佛教居士。在明清之际，儒释道已经融为一体，你中有我，我中有你，很难做出一个清晰的区分。除佛教外，基督教、伊斯兰教甚至还有犹太教等也曾流传到中国，虽然没有像佛教那样深程度地融合进来，但是中国传统道德并没有因为语言的巨大差异而予以排斥。

自近代以来，随着西方文明的传入，中国的儒家学者主动吸收西方语言中的精髓，试图进一步丰富和完善中国传统道德话语。比如，冯友兰在美国学习哲学后提出新理学，唐君毅等人试图用德国古典哲学重塑中国道德话语，胡适从实用主义视角分析了中国传统道德话语，杜维明试图发掘中国传统道德话语中能够体现普世价值的道德理念。在当代中国，不少学者从马克思主义角度重新诠释中国传统道德话语，试图构建有中国特色的马克思主义儒学。这些努力尽管有些只是昙花一现，有些还处于初步探索阶段，但是这种追求至少可以反映出中国人在对待外来语言时所普遍具有的兼容并包的自信气度。

儒家道德话语之所以能够生生不息，绵延数千年依旧繁荣昌盛，就是因为有这种"不忘本来，吸收外来，面向未来"开放包容的自信胸怀。如果我们抛弃这种自信胸怀，依旧固守于中国古代封建社会的等级观念、男尊女卑，认为这才是传统道德，放弃对正义、平等、民主等的追求，那么，儒家道德话语就会远离人类文明进步的步伐。因此，对儒家道德话语的自信不是对儒家道德话语的固守，而是以开放的心态对待。那些抱残守缺不愿革新的保守主义者不是在捍卫儒家传统道德话语，而是在逐步毁灭儒家道德话语，使人们对儒家语言丧失信心。因此，对待其他语言的这种兼容包容的自信胸怀才是儒家道德话语生生不息的重要保障。

其次，儒家道德话语转型应当积极走向世界，参与到当代世界伦理学的建构中。黄勇教授就一直致力这样的工作。黄勇教授说他认为所谓的研究中国哲学的哲学的方法指的是：一方面，在我们今天面临困难的哲学问题时，我们去看看中国古代的哲学家有什么有价值的讨论。另一方面，我们在看中国古代哲学时，时刻留意他们的讨论是否对我们今天在某些哲学问题上的观点提出挑战。总的来说，这种研究中国哲学的方法就是要揭示中国哲学对于我们今天共同关心的哲学问题所能做出的独特贡献。① 黄勇教授给我们的启示是，儒家道德话语的发展要关注当代世界伦理学的问题，在对当代普遍性的伦理学问题的解决中不断完善自我的道德话语。

从普遍伦理的视角看，儒家道德话语与西方伦理学话语并不是完全对立的。西方所提出的自由、正义、民主的理念，事实上在儒家那里也可以找到渊源，只是其用不同的词语表达而已，如已经有学者提出了自由儒学、民主儒学等理论。更重要的是儒家道德话语与西方道德话语是可以相互弥补的。安乐哲指出："在西方人看来，中国人每年春节的时候，都要坐火车回家与家人团聚，这是不可理解的。但是对具有儒学传统的中国人来说，这其实是非常有宗教感的一种行为，是用宗教外的一种方式把大家联结在一起。所以，我们还应该学习传统中国表达宗教感的智慧。因为在西方和'人'相对的 God 概念，在中国是没有的，但是传统中国也能产生浓厚的宗教感。这依靠'孝'的概念。这一概念在以个人主义为中心的西方伦理学中是缺乏的，儒学可以对之做出贡献。"②

总之，儒家道德话语的转型需要我们以一种开放包容的态度对待各种道德话语形式，不断借鉴和吸收新的外来词汇作为儒家道德话语的一部分，同时对不合时宜的道德话语适当扬弃，对一些道德话语作出创造性的诠释和发展，进而为构建中国特色道德话语体系奠定基础。

---

① 黄勇，王振钰．用哲学的方法研究中国哲学——黄勇教授访谈［J］．学术月刊，2022，（08）：214.

② 杜维明，安乐哲，倪培民．中国哲学研究的世界视野与未来趋势［J］．社会科学文摘，2018（10）：79.

第二章

古代汉语与儒家伦理

正如向玉乔教授所言："汉语道德语言是在中国社会发展起来的、主要被中华民族使用、以表达中华民族道德价值诉求为主要内容的一个规范性语言体系。它是由语音、词汇、语法、文字、修辞等要素构成的。这些要素既是中华民族进行道德思考、建构道德思想的工具，也是中华民族表达道德思维和道德思想的手段。它们使中华民族的道德生活通过有组织的语言表达体现出来。中华民族运用汉语语音、汉字等来表达自己的道德概念、道德判断、道德价值观念，也借助它们来描述自己的道德生活。"① 儒家充分发挥了汉语的语言学特点，自觉地借助汉语声音、汉字字形、汉语语法、汉语修辞等工具，表达他们的伦理思想。因此，从古汉语语言学特点出发，分析和揭示汉语字音、字形、词汇以及修辞中的伦理意义，是理解儒家道德话语的一个重要方面。

第一节　古汉语语音与儒家伦理

儒家将语音作为表达其伦理思想的一种重要方式：一方面，儒家认为语音蕴含着一定的伦理意义，因此，对一个人说话时的语音做出了伦理上的要求；另一方面，儒家认为语音相同或相似的词语在意义上有共通之处，因此，儒家经常借用语音相同或相似的词语解释它的一些重要概念。下面将分别围绕这两点进行详细论述。

---

① 向玉乔. 汉语道德语言的构成要素及其伦理表意功能 [J]. 道德与文明，2022（03）：26-36.

一、汉语语音与儒家伦理

通常人们会认为，一个人说话时的语调、语气是个人情感的流露，不具有伦理上的意义。但在儒家看来，它蕴含着一定的伦理意义，应当受到伦理的规范和约束。一个经常被儒家强调的观点是：一个人说话的语调和语气涉及对他者的态度和礼貌，不合适的语调、语气体现了对他人的不尊敬态度；而儒家认为语调、语气是否合宜，与说话时的情境和对象密不可分，在一种情境中被视为合宜的语调语气，在另一种情境下可能就不合适。有几个证据可以支持上述观点。例如，在儒家蒙学读物《弟子规》中讲道："将入门，问孰存；将上堂，声必扬。人问谁，对以名，吾与我，须分明。"这段话可以这样理解，假设一个人到别人家里做客，他合乎道德的做法应该是：在即将进入别人家大门时，应该高声询问是否有人在家里；在准备进入别人堂屋的时候，应当提高说话的语调以便引起主人的注意，让主人知道有客人来了，以免让主人匆忙应对或造成不必要的尴尬局面；而当主人问是谁的时候，一定要清楚地告知对方自己的名字，不要含糊地说"是我"。这种规范性建议看似琐碎，实则是通过这样的细致要求来实现客人与主人之间的相互尊重。

尊敬他人的观念不仅体现在说话时的语调上，也体现在说话时的语气上。例如，在《论语·为政》中有两处问孝时就涉及语气态度的问题："子夏问孝。子曰：'色难。有事，弟子服其劳；有酒食，先生馔，曾是以为孝乎？'""子游问孝。子曰：'今之孝者，是谓能养。至于犬马，皆能有养；不敬，何以别乎？'"在这里，孔子的两位弟子分别向孔子请教，什么样的行为才算是孝的问题。孔子的回答是，仅仅在物质上赡养好父母不能算孝，更重要的是要尊敬父母。不尊敬父母的一个重要表现就是"色难"，即不能够以和颜悦色的、温和的语气对待父母。所以，子女尊敬父母的态度是通过子女对待父母的语气得以呈现。在《礼记·檀弓下》中我们也可以看到类似的例子："齐大饥。黔敖为食于路，以待饿者而食之。有饿者，蒙袂辑屦，贸贸然而来。黔敖左奉食，右执饮，曰：'嗟！来食！'扬其目而视之，曰：'予惟不食嗟来之食，以至于斯也！'从而谢焉，终不食而死。曾子闻之，曰：

'微与！其嗟也可去，其谢也可食。'"这个故事是说，当齐国处在饥荒的时候，一个乞丐尽管十分饥饿，但他还是拒绝了别人的施舍，这是因为施主给他施舍食物时态度不好——这个施主左手端着食物，右手端着汤，大声说道："喂！来吃吧！"这个乞丐宁可选择饿死，也不愿意接受这种羞辱的馈赠。儒家赞赏这位乞丐的行为，认为他的行为是符合义的。

可见，在儒家看来，说话时的语气、语调表达了一个人对待他人的道德态度，因此，一个人说话的语气、语调也应该受到道德的约束。孔子说："食不语，寝不言。"（《论语·乡党》）就是对人们在用餐、就寝时的语言提出的道德要求，一个有道德修养的人应该如此行动。孔子被描述为一个具有"温良恭俭让"美德的圣人形象，而其中的"温"就是说孔子在待人接物时的语气和态度上的温和谦虚。再如像文质彬彬、谦谦君子、温温如玉这些词语是儒家对君子形象的生动刻画。这表明一个君子在语气、语态上应该是温和谦虚的，成为君子需要人们在语气、语态方面进行修养。

儒家对语音的伦理意义的重视，在一定意义上弥补了我们在道德评价上的缺失。在现代社会，我们通常认为道德评价的对象主要是行为和人。一般不会将一个人说话时的声音纳入道德考虑的范围，给予应有的评价。然而一些不恰当的语气、语调，的确会对他人的心灵造成伤害，这是事实。所以，将语音纳入道德考虑的范围是适宜的。

二、汉字字音与儒家伦理思想

汉字字音也是儒家表达其伦理思想的一个重要方式。正如向玉乔所言："中国人总是借助汉语语音来表达一定的意义。这种意义具有政治意义、经济意义、伦理意义等各种形态。在汉语的诸种意义形态中，伦理意义是最基本的形态。"[1] 向玉乔以"德"为例说明了这一点。他认为，在《孝经》中，儒家用"得"解释"德"，赋予"得"和"德"以相同的语音和语义，从"得"的视角来理解德的含义，"德"不是别

---

① 向玉乔. 汉语道德语言的构成要素及其伦理表意功能［J］. 道德与文明，2022（03）：26.

的，是我们每个人应得的东西。① 这不是个案，这是儒家定义其主要概念的一种特有方式。

这种定义概念的方法在古代汉语中被称为"因声求义"，即通过字音去理解一个概念的意义。然而这何以可能呢？段玉裁在《说文解字注》中解释了这一点，他说："许君以为音生于义，义著于形。圣人之造字，有义以有音，有音以有形；学者之识字，必审形以知音，审音以知义。"在这段话中，段玉裁认为，在古代汉语中，字义、字音和字形之间存在着内在的联系：汉字的意义决定了字音，有什么样的意义就有什么样的字音；反之，字音在一定程度上也反映了字义。正因为他们认为汉字的意义能够通过相同或相似的字音获得解释，所以儒家在定义和解释其核心概念时，就比较广泛地运用了这种语言学的方法。

儒家在定义其核心的道德概念"仁义礼智"时，就采用了这种独特的方法。具体表现为：

第一，以读音相同的"人"字解释儒家"仁"的概念。"仁者，人也，亲亲为大"（《礼记·中庸》），"仁也者，人也"（《孟子·尽心下》）。"仁"是儒家最核心的概念之一。通常人们认为仁的含义是爱人，但这个定义依然是不清楚的。根据这个定义，我们无法区分爱自己与爱他人的关系，无法区别爱人与爱其他生命的关系。用"人"来定义"仁"有助于帮助我们澄清这一问题。首先，这里的"人"不是指普遍意义上的人，在先秦的经典中，是指与"我""吾"相对的他人。因此，这种定义告诉我们，仁不是爱自己而是爱他人。其次，用他人定义"仁"进一步说明，"仁"不是一个仅仅关涉自己的美德，是涉及我们如何对待他人的美德，是指向他者的。最后，这个定义也告诉我们，仁的对象和适用范围并不包括除人之外的其他生命体。对于非人类的这些生命体，就像孟子讲的"亲亲而仁民，仁民而爱物"，我们可以说"爱"，但不能说是"仁"。所以，"因声求义"的这个解释对理解仁是很有必要的，然而这一点却往往被人们所忽视。

第二，儒家在定义"义"时，也采用过以读音相似的"宜"字定

---

① 向玉乔. 汉语道德语言的构成要素及其伦理表意功能［J］. 道德与文明，2022（03）：26.

义它。《礼记·中庸》中说："义者，宜也。尊贤为大。"孔颖达疏："宜谓遇事得宜。"这个定义说明"义"是与合宜、适宜密切相关的：一个符合义的行为同时也是一个合宜或适宜的行为，合宜或适宜的标准取决于具体的情景。这与我们通常对"义"的理解存在一定的差异，通常我们将"义"理解为"应该"，但是"应该"与"合宜"存在一定的区别。一个"应该"的行为通常是不考虑情境因素的，但是一个"合宜"的行为需要考虑情境因素。"应该"是一种命令，意味着我们必须要这样做，但是合宜则是一种建议，建议我们这样做是一种最合适的选择。所以，根据"宜"解释"义"的因声求义的方法，能够帮助我们更好地理解儒家的义的观念。

第三，用读音相似的"履"定义"礼"。《说文解字》中说："礼者，履也，所以事神致福也。""履"是实践、用行动去落实的意思。这里将"履"与"礼"联系在一起，用"履"说明"礼"是在强调，礼是指导人们如何行动的具体规则，礼重要的不在于被知道，而在于人们能够按照礼的要求去行动，去实现礼。脱离实践的礼是空洞的，没有意义的。这个解释也为理解礼提供了一种新的视角。

第四，用读音相似的"知"定义"智"。《白虎通义·性情》中说："智者，知也，独见前闻，不惑于事，见微知著也。"这个解释告诉我们，"智"与"知"是相关的，因此，理解"智"可以从"知"入手。"知"是知道的意义，二者联系在一起，意味着知道得越多的人比知道得越少的人更有智慧。当然，儒家讲"知"主要是在知道道德知识的意义上讲的。也就是说，一个智者应该是拥有道德知识的人，是能够判断是非善恶的人。通过"知"来理解"智"，丰富了我们对儒家智慧观念的理解。

除此之外，还有一些其他重要概念，也是通过这样的方式被理解。例如孔子说："政者，正也。子率以正，孰敢不正？"（《论语·颜渊》）孔子通过字音相同的"正"字解释"政"的概念，说明在孔子看来，政治与"正"的观念是相关联的。根据这句话的意思，孔子试图强调治理好一个国家的关键在于统治者本身的行为：如果统治者能够以身作则，其他人自然就会效仿。所以用"正"解释"政"反映了孔子依靠统治者的榜样治国的理念。又如孟子在解释教育的相关概念时也用到了这种方法，他说："庠者，养也。校者，序也。序者，射也。"（《孟子·滕文公上》）这里的"庠""校"就是过去的学校，这里似乎看不到伦理的意义。但是孟子通过字音相似的"养"和"序"的解释赋予了学校以伦理的内涵，学校作为一种教育机构，本质上是对人进行道德教育，教育的核心是让人知道人伦之理并能够践行它。

这种方式在对《诗经》作解释时也被广泛使用。例如，《诗经·鄘风·君子偕老》中的"展如之人兮，邦之媛也"。为什么称呼美女为"媛"呢？儒家用字音相同的"援"字来解释该字。《尔雅·释训》"美女为媛"注："所以结好媛。"疏引孙炎曰："君子之援助。"因为美女能够援助君子，所以称呼美女为媛，这个解释显然有些牵强。《说文解字》说："媛，美女也，人所援也。"① 因为是美女，所以人们更愿意援助，似乎也有一些道理。无论怎么解释，在这方面都是共通的，像"媛""校""庠"等词语，本身不具有伦理意义，但如果通过援引读音相同或相似的字词去解释它们，就给这些词语赋予了伦理上的意义。

不过值得注意的是，并非任何概念都可以用这种"因声求义"的方式得到解释。它依赖于二者之间是否存在内在的联系，只有在意义上存在内在联系，这种解释才具有合理性。这种情况在其他语言中很少存在，这是中国道德语言的一种特有现象。这种方法在今天看来依然有独特的价值。它可以让我们通过联想的方式，较为形象地获得对某个概念的认知，有助于保持人们对道德观念的记忆和理解。比如，现在流行的超级记忆法，记忆一副扑克牌，或一长串没有规律的数字，就是通过对数字编号，这种编号就是通过数字谐音，给本来没有意义的数字赋予了意义，从而有效帮助人们进行有意义的记忆。所以，客观上依靠读音相同或相似的字词解释概念的意义，可能促进人们对该道德观念的记忆。另外，我们总是认为在读音相同或相似的两个字词之间存在着某种内在的联系，这种观念依然深刻地影响着现代人的生活。比如，中国人在起名字的时候，很忌讳一些不好的谐音。

综上所述，可以得到两点结论：第一，儒家认为一个人说话时的

---

① 许慎. 说文解字［M］. 北京：中国华侨出版社，2014：262.

语调、语气以及语态与一个人对他人的道德态度密切相关。尊重不仅是一种抽象的观念，也体现在人们的一言一行中，甚至在声音中。如果一个人说很尊重你，但是在语气上却藐视你，这在儒家看来，显然是矛盾的。说话时什么样的语气、语调或语态是适宜的，才能够表达对他人的尊重，这没有唯一的标准的答案，而是取决于说话时的具体情境和对象。比如，如果有人在参加他人的葬礼上放声大笑或者在他人的婚礼上号啕大哭，这在儒家看来显然是不合适的。第二，儒家预设了在字音相似或相同的字词之间存在着某种内在的关联，因此，通过"因声求义"的方式，对某些重要道德概念进行了解释。这为我们进一步理解儒家概念提供了新路径。

第二节 古汉字字形与儒家伦理

汉字是一种象形文字，它是中国人的祖先通过对客观事物的长期观察、模仿、抽象而创造出来的一种表意文字。作为一种表意文字，它与表音文字存在一些重要区别。像英语之类的表音文字，在字形与字义之间并没有内在的逻辑上的联系，而是约定的。某个单词如果不被教授，人们是无法直接根据字形知道该字词的意思的。但是汉字不同，它在字形与意义之间存在内在的直接的联系，即便人们不学习汉字，也可以通过观察和分析字形本身，对其意义略知一二。如甲骨文中的"日""月""雨"等字，即便没有学过汉语的人，当看到这些早期的文字字形时，也能够推测其大概的意思。因为汉字的字形能够表达早期人们对客观世界的认知，正如有学者说："汉字在记录语言的过程中，总是侧重于从意义的角度与语言建立联系。早期的汉字构形，特别是甲骨文、金文字形，往往是客观世界在人脑中的一种投射，而这种投射并不是对客观世界的直接复刻，它们经由人脑加工，可以反映造字者的主观意图。这就为我们利用汉字构形去探索先民的思想观念提供了可能。"① 通过汉字字形，我们可以了解早期人们对客观世界

---

① 王立军，白如．汉字构形与中国古代的天人观 [J]．当代中国价值观研究，2016，1 (04)：46.

的认识，了解他们的思想观念。杨国荣先生说："语言不仅仅是一种工具，它同时也是文化的载体。当个体掌握、接受一种语言时，他也相应地与凝结于其中的文化传统、知识系统、思维方式、价值观念等发生了某种联系；后者（文化传统、知识系统、价值观念等等）构成了个体的存在背景。"① 所以，通过对汉字字形的分析，了解汉字的伦理意义是可能的也是必要的。尽管汉字从甲骨文、金文、小篆、繁体字到今天的简体字一直都在演变中，但是字形的表意功能并没有丢失，只是字形抽象的程度不同而已。

因为汉字字形蕴含着丰富的文化信息。从上古的文字中，我们可以找到儒家道德观念的原始来源。如罗江文所说："甲骨文和金文等古文字的字体取象结构蕴含着先民最初思想观念的丰富历史信息，它们是探讨儒家伦理道德观念起源的重要途径，如'孝'之于'父子有亲'，'友'（'悌'）之于'长幼有序''妇'（'威'）之于'夫妇有别'，'忠'（'礼'）之于'君臣有义'，'信'（'友''朋'等）之于'朋友有信'等。儒家的五伦道德观念均可从古文字中找到其原始胎记。"②

但是究竟如何从文字字形中寻找儒家五伦道德观念的原始胎记，罗江文并没有进一步的论述，然而他引出的问题是至关重要的，为我们更好地理解儒家五伦道德观念提供了新的路径。接下来，我们将顺着罗江文的这一启示，对这一问题进行深入的探究。将结合甲骨文、金文以及《说文解字》对汉字字形的相关记载和解释，通过对汉字字形的详细分析和重新解释，探索、澄清儒家五伦观念及其相应伦理规范的原始意义，并对五伦观念作出新的理解。

一、从汉字字形上理解父子之伦

儒家在阐述父母与子女的伦理关系时，提出了"父子有亲""父慈子孝"的伦理原则。通过对"父""母""孝""慈"等相关汉字字形

① 杨国荣. 道德与语言［J］. 学术月刊，2001（02）：19.
② 罗江文. 古文字与儒家伦理观［J］. 思想战线（云南大学人文社会科学学报），1999（2）：51.

的分析，可以让我们对儒家的这些伦理观念获得更深层次的理解。

首先分析“父”“母”字形的伦理意义。“父”字在甲骨文中的字形是。这个符号有两种解释：一是认为它像手举着石斧的形状；二是认为它像是手举棍杖的形状。持第一种观点的解释是：石斧是人类最早用的劳动工具之一，因男性通常比女性更为健壮，所以人类最初的社会分工是女子采集，男子外出狩猎；手持石斧外出狩猎，是当时成年男子的主要工作，因此就用“父”字指称成年男子。这种解释是以职业定义“父”。持第二种观点的代表性解释是《说文解字》：“父，矩也。家长率教者，从又，举杖。”“又”即“手”之古字。“父”之古字形“以手举杖”表示“父辈训导子辈后代”①，这个解释显然增加了儒家伦理的色彩。什么是“父亲”，一个手里拿着棍杖教训子女的人就是父亲。通过父亲与子女的关系，以及父母对子女具有教育的义务定义“父”的身份。杖也象征着家庭中的权力和地位，反映出父亲在家庭中自然处于尊崇的地位。

“母”字在甲骨文中的字形是，像女子怀中加上两点，这两点象征女性的乳房。《说文解字》的解释也类似：“牧也。从女，象怀子形。一曰象乳子也。”一个女人用自己的乳汁喂养怀中的孩子，这个人就被称为母亲。可见，母亲在当时社会中的主要角色是养育子女。这个字形生动形象地表达了中国古人对“母亲”的深刻理解，解释了母亲的本质性特征是养育子女。这种观念与我们今天对母亲的理解有很大差异。根据早期人们的这种观念，一个女性是母亲，不是取决于她与子女是否有血缘关系，而是取决于她是否养育了子女，只有养育了子女才算是真正意义上的母亲。在这个意义上，母亲又象征着仁慈、无私的美德，因此，母亲在儒家的文化中是伟大的、受人尊敬的。与母亲生育相关的另一个字是“好”。“好”字甲骨文的字形作，形似怀抱幼儿并乳养的母亲形象。《说文解字》解释：“好，从女从子，会意。”表义为古代女性“爱子多子”即为“好”。该字体现了古人对女性生育的尊崇心理，展现了古代先民对女性“生产生育”尊崇的伦理意识。

父慈子孝是儒家处理父母与子女关系的基本伦理原则。古汉字

① 李梵．汉字的故事［M］．西安：陕西师范大学出版社，2009：220.

"孝"少见于殷代卜辞，但在殷周的金文中却广泛存在，周代金文中的字形是 🜚 。这个字形通常被认为是由上部的"老"字和下部的"子"字构成。它从商代晚期到西周无多大变化。对"孝"字的经典解释是《说文解字》："孝，善事父母者。从老省，从子。子承老也。"后来的学者基本认同这个解释：孝的对象是父母，"善事父母"是孝的原始含义。

但是如果从字形上分析，以许慎为代表的传统的这种解释显得不够精确。首先，金文"孝"字形的下部是"子"字形，这个字形表达的是子女的意思，这是相对于父母而言的。所以，如果要表达孝顺父母的意思，那么该字的上面部分显然应该是"父"或者"母"的字形，即按理应该选择用"父"的金文字形 ℈ ，或"母"的金文字形 🜨 。代替"老"的字形，而且前者已经广泛存在于金文中，并且是作为字形的构成要素而存在。但是古人却选择了用"老"字字形。"老"字，甲骨文作 🜚 ，字形为"长发老人拄拐杖，头上戴顶帽子"。该字形形象地刻画了老人的生理特点：年迈体弱，是需要被照顾的对象。但这里的"老"也不可能指普遍意义上的老人，如果是，就与"子"的意思不对应了。所以，只可能有一种合理解释：这种"老"是指年老的父母。正是因为父母年纪大了，在生活起居上自然需要子女的照顾。所以"子"的字形放在下部形象地表示背负或搀扶年老的父母，表达了成年子女照顾年迈的父母的意思。

通过对"孝"字形的分析，特别是对"老"字的理解，关于"孝"的原始意义，我们可以得到如下几点新发现。第一，孝不是处理任何年龄阶段的父母与子女的伦理关系的基本原则，而是处理成年子女与年老父母之间伦理关系的基本原则。孝的主体是成年子女，孝的对象是年迈的父母，特别是需要照顾的父母。根据这个意思，如果子女是年幼的或者父母是年轻力壮、身体健康的，那么子女在这个时候是可以免于行孝的。第二，孝的根据不仅是因为血缘，也与年龄相关，更是基于互惠的原则，孝顺父母是因为父母年老体衰，需要关怀和照顾。更进一步说，孝的根据是基于子女对父母年老的同情和互惠：年幼的时候子女生活不能自理，父母照顾子女，现在父母年老了，生活不能自理，那么子女也应该同样照顾父母。第三，孝的方式主要是在生活上照料和爱护年老的父母。这里并没有体现出顺从父母意志的观念。上述的这些发现，对于我们重新认识孝的内涵和价值具有重要意义。

与"孝"字紧密相关的另一个字是"顺"，"孝顺"作为子女对待父母的道德义务，经常被连在一起使用。"顺"小篆作 {图}，《说文解字》说："顺，理也。从川从页。"本义是指水畅流无阻，引申为"听从、依循"之义。对古"顺"字的训释告诉我们：古代子孙后辈侍奉父母辈要"恭顺无违"。具体表现在日常生活中四个方面：奉亲、侍疾、显亲、谏诤。"奉亲"是说子孙后辈在父母辈年老以后，要"反哺"父母辈，尽到赡养义务。强调子孙后辈首先要从物质生活上保障父母辈的生活需要，保证他们在物质生活上的优先权。其次，"奉亲"要求子孙后辈须怀有"虔诚敬顺"之心"孝侍"尊长，子孙后辈在"离家"和"返家"时，要做到"出必告"和"反必面"。最后，子孙后辈在"行事"时，要事先禀告父母，不可任性乱为。对于父母辈的好恶，要了然于心，要做到为其"取好去恶"。在社会上"为人处世"时，子孙后辈要"以德服人"，不能让父母辈忧心、蒙羞。"侍疾"说的是父母辈晚年体弱多病时，作为子孙后辈应当悉心照顾，精心救治，多给予父母辈以必要的人文关怀。当父母辈生病卧床时，作为子孙后辈要把汤药熬好。"显亲"即说作为子孙后辈，侍奉父母辈须常存"孝敬"之心，要首先学会"存身"。一旦子孙后辈的身体受到损害，便会令父母辈担心。子孙后辈要"恪尽孝道"，还要在"存身"的基础上"显亲"，要通过"立德、立言、立功"扬名后世，以显父母辈尊亲，从而光宗耀祖、光耀门楣。"谏诤"就是指子孙后辈对父母辈尊长也不能无条件绝对服从，当父母辈有过错时，作为"孝子贤孙"，子孙后辈应当委婉谏诤，力使父母辈改正过错。

孝还体现在父母的安葬上。古汉字"葬"字，小篆字体为 {图}，《说文解字》说："葬，藏也。从'死'在草中，'一'，其中所以荐之。"其中"死"即"尸"字，"一"是指抬尸用的木板。又曰："古葬者，厚衣之以薪。"这就是说古代先民去世后，是以薪柴作丧衣，埋在草丛中实行天葬的。子孙后辈把逝去的尊长天葬后，为了保护逝者的尸体，会时常带着弓箭驱赶食尸的猛禽野兽。这点从古"吊"字可以明显地看出，"吊"，异体字作"弔"，小篆字体为𢎷，《说文解字》说："弔，问终也。从人从弓，会驱禽。"意思是说古"弔"字的小篆字形象"人持弓"，古人葬尊长之尸于荒野，因无棺木保护，尊长之尸常受禽兽之害，因而子孙后辈就常"持弓"驱赶禽兽，以保护尊长之尸不被禽兽啃噬。① 后来丧葬由天葬发展到土葬，对尊长"尊崇"的方式在丧葬的形式上也发生了相应的变化。为了更有效地保护尊长之尸，防止泥土腐蚀，子孙辈在尊长去世后，会把尊长之尸用棺盛殓，然后埋入墓穴中，而"棺"字也就成了尊崇父母辈尊长在古文字上的反映了。古"棺"字，小篆字体为𣐺，《说文解字》说："棺，关也，从木官声，所以掩尸。"古代尊长去世后用"棺"盛殓下葬后，起先只挖墓，不起坟，后来为了标识尊长所葬之处，便起坟头以识。② 通过对古代"先民"由天葬到土葬的丧葬习俗的考释，我们可以比较准确地知悉古人对父母辈尊长"尊崇"的观念与行为，这也很好地反映了中国古人"尊崇"的伦理文化观。

如果说"孝"和"顺"是子女对父母的道德义务，那么"慈"就是父母对待子女的一种道德义务。"慈"字在殷代卜辞和西周、春秋金文中较少见，出现较多的是在战国金文中，如《中山王壶》中的字形是𢆶，与《说文解字》中的小篆字形相同。《说文解字》的解释是："慈，爱也。从心，兹声。"许慎将"慈"解释为"爱"的意思。但是我们认为，根据其字形和早期的意思，将"慈"简单地理解为爱是不准确的，这样便和仁等相关概念无法很好地区分了。从𢆶字的构形上看，上部是"丝"，下部是"心"。殷代卜辞里的丝字形如二束短丝，是微小的意思。从心从丝，心中想及幼弱，可能是其本义。字形的意义可以在先秦相关文献中找到根据。在先秦文献中，"慈"一字经常和"幼""少"等字连在一起使用。如《周礼·地官·大司徒》中说："一曰慈幼。"郑玄注："慈幼，谓爱幼少也。"《左传·昭公二十八年》中说："慈和遍服曰顺。"孔颖达对其解释说："上爱下曰慈。"《荀

---

① 王玉鼎.汉字文化学［M］.西安：西安出版社，2010，148.
② 王玉鼎.汉字文化学［M］.西安：西安出版社，2010，149.

子·大略》中说："老者孝焉，长者弟焉，幼者慈焉。"

从以上论述中可以得出一些新的结论：（1）"慈"的字形在表达爱时，爱的对象不是老者，也不是长者，而是与之相对的年幼的孩子。（2）在家庭内部，就父母与子女的关系而言，"慈"与"孝"是一对相对的概念，如果说子女对父母的爱是孝，那么父母对子女的爱就是慈。不过无论如何，都是强调彼此之间的爱。因此，在早期中国人的观念中，父母与子女之间的道德义务并不是单向的。（3）与"孝"不同的是，"慈"不只是对自己孩子的爱，"慈"也强调对一切弱小的生命的同情和爱护，这一意义到后来越加明显。但是"孝"始终较少超越家庭的范围。（4）从字形上看，"慈"有心，而"孝"有行，意味着"慈"强调从情感上对幼弱生命的同情和关爱；"孝"强调子女对年老的父母在行动上的扶助和照顾。

二、从汉字字形上理解夫妇之伦

在两性文化和婚姻文化中，我们所熟知的"男大当婚、女大当嫁""娶妻生子、传宗接代""男女有别"等观念，无不是来自传统的儒家。从"男""女""嫁""娶"等字形出发探究早期中国人的婚姻观念，有助于我们更好地理解儒家的夫妇之伦。

"男""女"是构成两性关系和婚姻关系的基本概念，一些涉及两性和婚姻的汉字是基于它们而形成的。因此，首先从这两个字形入手考察。"男"字在甲骨文中的字形是 ，"力"形即"耒"形，"男"字形的意思是"以手持耒耕田状"。许慎在《说文解字》中的解释："男，丈夫也。从田从力。言男用力于田也。"说明男子在中国古代社会是从事农业生产的。更重要的是，这个字形透露出早期人们是从一个什么样的视角定义"男性"的，一个人被认为是"男性"，不仅是因为其生殖构造，还是因为男性有体力上的优势，能够从事繁重的体力劳动。男女的区别首先不是生殖上的，而是职业上的。男性因体力优势从事农业耕作也决定了男性在家庭和社会中的地位。古汉字"女"字，在甲骨文的字形是 ，像一个人弯着膝盖跪在地上，双手交叉着放在胸前的样子。许慎在《说文解字》中解释："女，妇人也，象形。""女"的字形向我们透露出至少两点信息：一是古代女性随着生产力的发展，在生产领域中逐渐退出主导地位，被迫接受男性的领导，表现出不得已而屈服的"卑下"之姿；二是强调那时的女性"居其家"以操持家务的特点，表明古代女性已经由社会走入家庭。古代女性由社会转向家庭打理"内务"，便在事实上不得已依附男性谋生，这就决定了她们不得不处于较之于男性"尊崇"而相对"卑下"的社会地位。这进一步印证了"男尊女卑"这种观念的形成，并不仅仅是被人为建构的，也与早期的社会生产力状况密切相关。

"夫""妇"也是婚姻关系中的一对基本概念。"夫"字，在甲骨文中的字形为 ，是"大"字上面加"一"，昂首站立，威势夺人，展现出男子汉大丈夫顶天立地的伟岸形象。"妇"在甲骨文中的字形为 ，繁体字作"婦"，字形似一女子"跪地持帚"，描述古代女性服从男性，从事家务劳作的形象。从"妇"字字音上看，《说文解字》说："妇，服也。从女从帚。"《说文解字》采用"声训法"，以"服"训"妇"，强调的是"服从"之义。这说明在古人的伦理观念中，"妇"是要服从与之相对的"夫"的。由此可见，"夫""妇"二字，显示的是古代宗法制社会"夫尊妇卑""尊崇男性"的伦理观念。

"嫁""娶"也是婚姻关系中一对重要的概念。在中国传统的婚姻观念中，父母会自然地认为，儿子长大了就要娶媳妇，女儿长大了就要嫁出去，这是天经地义的事情。我们从"嫁"和"娶"的字形中探究这种信念的最初含义。"娶"在甲骨文中的字形是 ，它由两部分构成：左边是"女"字字形；右边 符号是"取"的字形，由一只手和一只耳朵构成，意思是以武力抢夺某物或以武力将某物占为己有。当"女"与"取"结合起来，就表示男人以武力抢夺女人的意思。在上古时期，原始部落之间存在较为广泛的"掠夺婚"的婚俗文化，这个字形可能就是当时人们婚姻观念的一种反映。可见在当时，女性在婚姻中是被动的，她们没有选择配偶的自由，没有表达婚姻意愿的权利，是被男人当作物品一样去抢夺的对象，这种观念在当时的人们看来，并不是一种不道德的行为。但是在后来的儒家文化中，将"娶"由"武力抢夺"变成了"以礼来娶"，将"娶妻"通过一系列的礼仪要求规范化、文明化了，这也是婚姻文化的巨大进步。

与"娶"字紧密相关的字是"嫁"。"嫁"字最早出现在小篆中，字形是{字}，和现在"嫁"字形基本相同。《说文解字》对该字形的解释是："嫁，女适人也，从女家声。自家而出，谓之嫁。"段玉裁注释道："嫁，女适人也。白虎通曰：嫁者，家也。妇人外成以出适人为家。按自家而出谓之嫁。至夫之家曰归。丧服经谓嫁于大夫曰嫁，适士庶人曰适。此析言之也。浑言之皆可曰适，皆可曰嫁。""嫁"的字形是指女人从一个家庭步入另一个家庭，即离开父母的家庭，到了丈夫的家里称之为嫁，这是一种事实的描述。但是根据段玉裁此处的解释，父母家对于古代女性而言，并不是她们真正的家，她们真正的家或者归宿是丈夫的家，女人只有嫁到丈夫那个家里才算是真正成为一个有家之人，从根本上讲，她不是娘家的人，而是丈夫家的人。这种观念一直延续到现代社会，人们常说"嫁出去的女儿，泼出去的水"，女儿一旦嫁出去就成了外人，女儿是给别人养的，儿子才是自己的。当父母们以这样的信念对待子女时，他们必然不可能公平地善待女儿；女儿持有这样的信念，也会与父母产生疏离感。这对女性而言，显然是极其不公平的。然而这种儒家的婚姻观念依然影响着现代的人们。但是我们认为"嫁"字的字形本身只是一种事实描述，结婚对于女性而言，只是意味着她从一个家走入另外一个家。后来的这个家，虽然有别于父母的家，但也有别于公婆的家，而应该是自己与丈夫新建立的家。

与之相关的另一个字形也能体现女性在婚姻中的地位，就是"帑"字。古时妻室又被称作"帑"，小篆为{帑}。《说文解字》解释是："帑，金币所藏也，从巾奴声。""巾"代表金钱，这说明"帑"字与金钱相关联。妻子自称是"帑"，说明在当时妻子是可以被当作财货进行买卖的。这也反映了女性在当时所处的社会地位是"卑下"的。

三、从汉字字形上理解长幼之伦

长幼之伦又称为兄弟之伦，是儒家五伦关系中重要的一伦。儒家为处理长幼或兄弟关系提出了伦理原则："长幼有序""兄友弟恭"。接下来，我们将通过对"长""幼""悌"等相关字形的分析，阐述其中的伦理意义，进而理解长幼之伦。

首先看"长""幼"这一对字形。"长"在甲骨文中的字形是{长}，这个字形右部是人形，左边是头发形状，合起来像是一个长发飘飘的老人。古人在刻画老人的时候，将头发作为一个显著的标志。或许是受"身体发肤，受之父母，不敢毁伤"的传统观念的影响，早期的人们一直保留着自己的头发，随着年龄增大，头发不断增长，因而头发的长短成为衡量年龄的显著标志。因此，从"长"的字形中看到，"长"是表示年龄意义上的长，当然也不是相对意义上的长，而是指年长甚至年老的人。"幼"在甲骨文中的字形是　，左边是一只手或手臂，右边是一根细丝。合在一起似乎是在表达手臂像一根细丝那样软弱无力，从而引申为年纪小《说文解字》也是类似的解释："幼，少也。从幺，从力。"通过"幼"的字形分析可见，幼小的本质是年少力弱。无论是"长"还是"幼"，在身体上都是偏于羸弱的，都是需要被照顾的。

"悌"是调节长幼或兄弟伦理关系的重要原则。"孝悌"二字经常被儒家连用，如孟子说："尧舜之道，孝悌而已矣。"（《孟子·告子下》）"悌"字，小篆作　，在甲骨文、金文中均未发现，比较早的字形见于《说文新附·心部》，解释是："悌，善兄弟也，从心弟声。经典通用弟。"《释名·释言》中解释："悌，弟也。"《广雅·释亲》中也说："弟，悌也。"可见，"悌""弟"二字同源，"悌"当是由"弟"字衍生的。"弟"字在甲骨文中的字形是　，像一个绳索逐次缠绕在一根"弋"或木桩上，呈现出一圈圈的次序。所以其本义有次第的意思。"悌"通"弟"，就意味着"悌"也有次序的意思。将该词用在兄弟关系或长幼关系中，意味着兄弟或长幼之间的关系不是平等的，是有次第的，或因年龄或因辈分等，这是自然意义上的次第。相应地，他们认为兄弟或长幼之间在伦理上也应该有次第。这种伦理上的次第关系其实类似于父子关系，这决定了兄弟或长幼在道德义务上也类似于父子关系，做兄长的有慈爱弟弟的义务，做弟弟的有恭敬兄长的义务。正如徐兴无认为的，"悌"的本义是"兄长友爱弟弟"，后来引申为"弟弟恭敬兄长"[①]。但从字形上看，"悌"蕴含着双向的道德义务。

---

① 徐兴无 . 孟子［M］. 南京：南京大学出版社，2008：57.

四、从汉字字形上理解君臣之伦

君臣关系是儒家基本的伦理关系，君礼臣忠或君仁臣忠被认为是调整君臣关系的基本伦理原则。通过对"君""臣""忠""礼"字形的分析，可以澄清人们对君臣之伦的一些误解，同时深化对这一伦理关系的认识。

首先看"君""臣"的字形。"君"在甲骨文中的字形是 ♫，上部像手持权杖的形状，象征权力，下部是一个"口"字，象征发号施令，合起来表示一个手握权杖、发号施令的人。《说文解字》的解释是："君，尊也。从尹，发号，故从口。古文像君坐形。"该字形反映了古人对"君"和政治权力的理解。构成"君"的两个必要条件是：一是能够对他人发号施令；二是他人之所以愿意服从命令，是因为君主手中有"权杖"，手握权杖意味着可以对不服从命令的人施加惩罚。"臣"在甲骨文中的字形是 ，像一只竖着的眼睛，人在俯首下视时才会是这样，因此有低头屈服的意思。《说文解字》的解释是："牵也。事君也。象屈服之形。凡臣之属皆从臣。""牵"就是被牵拉着的样子，服从于君主，侍奉君主。总之，从"君"与"臣"的字形中可以看到，君臣之间完全是一种不平等的关系，君王拥有绝对的权力，臣像仆人一样侍奉并依附于君王。因此，可以推测在上古尧舜禹时期甚至更早的时期，君与臣之间就不是后来儒家理想中的那种关系。

孔子说："君使臣以礼，臣事君以忠。"（《论语·八佾》）礼是君对臣的道德义务，忠是臣对君的道德义务。"忠"和"礼"是处理君臣关系的基本伦理原则。从字形进一步理解这种伦理原则。"忠"字，始见于战国金文，其构形为上"中"下"心"。小篆作 ，如何理解上部的字形"中"呢？据唐兰先生考证，"中"本义是氏族的族徽旗帜，古有大事，立中旗以聚四方之众，"中"字引申出中央之义，更引申为一切之中。① 在殷代卜辞和周代金文中，"中"就用引申义表示中央、中正、适度之义。例如，西周《牧簋》铭文："雩乃讯庶右邻，毋敢不

---

① 陈初生.金文常用字典［M］.西安：陕西人民出版社，1987：604.

明不中不井（刑）。"大意是讯问判罪时，不敢不明确不中正不合法。春秋金文《叔夷镈》铭文也说"慎中厥罚"，意思是要慎重中正适度地处罚。澄清"中"字形的意义之后，再从字形上看"忠"，"忠"在字形上蕴含着一个人的内心是中正的、公正的意思。再结合其相关铭文的意思来看，由《中山王壶》铭文"竭智尽忠，以佐厥辟，不贰其心""余知其忠信也，而专任之邦"等记载可见，"忠"主要适用于君臣关系，强调臣对君王公正无私，尽心尽力辅佐君王。如《左传·成公九年》："无私，忠也。"又如《左传·文公六年》："以私害公，非忠也。"这里都将"忠"理解为臣对君的道德义务。然而另一种解释却将"忠"理解为"敬"，如《说文解字》说："忠，敬也。从心，中声。"这种解释在后来也很流行，甚至"忠""敬"二字经常被连在一起使用。人们认为，如果臣忠于君，那么臣也就必然尊敬君。"忠"逐渐地具有了尊敬的意义。但这二者显然是有区别的，忠于一个人显然不同于敬于一个人。总之，从"忠"的字形看，首先，忠表达的是一个人的内心状态，而不直接关乎行动；其次，忠表达的是内心的公正无私；最后，忠本身并不蕴含臣对君王的敬爱或顺从的意思。如果抛开君臣关系，仅仅就字形意义而言，"忠"更接近于现代的公正的概念，但它更多地指向一人的公正的道德品质。

礼是一种普遍性的规范，并不仅仅适用于君臣关系，但是正如儒家所言的君礼臣忠，在这种特殊的君臣关系中，礼是君对臣的道德义务，因此放在此处进行考察。但是此处的考察不局限于君臣关系。"礼"在甲骨文中的字形是 ，下面的部分是由一个三角形和一个长方形组合而成的符号，表示祭台；"凹"形的符号是盛放物品的器具，器皿里面放的东西像两串玉器和豆类，表示人们将盛满玉器的祭品放在祭台上献给神灵，祈求神灵的福佑。《说文解字》说："礼，履也。所以事神致福也。从示豊，豊亦声。"所以，"礼"的本义是敬神祭祀。西周金文就有记载，《天亡簋》中的铭文记载："乙亥，王有大丰（礼）。王凡三方，王祀于天室。"意思是乙亥日，周王举行盛大祭礼，在天室祭祀四方之神。因此，从字形上可以解释礼为什么与敬、仪式等概念密切相关。祭祀鬼神的活动是一项十分神圣的活动，这种活动要求人们的行为要遵从完备的仪式，同时要求人们要对鬼神心怀敬意。

到春秋战国时期，“礼”的含义逐渐扩大，成为规定社会行为的各种法则、规范、仪式的总称，儒家在《周礼》《仪礼》《礼记》中更是对礼做了全面的详细的阐释。《论语·季氏》说：“不学礼，无以立。”孔子将“礼”看作是立身做人的先决条件。《左传·隐公十一年》又说：“礼，经国家，定社稷，序民人，利后嗣者也。”“礼”关系到国家的兴衰存亡，是强化君权、维护封建等级制度最有力的工具。总之，“礼”的字形给予我们的启示是，内心怀有敬意与行为符合仪式的要求是构成礼的两个核心要素。

五、从汉字字形上理解朋友之伦

朋友之伦是儒家五伦关系中极其重要的一伦。“朋友有信”，信是儒家调节朋友关系的重要伦理原则。因此，我们从“朋”“友”“信”三个字的字形出发，探索这一伦的原始的伦理意义。

“朋”在甲骨文中的字形是，这个字形像系在一起的两串玉片，相传是古代的货币单位，五贝为一系，两系为一朋。在此处有联合在一起的意思。根据这个解释，可见在早期中国人的观念中，如果一个人是你的朋友，那么意味着你们是联合在一起的或者是相互合作的，以便于共同狩猎或对抗外来敌人。《广雅》中说：“朋，比也，朋，类也。”这里将朋友视为是同类的人。《说文解字》将“朋”解释为：“辅也。从人朋声，读若陪位。”用“辅助”“辅佐”来解释朋友，显然是受到了孔子朋友观念的影响，孔子说：“君子以文会友，以友辅仁。”（《论语·颜渊》）这种观念认为朋友是能够辅助你成为仁者的人。可见，对“朋”字形的解释逐渐走向了伦理化。

“友”字，在甲骨文中的字形是，金文中作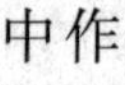，小篆作，象征同一方向的两只手，表示以手相助。根据该字形的意义，如果两个人是朋友，那么他们之间必定曾经有过帮助的事情发生。但也有另外一种解释，《说文解字》中解释道：“友，同志为友，从二又，相交友也。”“同志”就是志同道合的意思，许慎认为，如果两个人是朋友，那么这两个人应该是志同道合的。这和甲骨文的解释显然有所区别，因为帮助他人的人未必就是志同道合的人，同样志同道合的人也未必会相互帮助。总之，通过对“友”字字形的分析可以发现：

（1）"友"不仅是描述两个人关系的身份词，也具有伦理上的规范意义；（2）"友"的核心意义是帮助，当我们说一个人是我的朋友时，根据字形的含义，意味着他曾经、现在或者未来，在我需要的时候会帮助我，否则就不是朋友；（3）这种帮助不是单方面的，而是相互的，相互的帮助才可能建立真正平等的朋友关系；（4）当"友"和"善"或"爱"等字连在一起使用时，意味着朋友对别人的帮助应该是出于善意的或友爱的。

后来儒家在使用"友"时，"友"又被引申为善于兄弟，即友善、友爱之义，多用来描述兄弟间和睦友爱的关系。"兄友弟恭"用的正是此引申义。此类义在先秦文献中甚多，较早的如《尚书·周书·君陈》中的"惟孝友于兄弟"、《论语·为政》中的"孝乎惟孝，友于兄弟，施于有政"。以至于后来，"友于"演变为一个确定的用法，专用来表达兄弟友爱之义，或者直接借指兄弟。除了"孝友"合用表友爱兄弟义外，"友"字也会单独出现在句子的末尾。例如，《师奎父鼎》铭文说："用司乃父官友。""友"是指同为官僚的朋友，意思是来管理你父亲的同官僚友。有时候"友"指志趣相同之人，即许慎讲的"同志为友"。有的是与"朋"合用，如《齐陶氏钟》铭文："用乐嘉宾，及我朋友。"《王孙遗者钟》铭文："用乐嘉宾、父兄，及我朋友。"两例意思与前几例差不多，或为朋友祈福，或与朋友分享欢乐，可以认为周代的人们很注重朋友关系，这与周人远鬼神、重人事的精神比较符合。这也见于先秦的文献典籍中，如《周礼·地官·大司徒》就强调"联朋友"，《诗经·小雅·伐木》说："嘤其鸣矣，求其友声。"高呼"求友"之声，并认为人必求友，只有求得朋友，才会得到和乐安宁。周人重视朋友关系的观念在儒家这里得到了继承，孔子和孟子都很重视朋友关系，如《论语》开篇便说："有朋自远方来，不亦乐乎！"（《论语·学而》）

"信"字最早见于西周金文，其字形为"𐤟"，左边是"人"字形，右边是"口"字形。战国金文有所变化，从言从身会意。"人""身"古文偏旁相同，小篆就为从言从人会意。《说文解字》说："信，诚也。从人言。""信"字由人言会意而成，这意味着"信"与一个人的说话相关。《左传·襄公二十七年》说："志以发言，言以出信，信以立志。"说"朋友有信",《论语·学而》说:"为人谋而不忠乎,与朋友交而不信乎?"又说:"与朋友交,言而有信。"也就是说,"信"意味对待朋友要言而有信,答应朋友的事情一定要做到,这是朋友交往中最重要的伦理原则。但是"信"不仅仅限于朋友关系,它也是一种普遍的道德规范。在先秦"信"和"忠"也常常连用,如在战国金文《中山王壶》中与"忠"合用,其铭文说:"余知其忠信也,而专任之邦。"因为忠实诚信,而被委任执掌国政。又如《礼记·儒行》:"儒有忠信以为甲胄,礼义以为干橹。"将"忠信"比喻为护身保命的"甲胄",《孟子·梁惠王上》中说:"壮者以暇日修其孝悌忠信,入以事其父兄,出以事其长上。"在这里,"信"已经超越了朋友关系,是一个人立身处世的基本原则。

第三节 古汉语词汇与儒家伦理

在这一节中,我们将从古汉语的构词特点出发,分析它对儒家伦理思想的影响及其蕴含的伦理意义。古汉语的构词与现代汉语以及其他语种存在较为显著的差异,透过这些差异,可以帮助我们更好地理解儒家伦理思想。因此,在这一节中,笔者将主要从表达儒家伦理思想的单纯词、合成词和俗语几个方面进行考察。

一、单纯词的伦理表意

根据词汇的构成语素,词汇可以分为单纯词和合成词。单纯词是由一个语素构成的词,如山、水、人等。合成词则是由两个及两个以上的语素构成的词。现代汉语与古代汉语在构词上的一个重要区别是:从语素看,现代汉语的词汇是以合成词为主,古代汉语中的词汇则是以单纯词为主,特别是儒家的伦理词汇更是如此。

从构成词的语素来看,表达儒家伦理概念的词汇绝大多数是单纯词。例如,表达美德概念的词汇,仁、义、礼、智、信、孝、悌、忠、廉、俭等基本上都是单纯词;表达其道德形而上的词,如心、性、理、气、天等也是如此;还有表达伦理身份概念的词,如君、臣、父、子、夫、妇等词汇。这些单纯词均由自由语素构成，即它们可以独立成词，也能够和别的语素组成合成词，如仁义、父子等，但更多时候主要是以单纯词的形式存在，每个单纯词在语法功能和意义表达上具有一定的独立性，能够被自由地使用。

儒家大部分的伦理概念都是由单纯词构成，这意味着什么？单纯词在表达意义上是有局限性的，因为汉语音节或语素的数量是有限的，不断创造并使用单纯词不仅会造成大量同音词的增加，也会造成一词多义的现象，不利于人们之间的交流沟通。而儒家在表达其伦理思想时，大量使用单纯词会导致一词多义的现象比较普遍，语言上趋向于模糊和不精确，对一些伦理概念缺乏进一步的区分。

从表达儒家伦理概念的单纯词的词性上看，这些单纯词是以名词为主，动词、形容词等则相对较少，如上文提到的儒家的核心概念均是名词。名词在儒家词汇中居于主要地位。根据其语法功能，可以对单纯词中的名词进行进一步的区分。在这些表达儒家伦理概念的名词中，有些是纯粹的名类抽象名词，即这类名词仅仅具有名词的语法功能，而不具有其他词性上的语法功能；有些是形类抽象名词，即这类名词具有形容词的语法功能；有些是动词类抽象名词，既这类名词具有动词的语法功能。

第一种是纯粹的名词。它们在句子中主要作主语、宾语，不具有动词或形容词的语法功能。它们仅仅是实词，用来表达抽象的实体。如果它们作为名词，没有形容词的语法功能，说明它们不是表达事物属性的词汇。我们不能够用这些词汇去描述一个事物的属性；如果它们没有动词的语法功能，意味着我们不能用它们来描述一个事物的动作、状态等特征。相反，它们只能被用来表达事物的名称。在儒家的伦理概念中，哪些词汇是这类纯粹的名词呢？我们发现，像涉及形而上的概念，如"天""理""心""性""气"等词，就是这类纯粹的名词。例如，我们不能用"天"去描述一个事物的属性，也不能用它来描述事物的动作或状态。因为它指的就是一个抽象的实体性的概念。

但是像"仁""义""礼""智""信"这类词汇不是纯粹的名词，它们也具有形容词或动词的功能。例如，当我们用"仁者""智者"这些词时，"仁""智"就具有了形容词的属性，用来描述一个人的道德属性，也有时候描述政治的道德属性，如"仁政"。有时候，"仁"也具有动词的功能，比如，"仁民而爱物"，此处的"仁"在句中做谓语，表达爱的动作。基本上，儒家所有的美德词汇都或多或少地具有形容词或动词的功能。这意味着：第一，在儒家的伦理观念中，美德类概念不仅是一个实体性的独立的概念，也是表达事物的一种属性，或表达事物的存在状况或动作的概念。而用同一个词来表达，说明在儒家看来，道德实体和道德属性是一致的。第二，如果我们进一步考虑，当名词表达形容词的语法功能时，它们修饰的对象主要是人。儒家不会用"仁义礼智信"去描述一个动物。这说明儒家始终认为，道德主要是人的一种属性。当然，有时候儒家认为天、地也具有道德属性，但这在更多时候只不过是一种拟人化的说法。

二、合成词的伦理表意

现代汉语是以合成词为主，但是在儒家道德话语中，合成词所占比重并不大。尽管如此，合成词仍然具有重要的地位。根据汉语合成词的构成方式，合成词主要有复合式、附加式、重叠式三种构词方式。在儒家道德话语中，合成词是以并列式复合词和偏正式复合词为主。

并列式复合词是由两个意义相同、相近、相反或相对的语素并列在一起构成的复合词。这类复合词在儒家道德话语中存在较为广泛。它被广泛地用来表达人伦关系，如父子、君臣、夫妇、长幼、兄弟、兄嫂、公婆、父母、师生等；也表示其他的有相对或相近意义的概念，如天地、阴阳、仁义等。尽管"父""子""君""臣"等也是单纯词，但是这类涉及伦理关系的词总是成对出现，如谈"父"时，必然会出现"子"，谈论"子"时必然会出现"父"，所以，这些词在很多时候也被视为是并列式的复合词。

如果我们观察上述复合词词素的排序，很容易发现这些合成词词素的排序并不是随意排列的，而是有着这样的基本规则：第一，在两个词素中，表达地位尊贵意义的词素排在首位，而另一个词素排在第二位。例如，"君臣""父子""兄弟""长幼"等，"君""父""长""兄"地位比较尊贵，放在"臣""子""幼""兄"前面。第二，在两个词素中，表达男性的词素放在首位，表达女性的词素放在第二位。

如"夫妇""兄嫂""公婆""父母""子女"等词。甚至涉及两性动物也是如此，如"雄雌、公母、鸳鸯、牡牝"，雄性被放到了首位，雌性被放到了后面。第三，如果是在同性别中，在两个词素中，表达更亲近的关系的词素放在首位，表达较为疏远的关系的词素放在后位。例如，我们通常会说"叔嫂""姑嫂"，但不会说"嫂叔""嫂姑"。

通过上述分析可以发现，在儒家道德话语中，并列式复合词的排序并非随意的。在两个词素中，意义上重要的放在首位，不重要的放在次位。而排在首位的，是相对社会地位高的、年长的、男性的、关系亲近的。这种排序与儒家尊卑贵贱的等级观念"男尊女卑、君尊臣卑、长尊幼卑"是一致的，这是儒家等级观念在词汇构成上的反映。所以，不是像有些人所认为的那样，"夫妇""男女""父子""君臣"等概念在儒家这里是表达平等的关系。通过理解这些词素排序，可以帮助我们更好地理解儒家基本的伦理观念。

除并列式复合词外，偏正式复合词也是儒家表达其伦理思想所采用的重要词汇形式。偏正复合词通常也是由两个词素构成，后一个语素是中心成分，前一个词素用来修饰和限定该中心成分的。在儒家道德话语中，像"小人""君子""仁者""贤人""圣人""义士"等这类词属于偏正复合词。在这类复合词中，前面的词素"小""君""仁""贤""圣""义"等用来修饰和限定后面的中心成分"人"。可以发现，在这类描述人格的偏正复合词中，充当修饰和限定成分的词通常是具有道德意义的词素，这也体现了儒家在理解人性时呈现出鲜明的道德视角。

进一步研究发现，在儒家经典中，这类词较少被其他数量词、形容词修饰。如以《论语》中的"君子""小人"为例，孔子没有用数量词修饰"君子"和"小人"。他不会用程度副词形容一个君子或小人，一个人算多少程度的君子或小人。一个人要么是君子，要么不是君子，这没有量的差异，只有质的区别。孔子也没有用比较级和最高级修饰这些词。他没有最好的君子、比较好的君子、最坏的小人、比较坏的小人这样的说法。这说明孔子使用"君子"和"小人"这两个概念，表达的是人们在道德属性上的质的差异。孔子否认这类道德属性存在量的差异，他不会认为一个巧言令色的小人要比一个十恶不赦的人更好，二者在性质上是一样的。孔子在使用"君子"和"小人"这两个词时，也很少用道德上的形容词来修饰它们，他不会说这是一个仁义的君子、懂礼的君子，因为君子通常是懂礼的、仁义的。根据偏正复合词中两个词素的关系，在"圣人""贤人""君子"这类词中，后一个词素"人"才是该词的中心成分，前者都是对人的道德属性的一种修饰和限定，因为无论用什么词来修饰和限定，其对象始终是人。无论是"圣人""贤人"也好，他们必须首先是人，是和普通人一样的人，不是某个特殊的存在。"圣""贤"等在该类复合词中充当的是修饰的功能，表明这类人具有"圣""贤"这样的道德属性，这是这类人和其他人的区别所在。所以，根据复合词的构词法，那些主张圣人或贤人不是人的观念是错误的，说那些"小人"不是人的观念也是不合适的。

三、俗语的伦理表意

还有一类与儒家伦理思想相关的词汇形式被较少关注，这就是中国民间的俗语。尽管俗语在思想创造方面的贡献有限，但是它对儒家伦理思想在民间的普及推广产生了深远影响。比如，尽管在中国传统社会，能够识字的老百姓占少数，但是他们对一些俗语却耳熟能详。儒家思想的传播正得益于这些俗语的流传。

相较于官方化的语言，俗语在表达儒家伦理观念方面更加通俗易懂、形象生动，更容易被民众理解和认同。它往往通过一些与人民群众日常生活密切相关的例子阐述深奥的伦理思想。比如，"儿不嫌母丑，狗不嫌家贫"，人们都知道家里再贫穷，狗都不会嫌弃，同理，作为子女怎么能够嫌弃年迈的父母呢？又如，"羊有跪乳之恩，鸦有反哺之义"，用小羊羔跪着喝奶、乌鸦反哺自己的父母这样的事实说明，子女孝顺父母是天经地义的事情。再如，"积谷防饥，养儿防老"，用积攒粮食为了防止饥饿的生活道理说明养老是子女的道德义务。儒家借用生活经验形象生动地说明其思想，这种方式很容易被那些没有受过太多教育的人所理解。

事实上，俗语与儒家的伦理思想高度契合，是儒家伦理思想的另一种通俗化的民间化的表达形式。如为我们熟知的俗语"平时不做亏心事，半夜不怕鬼敲门"，与《论语》中的"君子坦荡荡，小人长戚戚"，《孟子》中的"仰不愧于天，俯不怍于人"的思想高度吻合，都是在劝告人们为人要光明磊落、心胸坦荡，不要做对不起良心的事情。又如我们熟知的"钱财如粪土，仁义值千金"，这与孔孟的思想高度一致，如孔子说："不义而富且贵，于我如浮云。"（《论语·述而》）孟子说："生，亦我所欲也；死，亦我所欲也；二者不可得兼，舍生而取义。"（《孟子·告子上》）再如，我们所熟知的"若要人不知，除非己莫为""静坐常思己过，闲谈莫论人非""以责人之心责己，以爱己之心爱人"等，这与儒家鼓励人们在道德上自我反省的思想也是一致的，是对孟子"行有不得，皆反求诸己"的生动诠释。另外，很多俗语就来自儒家的经典文本，如"父母在，不远游""君子爱财，取之有道""饿死事小，失节事大"等。以上的例子都表明，在某种意义上，不少俗语就是儒家伦理思想的一种通俗版本，是儒家道德话语的通俗形式。

但值得注意的是，其中有些俗语在表达儒家伦理思想时走向了极端，有些俗语走向了愚忠愚孝。比如，"天下无不是的父母，天下无不是的君主"，"父母教，须敬听，父母责，须顺承"（《弟子规》），这些话语显然将儒家的忠孝思想推向了极端。还有重男轻女、男尊女卑的思想在俗语中也经常出现，如"在家由父，出嫁从夫""十个花大姐，抵不上一个癞痢郎"。有些俗语的存在有将儒家伦理思想功利化的倾向，如"力微休负重，言轻莫劝人""无钱休入众，遭难莫寻亲"等。还有在伦理关系上，有些俗语表达的思想与儒家的思想也存在一些差异，比如，"长兄如父，长嫂如母"，当父母去世，哥哥或嫂子的身份类似父母的身份。但在孔孟看来，这显然是不妥的。所以，尽管不少俗语对儒家伦理思想的传播发挥了重要作用，但是在传播的过程中也有将儒家思想推向极端化、世俗化和功利性的趋向。

第四节　古汉语语法与儒家伦理

在语言学理论中，有一个著名的得到学界普遍认同的假设，被称为"沃尔夫假设"。该假设认为"语言的语法规则会影响到人们的思维模式，并且认为我们在感知世界时，很大程度上是受到我们语言的语法规则所支配"①。中国古代汉语的语法是特殊的，它不仅与现代英语有重大差异，而且与现代汉语语法也存在不少差异，比如，在词类性质、句子结构等方面都有显著不同。所以，简单地从现代英语语法或现代汉语的语法规则去理解儒家的伦理思想很可能会造成误读。因此，准确理解儒家的道德思维方式，必须高度重视古代汉语语法规则。而目前学界在诠释儒家伦理思想时，恰恰忽略了对古汉语语法与儒家伦理思想的关系的研究。因此，在本节我们将试图从语法的视角理解儒家伦理思想，揭示其语法现象背后的伦理意蕴。

一、词类活用的伦理表意

在词汇使用方面，西方拼音文字一般都有词性的变化，即通过对一个词添加前缀、后缀等方式改变这个词的词性，从而灵活使用。而古代汉语没有词性的变化，但这不影响其意义的表达，因为它采用了词类活用的形式。这种形式是古代汉语中一种常见的语法现象，它可以表达词性的改变。它是指有些词汇可以按照一定的语言规则灵活运用，在句子中临时性地改变其基本语法功能，以充当其他词类，或者词汇的基本功能未改变而用法比较特殊的一种语法现象。这种语法现象广泛存在于中国古代特别是先秦时期的经典著作中，主要表现为名词活用为动词、动词活用为名词、形容词活用为名词等形式。传统儒家学者在表达其伦理观念时，广泛采用这种语法形式，这种特殊语法形式对其思想的表达势必产生一定的影响。理解这种语法形式，对于准确把握儒家伦理思想具有重要意义。接下来我们将以先秦儒家的经典《论语》《孟子》《荀子》文本为依据，从词类活用的视角理解儒家伦理思想。

（一）名词活用为动词

正如唐瑞琼教授所言："在古汉语中，有时名词处在动词的位置上了，于是该名词便失去其名词的性质和特点，临时取得了动词的语法

---

① Cook. V. Second Language Learning and LanguageTeaching ［M］. Beijing：Foreign Language Teaching and Researching Press, 2000：89-91.

特点和造句功能，活用作动词。由于词性的变化，必然引起词义相应的变化，即由名词意义变为与之有关的动词意义。"① 根据这个定义，我们可以知道：（1）名词活用为动词是由于其处于动词的位置而词性发生了改变，具有了动词的语法功能，因此，判断一个词是不是动词，可以根据该词在句子中所处的位置而定；（2）如果名词活用为动词，那么意味着该词的意义也会发生相应的改变。基于这两点认识，从名词活用为动词的视角，进一步理解这种语法形式是如何表达儒家伦理思想的。

在先秦儒家的经典文本中，名词活用为动词的现象非常普遍。我们以下面七个句子为例，进行深入分析：

（1）孔子对曰："君君，臣臣，父父，子子。"（《论语·颜渊》）

（2）得百里之地而君之，皆能以朝诸侯有天下。（《孟子·公孙丑上》）

（3）君子不器。（《论语·为政》）

（4）孝乎惟孝，友于兄弟，施于有政。（《论语·为政》）

（5）道千乘之国，敬事而信，节用而爱人，使民以时。（《论语·学而》）

（6）揖让而升，下而饮，其争也君子。（《论语·八佾》）

（7）事君，敬其事而后其食。（《论语·卫灵公》）

在例（1）中，前后两个"君""臣""子"是主谓关系，后一个"君""臣""子"处在谓语动词的位置，因此，后三个词活用为谓语动词，其意义也发生了相应的改变：君王要"像君的样子"去行动，臣要"像臣的样子"去行动，父亲要像"像父亲的样子"去行动，儿子要像"像儿子的样子"去行动。这种词类活用区分了事实意义上的君臣父子与规范意义上的君臣父子，说明事实上的君臣父子并不等于规范意义上的标准的君臣父子，只有君臣父子按照其规范要求行动，才是名正言顺的君臣父子。同时，将君臣父子动词化，也揭示了"君""臣""父""子"这类名称的一种特殊意义，它具有鲜明的行动指向，

---

① 唐瑞琼. 古代汉语语法［M］. 上海：上海古籍出版社，2008：10.

说一个人是君臣父子必然意味着，他们能够像标准的君臣父子一样去行动，这是构成君臣父子名称的内在要素。此处的词类活用正好说明了这一点。在例（2）中，"君"在该句子中充当谓语成分，因此也是活用为动词。但这里"君"的意义不同于上文"像君一样去行动"的意义，而是有"统治""治理"的意义，该句的意思是如果一个人能够统治和治理好方圆百里这么大的地方，那么他一样可以获得诸侯的尊敬，拥有天下。可见，这里的"君"，不仅有统治、治理的意义，还包含着善治的意义。在例（3）中，"器"本是名词，古代指器物的意思，但是在该句中做谓语，所以活用为动词，指"成为器物"。这里通过对"器"的活用，用十分形象生动的比喻表明，孔子教育的目标不是将人培养为像器物一样的工具人，而是有良好道德的人。同时，对"器"的活用，也是对"器"概念的解释，指出器作为一种工具的本质。在例（4）中，"友"本义是名词"朋友"的意思，但是在该句中，活用为动词，表示"友爱"的意思，用来描述一个人对兄弟、朋友的爱。这种活用也解释了儒家对"朋友"观念的一种理解，它的本质是两个人相互友爱。在例（5）中，"道"本义是"道理"或"规律"的意思，在这里用在名词词组之前构成动宾关系，活用为动词，这种活用不仅意味着"统治""管理"国家的意思，而且蕴含着应当以道的方式进行统治和管理。而后面正是"道"的方式的具体体现。在例（6）（7）中，"下""后"本义是方位词"下面""后面"的意思，在该句子中分别活用为动词"走下来""使……在其后面"，例（6）表示君子射完箭后，相互作揖，然后退下来一起喝酒，表达君子对待竞争的态度；例（7）是强调做完事再享受俸禄的观念。

（二）形容词活用为名词

在古代汉语中，一些形容词经常失去其形容词的特性，活用为名词，在句子中充当主语或宾语，这类现象在儒家经典中经常出现。例如：

（1）举直错诸枉，能使枉者直。（《论语·颜渊》）

（2）德不孤，必有邻。（《论语·里仁》）

（3）君子成人之美，不成人之恶。小人反是。（《论语·颜渊》）

（4）三命曰，敬老慈幼，无忘宾旅。（《孟子·告子下》）

（5）为贫者，辞尊居卑，辞富居贫。（《孟子·万章下》）

（6）为肥甘不足于口与？轻暖不足于体与？（《孟子·梁惠王上》）

在例（1）中，"直"是形容词"正直的"意思，在该句中作谓语动词"举"的宾语，失去形容词的特点，活用为名词，表示"正直的人"。作为形容词的"直"能够直接活用为名词"正直的人"，说明像"正直的"这些词的适用对象是人，而不是其他事物。在例（2）中，"德"本是形容词，在该句中充当主语，失去形容词"道德的"的特点，活用为名词，表示"有道德的人"，意思是有道德的人不会孤单，一定会有志同道合的人与其为伍。在例（3）中，"美"和"恶"是形容词，用在助词"之"后，与前面的名词构成名词性短语，在句中作宾语，活用为名词"美事"和"恶事"，意思是君子成就别人的美事，不成就别人的恶事。在例（4）中，"老"本是形容词，指"年龄大的"意思，但是由于在该句子中作宾语，失去形容词的特点，所以活用为名词，表示"父母或长辈"；同样，"幼"本是形容词"年龄小的"，在该句中活用为名词，表示"小孩子"。在例（5）中，"尊"本是形容词"尊贵的"意思，这里作宾语，活用为名词，表示"尊贵的地位"。同样，"卑"本是形容词"卑贱的"，这里作为名词"卑下的职位"；"富"本是形容词"富有的"，作宾语，活用为名词，表示"优厚的俸禄"；"贫"本是形容词"贫穷的"，这里活用为名词，表示"微薄的薪俸"。在例（6）中，"肥甘""轻暖"本是形容词，在该句中作宾语，形容词活用为名词，分别代表"肥美的食物"和"舒适的衣服"。

（三）动词活用为名词

在古代汉语中，有些动词在特定情况下也会失去其动词的特点，活用为名词，在句子中充当主语、宾语或定语。这种现象在先秦儒家的经典文本中也较为常见，例如：

（1）君子有三戒。（《论语·季氏》）

（2）其生也荣，其死也哀，如之何其可及也？（《论语·子张》）

（3）子曰："贤哉回也！一箪食，一瓢饮，在陋巷，人不堪其忧，回也不改其乐。"（《论语·雍也》）

（4）口之于味也，有同耆焉；耳之于听也，有同听焉；目之于色也，有同美焉。（《孟子·告子上》）

（5）从耳目之欲，以为父母戮，四不孝也。（《孟子·离娄下》）

在例（1）中，"戒"本义是动词"警戒、戒备"的意思，在该句中充当宾语，所以活用为名词，表示"警戒的事情"。在例（2）中，"生""死"是动词，在该句中作名词。在例（3）中，"饮"放在数量词"一瓢"之后，充当定语，所以活用为名词，表示"一瓢水"。在例（4）中，第一个"听"本是动词，但是在"耳之于听"中活用为名词"听觉"。在例（5）中，这里的"戮"本为动词"羞辱"，前面加了定语"父母"，活用为名词，表示"羞辱"的意思。

通过对以上句子的语法分析，可见在儒家的经典文本中词类活用的现象广泛存在。理解词类活用对于理解儒家伦理思想具有重要意义。

第一，通过以上分析，可以发现当具有伦理意义的名词可以活用时，该词中蕴含的描述性意义和规范性意义同时得以清楚地呈现。例如，无论是在"君君、臣臣、父父、子子"中，还是在"友于兄弟"中，当名词活用为动词时，"君臣父子"和"友"的规范性意义得到生动呈现。这进一步说明，在儒家的道德话语中，像"君臣父子"以及"友""仁"这类的伦理词，不能像西方伦理学那样理解，认为道德话语或者是规范性话语，或者是情感性话语，或者是描述性话语，而且它们通常是不可能兼容的，且存在显著的分歧。但是在儒家这里，有时候一个词是可以兼容至少两种意义，这种意义的区分可以通过词类活用体现出来。这一点对于我们理解道德话语的性质具有重要的启示意义。

第二，从儒家自身来理解，词类活用还有一个重要作用，它能够帮助我们更好地分析儒家的核心概念。一直以来，儒家因为其对"仁""义""礼""智""心""性""理"这类核心概念的界定含糊不清而遭到一些学者的批评，如何更清楚地解释这些概念就成为了一个重要问题。在西方分析哲学看来，当我们通常对一个概念进行分析或定义的时候，一种好的方式便是名词动词化，比如，在知识论中，当人们对"知识"的概念进行定义的时候，通常会将"知识"概念动词化为"知道"进行分析和定义。什么是"知识"？经典的"知识"三要素分析是：S 知道 P，当且仅当：（1）S 相信 P；（2）P 是真的；（3）S 关于 P 的信念是可证成的。这是知识论对知识概念分析的范例，这种分析可以让我们清楚地解释概念的内部构成要素，充分条件和必要条件，从而达到对概念的准确理解。而儒家的词类活用就具有这样的初步特征，将一个概念变成动词或形容词，可以更好地解释概念的内在构成。比如，上文中的"孝"概念，我们可以理解为 X 孝顺 Y，孝顺双方的关系自然就凸显出来。进而再进一步分析，X 孝顺 Y 的充分或必要条件。

第三，词类活用需要整体性的思维，强调语境在理解中的重要性。儒家话语是会意性的语言，理解儒家思想依赖于我们对句子结构和上下文语境的整体把握。为什么是这样，这与词类活用有关，因为一个词在句子中的词性变化没有任何形式上的标志，不考虑该词在句子中的语法结构和语境，便不能够确定其词性，进而也不能够很好地理解句子的意义。同样，词类活用这种语法形式客观上也要求我们在理解儒家伦理思想时做整体性和语境性的理解。

第四，词类活用对于我们重新认识儒家概念的性质也具有重要的意义。例如，在形容词活用为名词中，像"直""善""美""恶""尊""卑"等形容词，通常是用来描述事物的道德属性，但是活用为名词，则直接指道德实体本身。也就是说，像这样的词同时具有道德实体和道德属性双重含义，在什么样的情况下指实体还是指属性依赖于语境。在动词活用为名词中也可以发现，像"戒""生""死""听"等词，本义是动词，活用为名词。这也说明在儒家这里，一个词同时具有行动与名称的双重意义。道德名称是在道德行动中才能够得以实现。像孟子说："贼仁者谓之'贼'，贼义者谓之'残'。残贼之人谓之'一夫'。闻诛一夫纣矣，未闻弑君也。"（《孟子·梁惠王下》）纣王不是君，是因为"君"需要像君一样去行动才能够实现。所以，儒家的伦理名称不仅指某个事物，通常也包含着通过行动使其成为某物的意义。

第五，从修辞上看，词类活用能够使得语言表达简洁凝练、意义丰富而含蓄。也许正是因为汉语的这一特性，使得《论语》《孟子》等早期文本，成为取之不尽的思想渊源，不断启发人们在伦理上的思考。

二、特殊语序的伦理表意

古代汉语缺乏形态变化，在语法演变中主要是组合规则与聚合规则的演变，而"组合规则的演变主要表现为词序的改变"①。因此，词序变化在汉语语法中占有特殊的地位。这种变化主要体现为定语后置、状语后置与宾语前置。这三种类型也广泛存在于儒家经典文本中，理解这些特殊语序，对于理解儒家伦理思想也具有重要意义。接下来，将以儒家经典文本为例，进行深入考察。

（一）定语后置的伦理表意

在现代汉语语序中，定语通常放在中心词前面，用来修饰和限定中心词。但是古代汉语的语序有时候则不同，修饰和限定中心词的定语会置于中心词后面，其目的是强调和凸显定语在句子中的重要意义。理解这一点有助于我们理解儒家经典文本的意义。

儒家经典文本中的定语后置现象主要是当定语是名词时，一般通过助词"之""而"等后置，修饰或限定中心词。例如：

（1）君子而不仁者有矣，未有小人而仁者也。（《论语·宪问》）

（2）不如乡人之善者好之，其不善者恶之。（《论语·颜渊》）

（3）是邦也，事其大夫之贤者，友其士之仁者。（《论语·卫灵公》）

（4）老而无妻曰鳏，老而无夫曰寡，老而无子曰独，幼而无父曰孤。此四者，天下之穷民而无告者。（《孟子·梁惠王下》）

（5）伯夷，圣之清者也；伊尹，圣之任者也；柳下惠，圣之和者也；孔子，圣之时者也。（《孟子·万章上》）

在例（1）中，"不仁者"和"仁者"分别作中心词"君子"和

---

① 王红旗．博雅语言学教材系列·语言学概论［M］．北京：北京大学出版社，2008：210.

"小人"的定语，修饰"君子"和"小人"，表示不仁的君子和仁的小人。定语置于中心词之后，是为了凸显和强调定语仁对于中心词君子和小人的重要性。可能存在不仁的君子，但是绝对不会存在有仁德的小人。在例（2）中，"善者"和"不善者"作中心词"乡人"的定语，修饰"乡人"，表示有善的乡人与不善的乡人。定语置于中心词"乡人"之后，是为了重点强调和区分存在两种道德状态的乡人，从道德属性上对乡人进行区分。在例（3）中，"贤者"后置作中心词"大夫"的定语，修饰"大夫"，表示贤能的大夫。此处定语后置是为了强调大夫中有贤能的也有不贤能的，应该选择贤能的大夫。"仁者"后置作中心词"士"的定语，表示有仁德的士，此处定语后置也是区分了有仁德的士与没有仁德的士，强调选择与有仁德的士为友的重要性。在例（4）中，孟子在定义"鳏""寡""独""孤"的概念时，也是通过定语后置的方式进行的。"无妻""无夫""无子""无父"分别后置作中心词"老"和"幼"的定语，修饰和限定它们。这种后置清楚揭示了失去妻子是"鳏"的本质特征，失去丈夫是"寡"的本质特征，失去儿女是"独"的本质特征，失去父母是"孤"的本质特征。这些都是无告的贫穷的民众，强调这些人之所以值得同情和可怜，都是因为他们失去了他们的至亲。显然在儒家的观念中，失去至亲的人是可怜的人。在例（5）中，"清""任""和""时"作中心词"圣"的定语，放在"圣"之后，是将句子的重点聚焦在圣人的种类上，强调圣人的差异性。虽然伯夷、伊尹、柳下惠和孔子都是圣人，但是在孟子看来，他们在性质和层次上却有着重要的差异。作为圣人，伯夷是清高的，伊尹是负责的，柳下惠是随和的，孔子是识时务的。

通过上述语法分析，我们可以看到：第一，当儒家在描述一个人或一类人的属性或特征的时候，更多地倾向于从道德视角去描述和区分，如用"仁""善""德"等词，而很少从生物学、政治学等视角描述和区分人。第二，当儒家用道德去描述一个人的时候，通常将表达道德属性的定语放置在中心词之后，这样做的目的是为了凸显和强调道德对于人的重要意义。在他们看来，一个人的道德属性比其他属性更为根本。而且他们更愿意对人在道德上进行善恶的区分或者是不同种类的善的区分。通过定语后置表达了他们认为的道德对于人是最重要的信念。在这个意义上，定语后置很好地帮助儒家呈现了他们的信念。

（二）状语后置的伦理表意

状语是句子的重要修饰成分，在现代汉语中，通常放在谓语中心语的前面，用来修饰和限定作谓语的动词或者形容词，表示动作的状态、方式、时间、地点等。但是在古代汉语中，状语则经常被置于中心词之后，修辞中心词。这在先秦儒家典籍中也有明显的体现。主要表现为：

1. 在涉及伦理意义的句子中，当"以"字短语作方式状语时后置。

（1）子曰："道千乘之国，敬事而信，节用而爱人，使民以时。"（《论语·学而》）

（2）子曰："为政以德。譬如北辰，居其所而众星拱之。"（《论语·为政》）

（3）为国以礼，其言不让，是故哂之。（《论语·先进》）

（4）申之以孝悌之义。（《孟子·梁惠王上》）

（5）杀人以梃与刃，有以异乎？（《孟子·梁惠王上》）

在例（1）中，"以时"置于谓语"使民"之后，作它的方式状语，表示使用民力要顾及民众农业生产的时间。后置在于强调这一方法对"使民"的重要性。在例（2）中，"以德"作谓语"为政"的方式状语，置于其后，强调作为一种治理国家的方式，德治是重要的。同样在例（3）中，"以礼"作谓语"为国"的状语，放置在后面，表示作为治理国家的方式，礼也是重要的。在例（4）中，"以孝悌之义"作谓语"申之"的状语，表示教育百姓的内容和方式，后置是为了强调"孝悌之义"对教育百姓的重要性。例（5）"以梃与刃"作谓语"杀人"的宾语，后置是为了强调二者作为杀人工具在本质上的一致性。

在上述例子中，我们可以发现，"为政""为国""使民"等是目的，"以德""以礼""以时""以孝悌之义"是表示实现目的的方式或手段。二者之间是目的和手段的关系，是修饰与被修饰的关系。这对于我们理解儒家关于道德与国家治理的问题有一定的启发。通过这种鲜明的后置清晰地表明，在孔子看来，德和礼都是为国家治理这一目的而服务的，就国家治理而言，它们具有工具价值。德和礼离开了国家治理这一目的是没有意义的。这种状语后置也表明，在孔孟看来，以何种方式治理国家是一个十分重要的问题，而道德是实现国家治理最重要的手段。

2. 在涉及伦理意义的句子中，当形容词和副词作状语时经常也会后置。例如：

（1）中庸之为德也，其至矣乎！民鲜久矣。（《论语·雍也》）

（2）上失其道，民散久矣。（《论语·子张》）

（3）人而不仁，疾之已甚，乱也。（《论语·泰伯》）

（4）朝，与下大夫言，侃侃如也；与上大夫言，訚訚如也。君在，踧踖如也，与与如也。（《论语·乡党》）

（5）入公门，鞠躬如也。（《论语·乡党》）

在例（1）（2）中，"久"是时间状语，分别修饰和限定谓语"民鲜"和"民散"，状语后置是为了强调能够做到中庸之德的人已经很久没有出现了。同时这种状语后置加上语气助词，表达了孔子对中庸之士的殷切期盼和对民心回归的渴望。在例（3）中，"甚"是程度副词，作状语修饰谓语"疾之"，状语后置鲜明地表达了一个仁者对不仁的人厌恶的程度不能够太深。例（4）（5）是形容词作状语的情况。"侃侃如也"作状语后置修饰"与下大夫言"，描写孔子和下大夫说话的态度是温和而快乐的样子。"訚訚如也"作状语后置修饰"与上大夫言"，描述孔子与上大夫说话的态度是正直而公正的样子。"踧踖如也"作状语后置，描述"君在"时孔子的神态是恭敬不安但又仪态合礼的神态。"鞠躬如也"作状语后置，描述孔子"入公门"时的仪态。在这里，状语后置清楚地凸显孔子的言谈举止具有鲜明的情境性特征。

3. 当状语是能愿动词"可"的时候，状语也经常会后置。例如：

（1）季氏富于周公，而求也为之聚敛而附益之。子曰："非吾徒也！小子鸣鼓而攻之可也。"（《论语·先进》）

（2）子夏曰："大德不踰闲，小德出入可也。"（《论语·子张》）

（3）今有同室之人斗者，救之，虽被发缨冠而救之，可也。乡邻有斗者，被发缨冠而往救之，则惑也，虽闭户，可也。（《孟子·离娄下》）

（4）士无事而食，不可也。（《孟子·公孙丑上》）

（5）事亲若曾子者，可也。（《孟子·公孙丑上》）

（6）子曰："朝闻道，夕死可矣。"（《论语·里仁》）

在现代汉语中，上述能愿动词"可"与"不可"通常放在动词之前，表示动作执行者的意愿状态。但是在古代汉语中，则通常单独放在谓语动词之后。在例（1）中，"可"作状语修饰"鸣鼓而攻之"，表示本来鲁国的季氏已经比周公还富有了，但是孔子的学生冉求还继续为季氏搜刮财富，孔子对学生的这种行为十分生气，所以声称冉求已经不是我的学生了，其他人都可以声讨他。所以，这里的"可"，是道德上允许的意思，孔子认为，声讨冉求的行为在道德上是被允许的。在例（2）中，"可"后置作状语修饰谓语"出入"，"小德出入可也"，人的行为不应该违反基本的道德原则，但是在礼的具体细节方面，如果有一些出入，在道德上是被允许的。所以，这里的"可"也是指"道德上的允许"。在例（3）中，"可"后置作状语修饰谓语"救之"。这种后置强调对于两种情况是否应该救助的取舍。在前一种情况下，即便是一个人披散着头发顶着帽子，连帽带子也来不及系上就去救他人，虽然似乎违反了礼仪，但是他的行为在道德上却是被允许的；而在后一种情况下，在道德上是不被允许的。在例（4）中，这里的"不可"后置作状语修饰动词"食"，表示不可以食用。孟子批评一个人没有干事却享用俸禄，这在道德上是不被允许的。例（5）的"可"也是如此，像曾子那样侍奉父母在道德上是被允许的。但是在例（6）中，"可"作状语，意思与上面不同，表达的是个人的愿意，而非道德上的允许。如果早上听到道，那么即便晚上死了也愿意或乐意。

所以，当能愿动词"可"作状语时，至少有两种意义，即道德上的允许和意愿。但在更多时候，是用来指称前者。而且在被用作道德的允许时，通常置于谓语之后，起强调的作用，这同时也是对个人行为的一种道德评价。"可"一词对于我们重新理解儒家的道德评价观念很重要。因为通常我们认为儒家在表达道德判断或道德评价时，主要依赖于"应该"或"不应该""禁止"的道义逻辑。往往以为儒家认为一种行为要么是应该的，要么是不应该的，而没有其他情况的存在，这进一步导致伦理道德非黑即白的绝对化，而忽略了道德上的"允许"与"不允许"的情况。道德上允许的行为未必就是道德赞美的行为，也未必是道德上必须的行为。而这种情况恰恰就是通过"可"这一词来表达。因此，研究"可"或"不可"一词的用法，可以帮助我们更好地理解儒家的道德评价观念。

（三）宾语前置的伦理表意

宾语是谓语动词描述的对象，在现代汉语中通常置于谓语之后，由名词、代词或名词性短语充当。但是在古代汉语中，则经常会置于谓语动词之前，表达强调的意思。较为常见的两种情况是：一是当疑问代词作宾语时，宾语通常会前置；二是在否定句中，当指示代词或人称代词作宾语时，通常宾语也会前置到动词之前。这是古代汉语特有的语法现象。这种现象在儒家经典文本中较为普遍，据统计，在《论语》中，这类句子就达到100余次，在《孟子》中达200余次。这种大规模使用宾语前置的现象必然对伦理思想的表达产生一定的影响。因此，接下来将会进一步围绕上述两种宾语前置的现象，分析其对儒家伦理思想的意义。

1. 疑问代词宾语前置。例如：

（1）于予与何诛？（《论语·公冶长》）
（2）吾谁欺？欺天乎？（《论语·子罕》）
（3）弟为尸则谁敬？（《孟子·告子上》）
（4）敢问夫子恶乎长？（《孟子·公孙丑上》）

在例（1）中，疑问代词"何"前置，作谓语动词"诛"的宾语。在例（2）中，疑问代词"谁"前置，作"欺"的宾语。在例（3）中，疑问代词"谁"前置，作"敬"的宾语。在例（4）中，疑问代词"恶"前置，作"长"的宾语。

宾语前置的目的是为了强调宾语的重要性。这里的宾语都是疑问代词，它们所代表的一般是某个人或某类人。这种前置的意义在于强调诛杀、欺骗、尊敬以及厌恶的对象优先于行动本身，行为的对象比行动本身更重要。这也反映了儒家伦理的角色化和情境性的特点，行为对象决定了我们对待行为对象的伦理要求。比如，在儒家看来，泛泛而谈某种美德是没有意义的，例如，"敬谁"与对象密切相关，通常敬的对象指向是上位者、年长者，不是在一种平等意义上被使用。另外一点，这种宾语前置也体现了儒家一直以来的一种思维方式：名词比动词更为重要，名词在儒家话语体系中相比其他词具有更为重要的地位。

2. 否定句中的宾语前置。例如：

（1）有子曰："其为人也孝弟，而好犯上者，鲜矣。不好犯上，而好作乱者，未之有也。"（《论语·学而》）

（2）有能一日用其力于仁矣乎！我未见力不足者。盖有之矣，我未之见。（《论语·里仁》）

（3）子路有闻，未之能行。（《论语·公冶长》）

（4）文王视民如伤，望道而未之见。（《孟子·离娄上》）

（5）至诚而不动者，未之有也。不诚，未有能动者也。（《孟子·离娄上》）

（6）不患人之不己知，患不知人也。（《论语·学而》）

（7）不患莫己知，求为可知也。（《论语·里仁》）

（8）今也父兄百官不我足也。（《孟子·滕文公上》）

（9）父母之不我爱。（《孟子·万章上》）

在例（1）中，这里的"之"前置作谓语"有"的宾语，指代前面"不好犯上，而好作乱者"。前置的作用是凸显和强调不喜欢犯上而喜欢作乱的人是没有的。在例（2）中，这里的"之"前置作"见"的宾语，指代前面行仁"力不足者"。进一步强调那些以能力不足为借口无法行仁的人。在例（3）中，宾语"之"前置，强调对善的践行。在例（4）中，"之"指代"道"，放在谓语动词"见"之前，强调"仁道"的重要性。仁道比能否看见仁道更重要。在例（5）中，这里的"之"代表"至诚而不动者"，即用至诚之心对待别人，但是无法打动别人的情况，将其置于谓语动词之前，强调这种情况是不存在的。

因为孟子坚信人性向善。在例（6）和例（7）中，代词"己"置于谓语动词"知"之前，是为了强调对自己的了解是第一位的、最重要的。而在例（6）后半句中，"知人"却没有将"人"置于"知"之前，是因为对别人的了解并不是最重要的。这反映了儒家在对待认知自我与认知他人问题上，更关注的是对自我的认知和反思，对自我的认知先于对他人的认知。在例（8）和例（9）中，当"我"作宾语时，也是分别前置在谓语动词"足""爱"之前，强调不满意的对象是我，不爱的对象是我，而不是别人。

之所以在上古汉语中会经常出现这种宾语前置的情况，这与传统的思维方式密切相关。暴拯群明确指出，传统的"先主后次"和"由实到虚"的思维方式深刻影响了这种倒置的语序。一方面，"原始的思维方式呈现出一种自然状态，即首先考虑事物的主要方面，然后再注意事物的次要方面，因而语序也表现出同样的特征"；另一方面，"人类思维发展的规律，总是先有感性认识，然后逐渐上升到理性认识，因而对客观事物认识的次序，必然是由具体到抽象，上古汉语中先实后虚的语序便是这种规律的具体体现。"[1] 因此，可以说，这种语法形式在一定程度上揭示和反映了早期中国人的思维特点，这些思维特点也制约着儒家伦理思想的表达。

第五节　古汉语修辞与儒家伦理

一、比喻与儒家伦理

在儒家的经典文本中，比喻是一种十分常见的修辞手法。比喻的运用能把事物描写得具体、生动、形象，能将抽象的道理阐述得让人更容易理解。早期儒家学者特别喜欢用山水草木、日月星辰、植物动物及其人造物阐明其抽象的伦理思想。可以说，对比喻的大量运用是儒家道德话语在修辞上的一个显著特点，而这一点往往被学者所忽视，

---

[1] 暴拯群. 上古汉语特殊语序与汉民族原始思维方式的关系［J］. 学习论坛，1999（03）：46.

人们责备儒家对概念的定义不够准确，论证不够严谨，而忽略了它独特的言说方式。如果我们从比喻的视角理解儒家的伦理思想，可以在一定程度上解决人们在儒家伦理思想理解上的困惑。接下来，我们将以《论语》《孟子》《荀子》为例详细说明。

（一）《论语》中的比喻

通过分析《论语》中的比喻，可以帮助我们更好地理解孔子的伦理思想。《论语》中的比喻运用主要体现在三个方面：

第一，孔子在探讨国家治理时，经常用比喻的方法来阐明道德在国家治理中的重要意义。他说："为政以德，譬如北辰，居其所而众星拱之。"（《论语·为政》）"北辰"就是北极星，他把实施德治的统治者比作北极星，把群臣百姓比喻为"众星"，北极星与它周围的星辰的关系是：北极星是静止不动的，其他众星是围绕北极星而旋转的，并且始终朝向它。他用这个道理来说明：如果一个统治者依照道德治理国家，以身作则，那么他的政治地位和政治权力就会像北极星一样稳固，他就永远会获得群臣百姓的衷心拥护和爱戴。通过这个形象的比喻，孔子试图表明国家治理的关键依赖于统治者自身的道德状况。所以孔子十分重视统治者道德榜样的作用。这种作用究竟是什么？孔子用"风"和"草"作比喻进行形象的说明："君子之德风，小人之德草，草上之风，必偃。"（《论语·颜渊》）他将统治者的德行比作"风"，将百姓的德行比作"草"，形象地说明了统治者的行为与百姓的行为是跟随与被跟随、模仿与被模仿的关系。草的方向是由风决定的，国家能否治理好的关键是在于统治者自身的道德因素，去责备、要求和控制百姓的行为是没有意义的。因此，国家治理的根本是在君，而不是在民。君治则民自然就治。君治的关键在于君王以身作则。

第二，孔子善于用比喻解释儒家的美德概念。例如，"智者乐水，仁者乐山。智者动，仁者静。智者乐，仁者寿。"（《论语·雍也》）他用"水"形象地比喻"智者"，用"山"形象地比喻"仁者"。水的特点是流动的、变易的。可见在孔子看来，一个智者的特点是通达事理、思维灵活，遇事能够随机应变；山的特点是稳固不动，形象地说明仁者的特点是安于仁道，不会为功名利禄所动摇。如何强调一个事物的重要性，孔子用"水火"来说明。他说："民之于仁也，甚于水火。水火，吾见蹈而死者矣，未见蹈仁而死者也。"（《论语·卫灵公》）水火是生命赖以存在的基础，但是对于百姓而言，仁比水火更为重要。如何理解"正直"的美德？孔子说："直哉史鱼！邦有道如矢，邦无道如矢。"（《论语·卫灵公》）孔子用"笔直的箭"形象地比喻史鱼正直的品质。当国家有道的时候，能够像笔直的箭一样正直；当国家无道的时候，也能够像笔直的箭一样正直，这才是真正的正直。什么是诚信？孔子也用一个形象的比喻进行说明："人而无信，不知其可也。大车无輗，小车无軏，其何以行之哉？"（《论语·为政》）在中国古代社会，用牛拉的车是大车，用马拉的是小车，"輗""軏"是车辆运行的关键器具，没有它们车辆就无法正常行走；同样，诚信对于人也是如此，如果一个人没有了诚信，就像车没有了"輗""軏"一样，也会寸步难行。通过这样的比喻，说明诚信对于一个人的重要意义。孔子还用"浮云"表达他对财富的态度，他说："饭疏食，饮水，曲肱而枕之，乐亦在其中矣。不义而富且贵，于我如浮云。"（《论语·述而》）孔子将通过不正当手段获得的财富比喻为"浮云"。"浮云"的特点是漂浮不定、转瞬即逝、没有轻重的，通过不正当手段获得的财富，也像"浮云"一样，转瞬即逝，难以守住。

　　第三，在对人进行评价的时候，孔子也经常用比喻来说明。例如，子贡问孔子，在老师心目中，自己是什么样的一个人。孔子将其比喻为器物，说："汝，器也。"子贡问道："何器也？"孔子说："瑚琏也。"（《论语·公冶长》）"瑚琏"可能是当时人们在祭祀时使用的一种重要的器具，孔子把子贡比作这样的器具，既说明了孔子对子贡才能的肯定，但更多的是告诫子贡和其他学生，不要成为仅仅精通某一方面专业技术的人才，"君子不器"，而是希望他的学生成为一个君子、一个仁者。通过这样的比喻，我们便可以更准确地理解孔子从事教育的目的和其理想的人格。学生评价孔子的时候也用比喻的方式。《论语》记载："叔孙武叔毁仲尼。子贡曰：'无以为也！仲尼不可毁也。他人之贤者，丘陵也，犹可逾也；仲尼，日月也，无得而逾焉。'"（《论语·子张》）在这里，子贡将他人的"贤能"比作丘陵，而将孔子的贤能比作日月，反映出孔子在学生心中的圣人地位。

（二）《孟子》中的比喻

相较于孔子，孟子更喜欢使用比喻解释概念和说明道理。在《孟子》中，我们可以看到，他经常使用水、麦苗、草木、规矩等事物作喻体说明人性、道德修养、仁政的概念和道理。比喻是孟子独特的言说方式，从比喻入手，可以帮助我们更清楚地看到孟子的原意，消除人们对孟子的一些误解。

孟子在解释他人性善的主张时就用了比喻的方式。他首先用水作比喻解释人性善。"告子曰：'性犹湍水也，决诸东方则东流，决诸西方则西流。人性之无分于善不善也，犹水之无分于东西也。'孟子曰：'水性无分于东西，无分于上下乎？人性之善也，犹水之就下也。人无有不善，水无有不下。'"（《孟子·告子上》）有学者将这段视为孟子对性善的类比论证，但是如果将其视为论证，显然在逻辑上是不成立。在笔者看来，这段话与其说是论证，不如说是孟子对人性善用比喻的方式作出的解释。告子用水作比喻说明人性没有善恶之分，就像水没有东西之分一样，孟子顺着告子的这一比喻说，水虽然没有东西之分，但是所有的水都具有向下流的趋势，即便有阻碍，但是始终无法阻挡水向下的趋势，人性也是如此。

分析水的比喻，增加了我们对性善论的新认识：（1）水始终有向下流动的势能，因此，人性善也是说在任何人身上始终有一种向善的势能或趋势；（2）这种向善的趋势是内在于人自身的；（3）即便某个人暂时没有表现出任何善行，就像一潭静止的水一样，但是始终有一种向善的势能；（4）这种趋势可能会被山川阻挡，甚至逆流，只是因为另一种力量暂时超过了水自身的势能，但是这并不意味着水的势能不存在。同样，即便外在的恶的力量超越了人性向善的趋势，但是这并不意味着向善的趋势就不存在。因此，通过分析水的比喻，可以很好地支持关于性善论是向善论的观点。

孟子用苗的生长解释人性善和人在道德上的差异。他说："富岁，子弟多赖；凶岁，子弟多暴。非天之降才尔殊也，其所以陷溺其心者然也。今夫麰麦，播种而耰之，其地同，树之时又不同，浡然而生，至于日至之时，皆熟矣。虽有不同，则地有肥硗、雨露之养、人事之不齐也。"（《孟子·告子上》）孟子用麦苗的生长作了形象生动的比喻。大麦的种子都是一样的，播到土地里，等到收获的季节发现有的苗长得好，有的苗长得差。这是由于外在的条件不同：土地的肥瘠、雨水的滋养及耕作不同。通过这一比喻，我们可以更清楚地理解孟子关于人性和道德修养的思想：（1）人性善就像一颗种子能够萌芽是因为它具有内在动力。只要条件成熟，苗就会生发出来。（2）人性向善不是一个一蹴而就的过程，是一个不断生长的过程。（3）但是苗最终能成长为什么样子，这在很大程度上取决于外在环境的影响。在适宜的引导和教育下，一个人最终可以成长为一个真正的君子或圣人。（4）因此，一个人能否成为一个有道德的人，后天的社会环境和教育非常重要。所以性善是潜在的善，是有待实现的善；同时，性善不是静止的善，而是动态生长的善。

　　孟子用山上的草木来解释善的丧失与善的存养。他说："牛山之木尝美矣。以其郊于大国也，斧斤伐之，可以为美乎！是其日夜之所息，雨露之所润，非无萌蘖之生焉，牛羊又从而牧之，是以若彼濯濯也。人见其濯濯也，以为未尝有材焉，此岂山之性也哉？虽存乎人者，岂无仁义之心哉？其所以放其良心者，亦犹斧斤之于木也，旦旦而伐之，可以为美乎？其日夜之所息，平旦之气，其好恶与人相近也者几希，则其旦昼之所为，有梏亡之矣。梏之反复，则其夜气不足以存。夜气不足以存，则其违禽兽不远矣。人见其禽兽也，而以为未尝有才焉者，是岂人之情也哉？故苟得其养，无物不长；苟失其养，无物不消。孔子曰：'操则存，舍则亡；出入无时，莫知其乡。'惟心之谓与！"（《孟子·告子上》）

　　在此，孟子用山具有生长草木的能力比喻人性善。透过此比喻，可以发现：第一，孟子所指的人性善是人内心中具有生长善的能力，就像草木具有自我生长的能力一样。第二，人性中的善不是一种静止状况，而是有一种不断萌芽生长的动力，这种力量不是来自外在的因素，而是来自人性之中。第三，恶不是善的缺失，恶是外在环境对善的破坏超过了善的生长速度所导致的。即便在恶人身上，虽然看起来像光秃秃的牛山一样似乎看不到善的存在，但是实际上善并没有消失，依然在悄无声息地生长。第四，就像草木一样，少砍伐而多养护，山上的草木就会繁荣，善也是如此，尽可能地减少对善的破坏的行为，存养和保护善性，善就会迅速地得到生长。因此，对一个人进行善的修养和教育是重要的。

从比喻的视角可以帮助我们更好地理解孟子的仁义概念，他说："仁，人之安宅也；义，人之正路也。旷安宅而弗居，舍正路而不由，哀哉！"（《孟子·离娄上》）"居天下之广居，立天下之正位，行天下之大道。"（《孟子·滕文公下》）在这里，孟子用"安宅"比喻仁，用"正路"比喻义，说明这两者对于人的不同意义。如果住宅是人身体居住的地方，那么仁就是人心灵安顿之地，是安身立命所依存的。将义比作人们所走的路，说明义涉及行为的选择，义指引人的行动。按照义的原则行事，就会永远走在正确的道路上而不迷失。在这里，仁更多地指向人内在的心灵品质，义指向指导人为人处世的原则。通过这一比喻，我们便可以比较清楚地理解仁和义的这种差别。

孟子为了说明圣人与普通人的关系，用圆规和曲尺作比喻："规矩，方圆之至也；圣人，人伦之至也。欲为君尽君道，欲为臣尽臣道，二者皆法尧舜而已矣。"（《孟子·离娄上》）圆规是画圆的标准，曲尺是画直角的标准，同样，圣人是做人的标准。没有圆规和曲尺，我们无法画出标准的圆和直角，同样，没有圣人做标准，普通人无法成为理想的人，用这样的比喻非常直观地呈现出圣人与普通人的关系，圣人是普通人追求的典范人格。

孟子经常用"禽兽"比喻不道德的人和不道德的行为。他说："人之有道也，饱食暖衣，逸居而无教，则近于禽兽。"（《孟子·滕文公上》）孟子认为人与禽兽的区别是人的性是善的，而动物不是。但这只是潜在的状态，如果一个人生活安逸，拒绝接受道德教育，那么他很可能也会沦为禽兽。所以道德教育之于人的重要意义是使人从自然状态走向文明状态。通过人与禽兽的比对，可以更强烈地凸显这一点。

孟子在评价墨家的学说时也用禽兽作比喻。"墨氏兼爱，是无父也；无父无君，是禽兽也。"（《孟子·滕文公下》）在他看来，如果一个人不加区分地爱一切人，那这种行为就像禽兽一样。他在批评暴政时，也用禽兽来比喻，他说："庖有肥肉，厩有肥马，民有饥色，野有饿莩，此率兽而食人也。兽相食，且人恶之；为民父母行政，不免于率兽而食人，恶在其为民父母也。"（《孟子·梁惠王上》）他将统治者的自私冷漠、对民众疾苦置若罔闻、贪图一己之乐的行为比作统治者率领野兽吃人一样。他将见死不救的行为也视为禽兽的行为。淳于髡曰："男女授受不亲，礼与?"孟子曰："礼也。"曰："嫂溺则援之以手乎?"曰："嫂溺不援，是豺狼也。男女授受不亲，礼也；嫂溺援之以手者，权也。"（《孟子·离娄上》）他将见到嫂嫂溺水以援有违男女礼仪而拒绝援助的行为，视为禽兽之行。用这种生动的比喻说明这种行为在道德上是非常恶劣的。

总之，分析以上比喻可以看到，孟子显然认为"禽兽"并不是像我们通常所认为的那么善良，它们基于自然本性的行为，在道德上是恶的。而孟子一再引用"禽兽"一词，透露出了他对人会沦落到禽兽的地步的担忧。所以，他不断地强调他的这一信念：人不是禽兽，人也不应该成为禽兽。

（三）《荀子》中的比喻

荀子在阐述他的哲学思想时也多次使用比喻加以说明。但是相较于孟子，荀子更多时候喜欢用器具作比喻。

在《劝学》中，荀子用比喻说明学习对于人的重要意义。"君子曰：学不可以已。青，取之于蓝，而青于蓝；冰，水为之，而寒于水。"（《荀子·劝学》）荀子用"蓝"和"水"比喻人在学习前的状态，用"青"和"冰"比喻人在学习后所达到的状态。这个比喻十分形象生动地告诉人们为什么学习不可以停止，学习的意义在于超越人的原初状态，将人的天赋发挥到极致。荀子在论述学习是一个不断积累的过程时，用了一些形象生动的比喻来说明。如"积土成山，风雨兴焉；积水成渊，蛟龙生焉；积善成德，而神明自得，圣心备焉。故不积跬步，无以至千里；不积小流，无以成江海。骐骥一跃，不能十步；驽马十驾，功在不舍。锲而舍之，朽木不折；锲而不舍，金石可镂。蚓无爪牙之利、筋骨之强，上食埃土，下饮黄泉，用心一也；蟹六跪而二螯，非蛇、鳝之穴无可寄托者，用心躁也。"（《荀子·劝学》）在这里，荀子用一系列的比喻说明学习是一个持续不断的努力积累的过程，需要坚韧的毅力和持久的努力。荀子在论述环境对于人的重要影响时也用了生动的比喻说明："蓬生麻中，不扶而直；白沙在涅，与之俱黑。兰槐之根是为芷，其渐之滫，君子不近，庶人不服。

其质非不美也，所渐者然也。故君子居必择乡，游必就士，所以防邪僻而近中正也。"（《荀子·劝学》）这里用"蓬""沙""兰槐"作比喻，形象地说明一个人成为什么样子，与其所处的环境密切相关，环境决定了他能够成为什么样的人。

荀子在《性恶》中多次使用比喻来解释人性为什么是恶的和人为什么需要礼法。荀子用枸木与钝金比喻："故枸木必将待檃栝烝矫然后直，钝金必将待砻厉然后利；今人之性恶，必将待师法然后正，得礼义然后治……直木不待檃栝而直者，其性直也；枸木必将待檃栝烝矫然后直者，以其性不直也。今人之性恶，必将待圣王之治，礼义之化，然后始出于治，合于善也。用此观之，人之性恶明矣，其善者伪也。"（《荀子·性恶》）"枸木"是弯曲的木材，"钝金"是不锋利的金属，二者都比喻人性恶。弯曲的木材需要熏蒸和用整形工具矫正加工之后，才会变得笔直。不锋利的金属需要经过人工的打磨之后，才会变成锋利的兵器。同样，人性本来是恶的，需要经过老师的教育、礼义的引导、法律的规范才有可能变善。

这些比喻可以增进我们对荀子人性恶的认知。第一，荀子认为像弯曲的木材和不锋利的金属的天然状态一样，人性也是一种自然状态，是未经加工改造之前的人的自然状态，因此有一些学者将荀子的性恶说理解为性朴说也有一定的合理性。在这种状态中，荀子认为人的本性是恶的。第二，在自然状态中很少存在像直线一样笔直的树木，像刀刃一样锋利的金属。同样，在自然状态中，也不可能存在纯粹的人性善。第三，如果顺着曲木和钝金的自然本性去发展，不加人为的干涉，曲木和钝金永远不可能成为笔直的树木和锋利的金属；人性也是一样，人性如果不加人为的干涉，同样也不可能自发地趋向于善。第四，在荀子看来，哪怕再弯曲的木材，再不锋利的金属，只要经过人为的加工改造，都可以将其改造成为理想状态；同样，即便一个人的人性再如何恶，一样可以将其改造为善。没有改造不了的人性。当自然状态与理想状态不一致的时候，人通过自身的努力，可以将任何自然状态变成理想状态。

综上所述，不能将比喻仅仅视为一般的修辞方式，它是早期儒家一种重要的话语方式。它被广泛地用来解释道德概念，并且是解释概念最重要的方式之一，也被用来进行道德论证和说明义理。作为一种言说方式，它的显著优点是能够将复杂的概念和道理，用生动形象的方式展示出来，很容易为人所理解。因此，如果要更准确地把握儒家的伦理思想，比喻为我们进一步的研究提供了重要的路径。

二、讳饰、称谓语：独特的伦理修辞

在儒家道德话语中，还有一类独特的伦理修辞形式，就是讳饰和称谓语。作为一种修辞方法，讳饰被广泛地运用在儒家的历史叙事中，具有鲜明的伦理色彩，是儒家伦理观念在言说方式上的重要体现。称谓语也是儒家一种独特的修辞方式。在本节中，我们将深入研究这两种修辞方式的伦理表意。

（一）讳饰的伦理表意

讳饰，也叫避讳，是指"说话时遇有犯忌触讳的事物，便不直说该事该物，却用旁的话来回避掩盖或者装饰美化"。

讳饰作为一种社会文化现象出现得很早，宗廷虎先生认为"早在殷代，已经存在避讳修辞现象"[1]。在先秦即已形成成文的条例，在全社会范围内推行，这在《礼记》等典籍中有明确记载。而且到唐代，避讳还演变为国家的法律制度，有了外在政权的强制力，尤其是敬讳更是与政治权力密不可分，成为社会制度与文化礼仪的典型形态。在此种社会制度下所形成的社会文化，普遍强调尊卑有别、忠孝优先、礼义为重的伦理观念，表现在言行上，即有所回避、有所装饰。其次，讳饰被认为是修辞伦理现象，是因为讳饰涉及语言选用与仁、义、礼、智、信的准则的遵守与违犯密切相关。对于那些有可能犯忌触讳的语词的修辞性规避或有意改选吉祥优雅的说法来进行交际的修辞努力，其实都是出于人们对自己及交际对象的接受期待的伦理道德考虑。

从对象上看，讳饰可以区分为敬讳和忌讳两类。敬讳的例子如《国语·晋语九》载："范献子聘于鲁，问具山、敖山，鲁人以其乡对。献子曰：'不为具、敖乎？'对曰：'先君献、武之讳也。'献子归，遍

---

① 宗廷虎，陈光磊．中国修辞史：中［M］．长春：吉林教育出版社，2007：
1137.

戒其所知曰：'人不可以不学。吾适鲁而名其二讳，为笑焉，唯不学也。人之有学也，犹木之有枝叶也，犹庇荫人，而况君子之学乎？'"范献子，即晋卿范鞅，是范宣子的儿子。献，是其谥号。他因自己出使鲁国时，没有做到"问讳"，以至于在询问具山、敖山时误犯鲁先君之名讳。因此，他告诫人们，一定要善于学习，否则在交际时，就可能因不懂礼仪而被人嘲笑。由此可知，讳饰是学习的一个很重要的方面，因为它直接关系到交际时言行的恰当性。了解并规避交际对象的忌讳，既是对他人的尊重，也体现了一个人的文化素养与道德修养。学讳、避讳，修的是人的道德品格和人格素养。申小龙在总结中国传统修辞的特点时提到中国古典修辞学传统关注的不是修辞的具体运作，而是修辞的功能。首先是修辞的教化功能。① 另一个忌讳的例子是《战国策·秦策五》："王之春秋高，一日山陵崩，太子用事，君危于累卵，而不寿于朝生。"高诱注："山陵喻尊高也；崩，喻死也。"这是一个典型的忌讳例子，其中还运用了比喻的修辞手法，将"山陵"喻为"君王"，山崩即意味着君亡，这是在不可直言需要忌讳时采用比喻修辞手法的一种表现。体现的是对君王礼节的尊重和对相应的伦理道德的遵循。

　　敬讳和忌讳作为讳饰的两种类型，有诸多不同。首先，所"讳"的对象不同，敬讳主要适用于尊者、亲者与贤者。《春秋公羊传·阂公元年》说："《春秋》为尊者讳，为亲者讳，为贤者讳。"相对应就有国讳、官讳、圣讳与家讳的说法。忌讳的内容是一些不雅不伦之事，是能够在社会中形成普遍共识的问题。从主体来看，"社会性的忌讳主要涉及死亡、疾病、排泄物、男女关系等方面。作为个体现象的忌讳，大多与个体的生活相关。人们的身体状况、经历、教养、信仰、习俗、职业等的不同，就会形成不同的忌讳对象。如身体有某方面残疾的人，就忌讳别人谈到与其身体缺陷有关的词语，认为是对自己的嘲笑。有虔诚信仰的人，总是非常看重自己的信仰，不能忍受他人对其信仰对象的称说或不敬。他会把这当成是对自己的不尊重。而不同职业的人，

---

① 申小龙. 中西古典修辞学传统比较［J］. 复旦学报（社会科学版），1992
（05）：92.

也会因其职业特点而对某些可能引起不吉联想的词语持排斥心理，而忌讳人们说道"①。其次，敬讳和忌讳的理论基础有所不同。敬讳更多体现在社会伦理关系上对忠信仁义的遵守和对等级关系的维护，很多敬讳后来都形成了礼仪规范，约束着人们的言行举止。忌讳则是基于避俗避粗和趋利避害的观念。

从动机上看，忌讳又可分为无意触讳和有意触讳。无意触讳是对于所要避讳的礼节和内容不了解，也就是所谓的"不知者"所犯的触讳，如幼童对于很多节庆、婚丧的礼节不懂，胡乱说话或办事就会产生无意触讳。人们在情绪激动的时候处理事情或者面对比较紧急的情况时往往也会触犯一些忌讳，但都是无心之为，如人工呼吸等急救行为，会让性别不同的陌生人产生身体上的亲密接触，这在现代来讲还好些，但是在古代男女有别的观念影响下，虽是无心且好意，但也会受到一定程度的谴责。

所谓有意触讳，即话语行为的主体在知晓忌讳原则的基础上，出于一定的目的而主动触及忌讳，违犯忌讳之事。"在交际中，由于题旨情境的限制或由于特殊的交际目的的需要，修辞主体有意违犯受话人的忌讳，是为有意触讳。有意触讳者，有的是为了反对过于烦琐而无意义的避讳，故而据实直言，体现了对修辞伦理原则的遵守。"② 这是讳饰修辞伦理中需着重观察的部分。因为有意触讳本身是出于一定主观目的所发生的事情，所以会因此而产生很多种类型的有意触讳。有的是为了坚守自身的立场，出于大义和不屈的品格，有的是出于玩乐。结果上来讲都有好有坏，取决于触讳参与主体二者的言谈水平、人格修养和道德品德等。如《经史避名汇考·卷三十三》引《尧山堂外纪》说："李梦阳督学江西时，有士子适同其姓名，公呼而前曰：'汝不闻吾名而敢犯乎？'对曰：'名命于父，不敢更也。'公默然久之，曰：'我且出一对句试汝，能对则已，否则终不恕。'曰：'蔺相如司马相如，名相如实不相如。'其人思不久，辄应曰：'魏无忌长孙无忌，汝无忌我亦无忌。'公笑而遣之。"这个故事是说，明代李梦阳才学甚高，

---

① 罗菲. 修辞伦理研究［D］. 上海：复旦大学，2010：176.

② 罗菲. 触讳现象的修辞伦理解读［J］. 衡水学院学报，2013，15（06）：74.

他讲求名称上的敬讳。在做督学时，曾责问与其同名的士子为何不避自己的名讳。此士子认为名得之于父母，并不是有意触犯，但是当李梦阳要求他改名时，他并不改，这就是有意触讳。李梦阳出对责难，如果对得上则就此罢了，对不上将"终不恕"，此士子昂然应答，并回答得非常好，在回答中巧妙地运用双关的修辞手法，其所对"无忌"可以理解为一双关词，既指所对中的人名，也指避李梦阳名讳一事。"汝无忌我亦无忌"更是体现了此士子的内心坚定和不畏权势的品格，更可贵的是他这种坚持是基于对父母的尊孝之礼节。就这样解决了避不避讳的问题，由此得到李梦阳赏识。"一场有意触讳的事，因触讳之人的诚心、才学与被触讳之人的宽大，得以顺利化解，反而留下一段让人传颂的佳话。这是对正面的伦理道德的真正坚守，也是语言表达适应修辞伦理原则的生动表现。"①

（二）称谓语的伦理表意

在儒家道德话语中，称谓语也是一种特殊的伦理表意方式。《现代汉语词典》对称谓语的定义是："人们由于亲属和别的方面的关系，以及身份、职业、性别等而得来的名称，如父亲、师傅、厂长等。"② 称谓语可以说是话语交际中用以展现特定伦理关系的最明显、最直接的指针，是修辞主体预先对交际双方伦理关系、伦理情谊的自我定位，体现着修辞主体对彼此情感远近的修辞限定，也传达着一定的道德评价。

在儒家的道德话语中，称谓语可以区分为亲属称谓和社会称谓。亲属称谓建立在血亲宗族的伦理关系之上，遵守亲属称谓坚守的是对父母长辈和亲朋好友的尊重和敬爱。社会称谓建立在社交关系和职分关系上，遵守社会称谓坚守的是对君王的爱戴和敬仰，以及对上下等级伦理关系的恪守。

称谓语的伦理表意体现在不同的表达形式上，如小说文本，曹雪芹的《红楼梦》中就贯穿着很多称谓语的伦理表意现象，"曹雪芹笔下

---

① 罗菲. 触讳现象的修辞伦理解读［J］. 衡水学院学报，2013，15（06）：74.
② 中国社会科学院语言研究所词典编辑室. 现代汉语词典［M］. 第7版. 北京：商务印书馆，2016：2156.

的人物语言在交际应答之时，都注意选用切合自己身份特征的语词与表达方式。《红楼梦》中的称呼语凸显了不同等级之间的礼法规范，是曹氏礼的修辞伦理观的典型表现"①。大族之家对母亲的称呼就有两种，若是正室，则称太太，若是侧室，即使是她的亲生子女，也只能称其为"姨娘"。例如，探春说道："依我说，太太不在家，姨娘安静些，养神罢，何苦只要操心？太太满心疼我，因姨娘每每生事，几次寒心。我但凡是个男人，可以出得去，我早走了，立出一番事业来，那时自有一番道理，偏我是女孩儿家，一句多话也没我乱说的。太太满心里都知道，如今因看重我，才叫我管家务，还没有做一件好事，姨娘倒先来作践我，倘或太太知道了，怕我为难，不叫我管，那才正经没脸呢，连姨娘真也没脸了！"（《红楼梦》第55回）这里探春说话的对象是自己的亲生母亲赵氏，但因赵氏是贾政的侧室，探春只能称呼她为姨娘，探春口中的太太则是贾政的正室王夫人。

谦称、尊称正是中国人这种重礼、守礼的伦理意识在称谓系统中的投射。古人在社会交往中，称呼他人时，为表示对别人的敬重和礼貌，一般不直呼其名，而用尊称。尊、令、贤都是用于称呼对方的亲属，表尊敬之意。"令"有善美的意思，《颜氏家训·风操》介绍了尊和贤的用法："凡与人言，称彼祖父母、世父母、父母及长姑，皆加尊字；自叔父母以下，皆加贤字。"《周礼·地官》"乡老"注："老，尊称也。"其最常见的用法是加在姓后表尊称。董必武、徐特立、谢觉哉等由于他们的声望，分别尊称为董老、徐老、谢老。《公羊传》说："名不若字，字不若子。""子"用于对男子的美称，是"有德之称""人之贵称"。春秋战国时期各家代表人物都以"子"称，如孔子、老子、孟子、庄子、荀子等。

晋以下，人主于其臣多不呼名。《南史》："梁蔡撙为吏部尚书侍中。武帝尝设大臣饼，撙在坐，帝频呼姓名，撙竟不答，食饼如故。帝觉其负气，乃改唤'蔡尚书'，撙始放箸执笏曰'尔'。帝曰：'卿向何聋，今何聪？'对曰：'臣预为右戚，且职在纳言，陛下不应以名

---

① 罗菲. 从"你呀我的"看曹雪芹的修辞伦理观［J］. 理论界，2009（11）：148.

垂唤.'帝有惭色。"这个史料故事告诉我们，无论是君臣都应遵守称谓的伦理要求和礼仪规范。蔡撙虽有名可供称呼，但是在古代为了表示尊重，人们一般不直接呼名，常以字行。有官职者则常以官职相称。晋以后，即使是皇帝也不宜直接称呼大臣之名。因此，梁武帝频呼蔡撙之名，被蔡撙视为对自己的不礼貌，因此听而不闻，以示无言的反抗。梁武帝最后不得不改呼"蔡尚书"并质问蔡撙为何不回答，蔡撙理由充足，毫不避讳地指出梁武帝对自己的称呼不合礼，是对自己的不尊重，使梁武帝为自己失礼而"有惭色"。由此也可看出，蔡撙在皇权下敢于坚持礼义规范，所以他对梁武帝所说的话是值得赞扬的合道德的诚言。这也体现了古代一些贤臣对称谓所体现的伦理关系的恪守。

在上文中，我们以讳饰和称谓语两种修辞为例，解释了汉语修辞的伦理表意功能。但古代汉语表达形式也很丰富，其中的伦理表意功能的体现更是不计其数。修辞伦理自古及今与我们的生活紧密相关，丰富生活的伦理色彩，规范我们的道德生活，促进社会文明发展的同时，在历史的沉淀中也有其需要反思的一面。有学者就指出："中国修辞学传统对语言的社会性、人文性的认识是深刻的，对语言的道德伦理功能的洞察是富于启迪的。这一语文传统为人类的语言视界提供了一种与西方语文传统迥然不同的观点，极大地丰富了人类对语言修辞的认识。但中国古代修辞学传统也为此付出了巨大的代价，一是它每每成为封建统治阶级强化其道德伦理、意识形态的工具，陷入种种非科学的牵强附会，二是它在对文辞形式美内在规律的探求上步履维艰，终未系统地建树。"① 事物都具有两面性，这是我们需要清醒认识到的，"作为修辞的动物，人创造了修辞，又被修辞所缠绕。修辞洞开我们的思维空间，也堵塞我们的思维空间。修辞激活我们的感觉，也窒息我们的感觉。修辞聚集我们的经验，也扩张我们的经验。修辞规定我们思考的方向，也改变我们思考的方向。修辞创设一个新的焦点，不同的经验、不同的表象，在这里相遇，重新凝聚成我们关于对象世界的

---

① 申小龙. 论中国古代修辞学之伦理规范 [J]. 探索与争鸣, 1992 (04)：60.

认识。"① 所以无论是现在普遍的亲属称谓的泛化问题，还是在讳饰内
容上的淡化情况，我们都需要在把握其变化本质的基础上，对相应的
修辞伦理做出时代性的解读，不停留在过去，立足当下的时代，充分
认识汉语道德话语中的修辞表意功能，把握汉语修辞中最重要的伦理
价值和道德内涵。

_____

① 谭学纯．人是语言的动物，更是修辞的动物［J］．辽宁大学学报（哲学社会
　　科学版），2002（05）：19.

第三章

儒家基础道德话语分析

在儒家道德话语体系中，我们根据不同话语在话语体系中的地位和作用，区分了基础道德话语与核心道德话语。所谓基础道德话语是表达儒家伦理思想前提和预设的话语，即主要是表达道德形而上和道德知识论的话语，如由"天""理""心""性"等概念构成的话语。它们是儒家伦理思想演绎的基石，儒家的基本道德规范是从这些概念演绎出的，儒家伦理思想的合理性及其可能性也主要是依据这些话语得以证成的。因此，对基础道德话语的研究是研究儒家道德话语的重要内容。所谓核心道德话语主要是表达道德规范性思想的话：一类是关于我们应该如何道德地行动的规范性话语，如仁、义、礼、智、信等；一类是我们应该成为什么样的人的规范性话语，如圣人、君子等。这是儒家道德话语的核心内容。而概念不仅是哲学思想演绎的基础，也是话语构成的基石，儒家道德话语体系的发展过程就是道德概念构建、发展、丰富和完善的过程。因此，研究上述儒家道德话语的核心在于研究表达儒家基础道德概念与核心道德概念的话语。因此，接下来两章将以此为研究对象进行深入探究。

不同于以往的研究，在这两章中我们将从"分析的进路"进行研究。用分析的方法研究基础道德话语与核心道德话语是最适合也是最有效的一种方法。因为正如徐克谦所指出的，"中国古典哲学的一些重要且复杂的概念，都是由承担这个概念的词语在日常语言中的多重词义聚集而成的，这种语义的聚集构成了这些哲学概念意义的深奥性和复杂性。"① 也正如冯友兰在《中国哲学简史》中所言，和西方哲学相

---

① 徐克谦. 从"命"的语义分析看孔孟的安身立命之学 [J]. 孔子研究，2021
（02）：124.

比，中国哲学缺乏严格的逻辑推理，比附隐喻的风气盛行，在语言表达上不够明晰。因此他极力主张用哲学分析的方法，澄清这些概念。①

如何从"分析的进路"研究儒家道德话语？江怡提供了一个可借鉴的思路，他说："'中国哲学分析化'问题针对的是中国哲学研究，目标是实现对中国哲学的分析性解释。这里的'中国哲学'主要是指中国传统哲学，即以儒释道为主要内容的中国古代哲学，因此，这样的分析性解释的主要依据是哲学家们的文本，是历代哲学家留下的哲学经典。文本研究首先是对文本意义的解释，这是基于经典文本的解释，而不是对解释性文本的进一步阐明。由此，对中国哲学经典的分析性工作就是一种概念分析和语义分析。"② 这种方法主要是"通过对哲学概念的语义与用法的分析，揭示哲学概念的多重含义"③。根据他的观点，哲学分析的方法主要是概念分析和语义分析。分析的对象是哲学家们的文本，而不是对哲学家文本解释的东西。因此，本章和下一章将在江怡教授这种思路的启发下，用概念分析和语义分析的方法，通过研究儒家伦理经典文本中重要概念的意义和用法，澄清其多重含义，揭示其背后的观念差异。

第一节　"天"概念的分析

"天"是构成儒家道德话语的基础概念，特别是早期儒家对其思想的论证几乎都是诉诸于天的。同样，"天"也是依然活跃在当今一些中国人观念中的一个极富生命力的概念。当某些人遭遇不公时，中国人可能会说："还有没有天理！"当人们无处申诉时，可能会说："老天爷，睁开眼看看吧。"人们相信如果一个人做了坏事，他或许能够逃脱法律的制裁，但是他无法逃脱天的惩罚，"天网恢恢，疏而不漏"，必遭"天谴""天打雷劈"。在这些日常话语的背后，反映了中国人对天

---

① 冯友兰. 中国哲学简史［M］. 北京：北京大学出版社，2012：10.

② 江怡. 中国哲学分析化何以可能？——一种哲学方法论的考察［J］. 哲学分析. 2021（05）：6

③ 江怡. 中国哲学分析化何以可能？——一种哲学方法论的考察［J］. 哲学分析. 2021（05）：6，4.

的信仰，人们相信天是公平的、正义的，一切道德的合理性最终都可诉诸于天。但是我们当进一步追问，"天"究竟是什么的时候，却很少有人能够解释得清楚。回到儒家这里也是一样，它是一个客观的物质性存在还是只是一个形而上的理念，抑或是一个像"上帝"一样的存在，发现在不同哲学家的文本中，他们对"天"的理解是不同的，但是人们往往混同使用，所以造成了对"天"理解上的混乱甚至悖论。因此，在本节中，笔者将在继承前人对"天"概念的研究的基础上，进一步澄清这个概念，并进一步阐明这些不同意义的"天"在儒家道德话语中的地位、作用以及存在的问题。

对"天"概念的分析，冯友兰的观点最具有代表性。他在《中国哲学史》一书中，对中国文化中的"天"做了这样的区分："在中国文字中，所谓天有五义：曰物质之天，即与地相对之天；曰主宰之天，即所谓皇天上帝，有人格的天、帝；曰运命之天，乃指人生中吾人所无奈何者。如孟子所谓'若夫成功则天也'之天是也；曰自然之天，乃指自然之运行，如《荀子·天论篇》所说之天是也；曰义理之天，乃谓宇宙之最高原理，如《中庸》所说'天命之为性'之天是也。《诗》《书》《左传》《国语》中所谓之天，除指物质之天外，似皆指主宰之天。《论语》中孔子所说之天，亦皆主宰之天也。"

冯先生的这一区分受到了学界的广泛认可，一定程度上也代表了大部分人对"天"的理解。但是他对"天"的这种分析依然有待进一步发展和完善。除了这五种意义的"天"之外，道德之"天"也应该单独归为一类。总之，在这一节中，我们将深入区分这六种意义上的"天"，并且解释"天"与儒家道德规范的内在关系，以便更加清楚地看到，"天"在儒家道德话语中的意义。

一、空间之天

当人们谈论"天"时，它不是指精神或理念意义上的"天"，而是一种客观的物质意义上的"天"，这是在先秦时期，"天"概念的一种较早的常见用法。殷商甲骨文中就有记载，例如，《殷墟文字乙编·9607片》中的"弗疾朕天"。根据此处的甲骨文字形，"天"字的本意是指人的头部，因为人的头部在人体最上方，因此，"天"又引申为

"上"或"大"的意思，而头顶的上方是苍天，它又进一步指称天空。早期的儒家经典也可以印证这一点，如《尚书》中的"钦若昊天""洪水滔天"，《易经·乾卦》中的"天行健，君子以自强不息；地势坤，君子以厚德载物"。这里使用的"天"概念，指的都是与地相对的天空的天。冯友兰将这种天空意义上的天称为"物质之天"。

但是冯友兰的"物质之天"的概念是不清晰的，它究竟是指天空这样一个空间，还是包含了存在于空间中的天体，是否也包括了这些物体的变化规律呢？有学者就认为，"物质之天，指与地相对的日月星辰、风雨雷露，或指天地万物之总和"①。但是如果将这些物体都纳入"物质之天"的概念中去，这在逻辑上就会产生矛盾。如果"物质之天"包括了日月星辰等宇宙物体，那么当我们说"这是天上的星星"等于说"这是天上的天"，这两个"天"都是同一个概念，物质之天就会出现语义上的混乱。天是与地相对的概念，都表达了抽象的空间的概念，用以说明物体存在的空间位置，或者存在于天上，或者存在于地下，而不应该指称宇宙中的物体。如果我们将天空中的日月星辰等天体、风雨雷露等天气现象都视为天的一部分，那么就无法清楚地说明物质之天与自然之天的差异所在，因为后者也蕴含了这些事物，但这二者在儒家这里显然是不同的两种存在。因此，"物质之天"的概念不应该包括天上的物体及其运行的规律，它是一个与"地"相对的概念，是表达特定空间的概念，指位于地之上的空间部分，不包括任何实体和规律。空间不是物质，是物质的存在形式，所以冯友兰将这个意义上的"天"概念称为"物质之天"是不恰当的。

空间意义上的"天"在儒家道德话语体系中具有什么样的意义、地位和作用？这里我们借用语义学中的并置理论来考察。该理论认为，某些词与另外一些词之间具有语义联系，即一些词在文本中总是和另外一类词同时出现，搭配在一起使用。考察它与什么词搭配，可以更好地帮助我们理解这些概念。

据此，进一步的研究发现，这种意义的"天"较少单独出现，在

---

① 王庆其，姜青松. 三才思想 人与天地相参 [M]. 上海：上海科学技术出版社，2020：51.

儒家经典文本中出现时，通常与方位词"下"连用，构成"天下"一词。"天下"一词在儒家经典文本中广泛存在。在《论语》中，据统计"天"字共出现49次，其中"天下"一词就达23次之多。例如，"巍巍乎！舜禹之有天下也，而不与焉。"（《论语·泰伯》）"克己复礼为仁。一日克己复礼，天下归仁焉。"（《论语·颜渊》）

如何理解儒家经典文本中的"天下"概念呢？一种观点认为，它指中国疆域内的领土范围。如"普天之下，莫非王土"之类的说法可以印证这一点。但无论是从逻辑的视角还是从孔孟的本意看，"天下"除这层意义之外，应该还有更抽象的意义。从逻辑上看，与"天下"相对的词是"天上"，"天上"的范围是没有边界的，相应地，"天下"应该也是没有边界的，我们不能说华夏之外的土地、蛮夷之地对应的天上就不是天上。另外，如果将"天下"仅仅视为特定的有明确边界的一块国土的范围，那么尧舜的"天下"、桀纣的"天下"、周文王的"天下"所指的内容就是不确定的。但在孔孟看来，这里"天下"概念的内涵是一致的。因此，在儒家看来，"天下"不仅是指某块固定的领土范围，也具有抽象的哲学意义，它指古人所能够认识到的世界，就相当于我们现在讲的"世界"概念。只不过由于时代的局限，他们知道的世界没有我们现代所认知的世界这么大，如果孔孟活在今天，他们肯定会将非洲、美洲等视为天下的一部分。所以，在本质上"天下"就相当于"世界"的概念，赵汀阳在论述他的天下观时，也清楚说明了这一点。

如果我们将儒家经典文本中的"天下"理解为抽象意义上的世界，那么作为空间意义上的天与儒家的伦理观念就有了密切的关系。首先，我们从语义学的视角看《论语》中是如何描述"天下"概念的。

危邦不入，乱邦不居。天下有道则见，无道则隐。（《论语·泰伯》）

子路行以告。夫子怃然曰："鸟兽不可与同群，吾非斯人之徒与而谁与？天下有道，丘不与易也。"（《论语·微子》）

天下之无道也久矣，天将以夫子为木铎。（《论语·八佾》）

由上可见，孔子在描述"天下"概念时，会用"有道"和"无道"这两个词来修饰。这里的"无道"描述的是一种犯上作乱、颠倒无序的非礼治的世界状态，这是一种不道德的非理想的世界状态；"有道"描述的是稳定有序的、和谐的、礼治的世界状态，这是一种道德的、理想的世界状态。孔子经常用这两个相对的词描述"天下"，说明在他的世界观中，世界存在着两种状态，即道德的世界与不道德的世界。他喜好道德的世界，反对不道德的世界。他希望改造不道德的世界，以建立一个道德的世界。不过，一个道德的世界不等于一两个有道德的国家。当世界上每一个国家都建立道德秩序时，才能说这是一个道德的世界。所以，孔子进一步认为，一个道德的世界的实现依赖于每一个国家的统治者努力推行仁道。

"天下"作为"世界"这样一个抽象概念的存在，对于儒家是有重要意义的。它告诉人们，儒家的视角不是一种狭隘的民族主义，它始终是面向全人类、全世界的，是超越时空的。从"天下"概念中我们看到，儒家的道德话语不是一种地方性的或民族性的道德话语，而是具有普世意义的道德话语。

二、自然之天

自然之天与空间之天很相似，都是一种客观存在的自然现象。但是二者还是有着显著的区别。冯友兰在解释"自然之天"时说："曰自然之天，乃指自然之运行，如《荀子·天论》所说之天是也。"[①] 但什么是"自然之运行"，还是有些含糊。我们先回到儒家经典文本中看，在儒家中，荀子是论述自然之天的代表性人物。他在《荀子·天论》中所论述的天就是典型的自然意义上的天。

荀子说："列星随旋，日月递照，四时代御，阴阳大化，风雨博施，万物各得其和以生，各得其养以成，不见其事，而见其功，夫是之谓神。皆知其所以成，莫知其无形，夫是之谓天。唯圣人为不求知天。"（《荀子·天论》）在荀子看来，日月星辰的运行、昼夜四季的更替、风雨天气的变化，这些都是自然现象的运行，或者说凡是发生

---

① 冯友兰. 冯友兰文集：第 3 卷 [M]. 修订版. 长春：长春出版社，2017：33.

在天上的自然现象都属于自然之天的范畴。可见，物质之天与自然之天的区别是明显的，空间之天是与地相对的天空，但是自然之天包括后者，不仅包含空间，也包含天上的事物及其运行变化的自然规律。

荀子进一步区分了"自然之天"与人类事务的关系。他认为，自然之天与人类事务没有必然关系，也不会主宰人类的命运。第一，自然之天有其自身的规律，这些规律独立于人类意识而存在："天行有常，不为尧存，不为桀亡。"（《荀子·天论》）第二，天运行的规律是永恒不变的，不会因为人类喜好什么，就给予什么，也不会因为人类厌恶什么，就放弃什么："天不为人之恶寒也辍冬，地不为人之恶辽远也辍广。"（《荀子·天论》）第三，天不能够控制和支配人类的生存境遇："强本而节用，则天不能贫；养备而动时，则天不能病；修道而不贰，则天不能祸。"（《荀子·天论》）第四，人类社会的治乱与天也没有必然关系："治乱，天邪？曰：日月星辰瑞历，是禹桀之所同也，禹以治，桀以乱；治乱非天也。"禹和桀都处于同一个天下，但是社会的治理状况却截然不同，可见社会的治乱与天无关。总之，荀子认为，自然之天是没有意志、欲望和情感的，是独立于人类意志的，有其自身运行的客观规律，是一种客观的自然现象。这就是自然意义的天。

那么，这种自然意义上的天，在儒家道德话语中具有什么样的意义呢？如果自然之天完全与人类事务无关，那么显然它也是与道德无关的。那么这种意义上的天似乎不能够成为道德形而上的根据。但是在荀子看来，自然之天虽然没有意志，却并非与人类的存在和道德无关。他说：

"天职既立，天功既成，形具而神生，好恶、喜怒、哀乐臧焉，夫是之谓天情；耳目鼻口形，能各有接而不相能也，夫是之谓天官；心居中虚以治五官，夫是之谓天君；财非其类，以养其类，夫是之谓天养；顺其类者谓之福，逆其类者谓之祸，夫是之谓天政。"（《荀子·天论》）

这一段解释了人与天的关系。他认为人的自然情感为天情，人类的五种天生的器官为天官，人心为天君。他以天来解释人凸显了人的自然属性，强调是天赋予了人的这些生物性潜能。在这些潜能中，他认为心是最重要的，心支配着其他感觉器官，决定着人喜怒哀乐的情感。人能够制裁和利用外物养育自我，这是天养。天不仅孕育了万物，并且赋予了人类认知和利用万物的能力。

荀子认为，道德不是天生所具有的，而是圣人"伪"的结果，即圣人创造了道德。而圣人之所以能够创造道德，并且所创造的道德能够被人们所认同和接受，是因为他相信人类具有认知道德的能力。而这种认知能力正是自然之天所赋予的。下面的这段话就表明了这一点。

> 凡禹之所以为禹者，以其为仁义法正也。然则仁义法正有可知可能之理，然而涂之人也，皆有可以知仁义法正之质，皆有可以能仁义法正之具；然则其可以为禹明矣。今以仁义法正为固无可知可能之理邪，然则唯禹不知仁义法正、不能仁义法正也。将使涂之人固无可以知仁义法正之质，而固无可以能仁义法正之具邪，然则涂之人也，且内不可以知父子之义，外不可以知君臣之正。不然。今涂之人者，皆内可以知父子之义，外可以知君臣之正，然则其可以知之质，可以能之具，其在涂之人明矣。今使涂之人者，以其可以知之质、可以能之具，本夫仁义之可知之理、可能之具，然则其可以为禹明矣。今使涂之人伏术为学，专心一志，思索孰察，加日县久，积善而不息，则通于神明，参于天地矣。故圣人者，人之所积而致也。（《荀子·性恶》）

在这里，荀子解释了为什么人性是恶的，但是依然能够创造道德。他认为一般说来，禹之所以成为禹，是因为他认知和实行了仁义法度。如果一个事物能够被实行，说明这个事物自身具有被认知、被实现的性质。所以，仁义法度本身具有被认识、被实现的性质。假如普通人不具有认知仁义法度的资质，也不具有做到仁义法度的才具。那么，普通人将不可能懂得父子君臣之间的礼义法度。事实上，普通人懂得父子君臣之间的礼义法度，普通人也具有可以认知仁义法度的资质，具有可以做到仁义法度的才具。如果普通人能够运用自己的这些资质和才具，去了解和实行仁义，那么普通人也就可以成为像禹这样的圣人。可见，道德能够被创造、认知和接受，是因为荀子相信人类具有认知道德的资质和才具。而这种能力是来自自然之天的。所以在荀子这里，自然之天虽然不是道德形而上的基础，却是道德认识论的基础。

但是有学者可能会质疑，认为荀子这里讲的天并不是自然意义上的天，例如，梁涛教授就认为，荀子这里的天是本体的天，不是经验的天，即我们所讲的自然之天。他通过对这里的"天养""天政"的解释来说明这一点，他说："如果说天养是天的养育功能的话，那么天政就是天所规定的政，这里的'天'当然是本体天，而不是经验天。天养主要说明'强本''养备'何以可能，天政则强调'修道'何以必要，故天政是人间政治的形上根据，是礼法的价值原则。"① 他又说："天政有天的法则、律令的意思，但不同于'天行有常'，后者是一种自然规律，如'四时行焉，百物生焉'，而天政则是人类社会的法则，类似于自然法，是一种价值原则。"② 但是我们认为，将这里的"天"理解为自然意义上的天，在文本意义上并不矛盾。荀子从来没有将社会意义上的规则或者道德的规范视为天则或自然的规范，一切社会意义上的规范，即礼都是来自人伪的结果。他在区分性伪之分的时候，清楚地说明"天之就者"是属于性的。而且从逻辑上讲，也不可能是在上一句和下一句中同样使用天，但是却在意义上完全不同。从自然意义上也完全可以理解"天政"，人类顺着自然的法则行动，就会获得幸福，反之，就会有灾祸。这里的天依然是自然意义上的。因此，荀子讲天，始终是就自然意义而言的。自然之天，赋予了人类认知道德的才具和资质，也就是说，它为道德法则的创立和认知提供了认识论的基础。

三、主宰之天

"天"的上述两层含义都是自然主义的天。但是主宰之天是超自然意义上的天，它对于早期儒家伦理思想的发展产生了重要影响。

什么是"主宰之天"呢？冯友兰说："主宰之天，即所谓皇天上帝，有人格的天、帝。"③ 目前学界也普遍将主宰之天理解为天神或有

① 梁涛. "天生人成"与政治形上学——荀子天论发微 [J]. 中国哲学史，2021，121（05）：20-30，38.

② 梁涛. "天生人成"与政治形上学——荀子天论发微 [J]. 中国哲学史，2021，121（05）：25.

③ 冯友兰. 中国哲学史 [M]. 北京：商务印书馆，2011：45.

意志的主宰世界的人格神。"天"被赋予了神的意思。在夏朝甚至更早些时候，就有这层意思，如"天命有德，五服五章哉！天讨有罪，五刑五用哉！"（《尚书·皋陶谟》）皋陶是夏代的官员，这里的"天命""天讨"说明了天是有意志的存在。在此之后，主宰之天作为中国人的一种特有观念一直延续至今。

尽管有些学者如张岱年等都认同将主宰之天理解为有意志的人格神。但是在我们看来，这种说法是不够严谨的。因为这样解释，没有解释清楚主宰之天与西方的神、印度的神等其他文化背景中的神之间的区别。例如，在西方基督教文化中，上帝是人格神，不仅意味着上帝主宰着人类的命运，也意味着上帝创造了人，创造了整个世界，但是作为主宰之天，却并没有后面的意义。所以，同样是人格神，但在内涵上存在巨大的差异。那么，儒家道德话语中的"主宰之天"究竟指什么呢，需要进一步考察。

首先，需要明确的是，"主宰之天"不是一个仅仅表达实体的概念，还是一个表达关系的概念。这一点通常被不少学者忽视，通常人们认为"主宰之天"指的是一个像神一样的有意志的、超自然的独立实体。但是这样理解是有问题的。不像空间之天的构成不依赖于对象，但对于"主宰之天"，如果缺少"被主宰者"这一对象，那么这个概念就难以成立。就像"孝"的美德一样，父母与子女中任何一个对象的缺失，这个概念就不能够成立。因此，"主宰之天"的概念是一个表达关系的概念，它由两个基本要素构成：主宰者与被主宰者，它们之间的关系是一种主宰与被主宰的关系。如果我们用逻辑表达式，该概念可以表达为：

X 是"主宰之天"，当且仅当，X 主宰 A 的 B。

接下来我们将通过解释这个逻辑表达式中各项的含义，进而澄清"主宰之天"这一概念的意义。

第一，我们要厘清这里"主宰"的含义。要区分两种意义上的主宰：强的主宰与弱的主宰。

强的主宰是决定论意义上的主宰。在这种意义上，当我们说 X 主宰 A 的时候，是说 A 是没有自由意志的，X 决定 A 的一切，A 的一切是被 X 决定的。与强的主宰不同的是，弱的主宰承认 A 有自由意志以及行动上的自由，X 不直接干涉 A，只是在评价意义上主宰 A，即 X 根据 A 的行为及其结果，给予相应的奖励和惩罚，进而干涉 A 的行为选择。

显然儒家认为，主宰之天的"主宰"是弱意义上的主宰。因为儒家从来没有否认人有自由意志，无论孔子的"我欲仁，斯仁至"，孟子的"人人皆可以为尧舜"，还是荀子的"制天命而用之"的观念，都肯定了这一点。另外，儒家也一直有这样的一种信念：当人们行善时，天就给予奖赏；当人们作恶时，天就给予惩罚。如"皇天无亲，惟德是辅。"（《尚书·蔡仲之命》）"积善之家，必有余庆，积不善之家，必有余殃。"（《易传·文言传》）这些观念都暗含着天是好善恶恶的，并且具有赏善惩恶的作用。

第二，我们再澄清"主宰之天"主宰谁的问题。哪些事物属于被天主宰的对象，是人类，还是包括人类之外的其他生命，甚至包括一切事物的存在呢？在基督教看来，上帝主宰着世界，决定着万事万物，包括世界上的一切事物。但是儒家显然不是在这个意义上讲的。儒家讲主宰之天主要是就人而言的，即便是天主宰着自然天象的变化，但也是作为对人类行为奖励或惩罚的一种手段。主张天是"主宰之天"的代表性人物是董仲舒。他坚信天是有意志的，主宰着人和社会的吉凶祸福。

第三，"主宰之天"的天主宰人的哪些方面？董仲舒认为，天不会主宰人的思想、意志和情感，天不会直接控制人的行动，天也不会直接决定社会的治乱。那么天会主宰人的什么呢？天会对人的行为做出感应。当人特别是君王行善的时候，天就会降福天下；当人特别是君王作恶的时候，天就会降灾祸天下。天不主动地决定什么，它只是被动地对人类的行为做出回应。因此，天喜好善而厌恶恶。所以，主宰之天就相当于一个法官的角色，依据善恶的准则，对人的行为给予奖惩。

在澄清"主宰之天"的涵义之后，我们再看它在儒家道德话语中具有什么样的地位和作用。董仲舒基于主宰之天为儒家道德提供了一个形而上的论证，论证了儒家道德的合理性和权威性。他的论证可以重构如下：

（1）天与人是同类的事物。

（2）同类的事物会相互感应。

（3）因此，天与人会相互感应。

（4）根据同类感应的原理，善感应善，恶感应恶。

（5）所以，如果我们想要避免灾异，拥有美善，那么我们就应该行善避恶。

关于前提（1），他有详细的论证。他认为从根本上说，人是天所生的："为人者，天也，人之人本于天，天亦人之曾祖父也，此人之所以乃上类天也。"（《春秋繁露·为人者天》）人是天的副本，人是照着天的模板造出来的。天与人的关系类似于曾祖父和自己的关系。他在《春秋繁露·人天副数》中，通过阐述人与天在多方面的相似性来说明这一点，他认为人在形体上、骨骼上、血肉上、情感上等诸多方面都和天有着高度的相似性。例如，他说："人之形体，化天数而成；人之血气，化天志而仁；人之德行，化天理而义；人之好恶，化天之暖清；人之喜怒，化天之寒暑；人之受命，化天之四时；人生有喜怒哀乐之答，春秋冬夏之类也。"（《春秋繁露·为人者天》）

关于前提（2），他是基于经验的观察而得出的。他说："今平地注水，去燥就湿；均薪施火，去湿就燥；百物去其所与异，而从其所与同。""马鸣则马应之，牛鸣则牛应之。"（《春秋繁露·同类相动》）同类事物之间会发生相互感应。而且他也根据经验发现，人与天之间事实上也会发生相互的感应。他发现天气的变化与人的身体状况就存在着相互感应的现象。所以，根据经验得出前提（2）。前提（3）是根据（1）和（2）的推论。

关于前提（4），同样，根据同类事物相互感应的原则，他自然得出天人在道德上的相应感应："美事召美类，恶事召恶类，类之相应而起也，如马鸣则马应之，牛鸣则牛应之。帝王之将兴也，其美祥亦先见，其将亡也，妖孽亦先见，物故以类相召也。"（《春秋繁露·同类相动》）善的行为会带来善的结果，恶的行为则会带来恶的结果。

但这种感应的原理是如何实现的？他认为是通过阴阳五行的机制实现的。阴阳五行是天地运行的规律，人伦道德来于此。董仲舒说："君臣、父子、夫妇之义，皆取诸阴阳之道。君为阳，臣为阴，父为阳，子为阴，夫为阳，妻为阴，阴阳无所独行，其始也不得专起，其终也不得分功，有所兼之义。"（《春秋繁露·基义》）"阳之出也，常县于前而任事，阴之出也，常县于后而守空处，此见天之亲阳而疏阴，任德而不任刑也。是故仁义制度之数，尽取之天。"（《春秋繁露·基义》）阴阳是主宰之天运行的自然规律，阴阳的关系和变化与人道是相互感应的。所以，人类的道德都是源自天的。

但是董仲舒的论证显然是有问题的。前提（1）就很难成立。通过比拟人与天的相似性说明人与天是同类，显然有些牵强附会。另外，前提（4）也是有待证明的，天与人可能在有些方面的确存在相互影响。如天气的变化的确会影响到人类的身体健康，人类的社会活动也会影响到天的变化。但是不能因此类比得出我们在道德上也是相互影响的。因为前者是事实性的问题，而后者是规范性的问题。总之，董仲舒基于主宰之天虽然对儒家伦理进行了论证，但是这种论证从现代的视角来看，是难以成立的。尽管如此，他将道德的来源诉诸主宰之天，极大地增强了儒家道德的权威性，类似于以一种宗教的力量确保儒家伦理道德的神圣性。

四、命运之天

冯友兰对"命运之天"的解释是："曰运命之天，乃指人生中吾人所无奈何者。如孟子所谓'若夫成功则天也'之天是也。"[1] 这里的"运命之天"也就是我们通常所说的"命运之天"。冯友兰将"人生无可奈何者"归之于天，这是什么意思，依据何在？

他通过对孟子下面两段话的解释，来阐明这个观点。（1）"君子创业垂统，为可继也。若夫成功，则天也。君如彼何哉？强为善而已矣。"（《孟子·梁惠王下》）（2）"哭死而哀，非为生者也。经德不回，非以干禄也。言语必信，非以正行也。君子行法，以俟命而已矣。"（《孟子·尽心下》）冯先生解释道："此所谓天所谓命，皆指人力所无奈何之事，所谓'莫之为而为者天也，莫之致而致者命也'。吾人行事，只问其当否。当行则行，所谓'强为善'也。至其成败利钝，

---

① 冯友兰. 中国哲学史［M］. 北京：商务印书馆，2011：45.

则依各方面之环境为转移。此非尽为人力所能统治者，此所谓天也，命也。所谓命运之天即指此。"① 也就是说，如果一件事情的发生、发展和成败，是人力所不能左右、不能控制、无能为力或无可奈何的，那么就可以将其归结为命运之天。

但需要注意的是，命运之天不同于主宰之天，主宰之天是消极意义上的决定论的观念，它具有赏善罚恶的功能，根据人类的行为给予相应的对待。但是命运之天不干涉、不影响、不控制人类的行为，它没有意志，只是一种客观的存在。

支持命运之天的典型代表人物是孔孟，在《论语》和《孟子》中，关于"天"的论述中，就有不少就是这种命运之天。我们首先看孔子对"命运之天"的理解。

孔子相信命运之天的存在，相信人生中有些事情是人力不能够左右和控制的。有很多证明可以说明这一点。第一，孔子特别优秀的弟子颜回英年早逝。孔子十分悲痛地哭诉："噫！天丧予！天丧予！"（《论语·先进》）孔子不希望颜回这么早就去世，但是也无可奈何，这是人力不能够控制的。第二，孔子渴望建立一个符合周礼的仁道的社会，但是他知道无论自己如何努力，但现实情况决定了在当时条件下不可能实现其理想，"道之不行也，我知之矣。"（《中庸》）"亡之。命矣夫！"（《论语·雍也》）第三，孔子对命运之天的相信，还体现在他对自己人生的总结上。"子曰：'五十而知天命。'"（《论语·为政》）当他 50 岁的时候，他基本上知道了什么可能做到，什么做不到，自己的使命何在。第四，正是因为孔子相信自己的命运，所以当他在面临困境的时候，依然临危不惧、安详自然。"子畏于匡，曰：'文王既没，文不在兹乎？天之将丧斯文也，后死者不得与于斯文也。天之未丧斯文也，匡人其如予何？'"（《论语·子罕》）孔子认为上天如果要消灭周礼，那么像他这样的后死之人也就不会掌握周礼，天如果不想灭除周礼，匡地的人又能把他怎么样呢？这鲜明地表达了他对天命的坚信。

尽管孔子相信天命，但是孔子不是一个宿命论者，他不会屈从于

---

① 冯友兰. 中国哲学史［M］. 北京：商务印书馆，2011：139.

命运的安排。"子路宿于石门。晨门曰：'奚自？'子路曰：'自孔氏。'曰：'是知其不可而为之者与？'"（《论语·宪问》）孔子被当时的人们称为"知其不可为而为之"的人，他自知他的仁道理想不可能实现，但是他没有因此屈服于天命。他依然执着地走着自己的路。

孟子对命运之天也有和孔子类似的认识。他说："行，或使之；止，或尼止。行止，非人所能也。吾之不遇鲁侯，天也。臧氏之子焉能使予不遇哉？"（《孟子·梁惠王下》）孟子想去拜见鲁侯，而没有被接见，有人说是因为有个叫臧仓的人从中阻止了，而孟子却不这么认为。他认为，他不被鲁侯接见是天意，而不是这个人的缘故。孟子还认为，舜做尧帝的臣有28年，尧舜的儿子却不肖；大禹想将天下传给益，民众却拥戴禹的儿子启。做国君的长短、儿子的贤与不肖，都不是人力所能控制的，是属于天的事。孟子还清楚地区分了哪些是人力可为，哪些是人力不可为的，属于天命的事情。他以为长者折枝和挟泰山两类行为为例，说一个人挟着泰山去超越北海，这种行为是超越人类能力范围的事情。这类事情就属于命运之天的情况。

我们认为，在这个意义上，儒家是一个决定论者。他们主张世界上发生的一切事情都是存在于因果链条之中的，都是可以被决定的。只不过他们区分了两种意义上的决定论。有些事情是人可以决定的，有些事情则不是人可以决定的，但是它的发生也不是偶然的，是由天决定的。那么哪些事情是人类可以决定的，哪些是不能够决定的呢？凡是人类所不能控制和决定的，超出人类能力范围的事情，孔孟都统统归到了天。

理解了"命运之天"之后，我们再进一步看"命运之天"在儒家道德话语中的地位和作用。一个主要问题是，仁义道德之事是否是由命运之天所决定的？

孔子和孟子的回答是否定的，他们一致认为，我们能否做出道德的行为，或者我们能否成为一个有道德的人，在这一点上，命运之天是无能为力的，这种事情完全是由一个人自身决定的。孔子说："我欲仁，斯仁至矣。"（《论语·述而》）一个人能否成为一个仁者，与外在的环境没有任何关系，完全取决于自身对仁的欲求程度，只要想要成为一个仁者，就一定可以实现。孟子比较了两种情况。他说："求则得之，舍则失之，是求有益于得也，求在我者也。求之有命，是求无益于得也，求在外者也。"（《孟子·尽心上》）有些事物的获得完全可以依靠自身的力量来实现，在自我的能力范围之内。但是有些事物的获得并非完全取决于人类自身的能力，它在更大程度上依赖于天。而之所以有些事物完全能够依靠自身的力量，是因为这些事物本身就在自身之内；而有些事物不能够完全依赖自身力量，是因为它存在于自身之外，超越了我们的能力范围。那么，哪些是自身之内的事物呢？就是仁义礼智信这样的道德。哪些是自身之外的事物呢？就如功名利禄之类的事物，这些事物的获得是不可控的，是属于命运之天的。所以，孟子相信"人人皆可以为尧舜"。在这个意义上讲，我们选择成为一个好人还是成为一个坏人，不是由命运之天决定的，而取决于自己。

但与此同时，孟子又认为，我们应该成为一个有道德的人，这从根本上讲，也是由命运之天决定的。因为我们之所以成为一个有道德的人，在孟子看来，是因为道德是人的根本属性，是人与动物的本质区别。人需要通过自我的努力，将人性的善端进行扩充和发展，让我们从生物意义上的动物发展为道德意义上的人。而人性中的善端则是天赋于我的，这是我的天命。而仁义礼智信是我的天爵。因此，成为一个有道德的人与天命是一致的，是天命的要求。因此，道德上的努力就是对加之于人身上的天命的实践。

五、义理之天

什么是义理之天？冯友兰说："曰义理之天，乃谓宇宙之最高原理，如《中庸》所说'天命之为性'之天是也。"[①] 宇宙之最高的原理就是宋儒所讲的天理。持这种观点的代表人物是朱熹。

朱熹在回答学生关于《周易》中的"天"的涵义时，区别了三种意义上的"天"。他说："要人自看得分晓，也有说苍苍者，也有说主宰者，也有单训理时。"（《朱子语类》卷一）这里的"苍苍者"就相当于我们前面所讲的自然之天和空间之天。"主宰者"就是我们所讲的

① 冯友兰.中国哲学史［M］.北京：商务印书馆，2011：45.

主宰意义上的天。"单训理"就是作为天地万物之理的天。宋儒所推崇的就是这种义理之天，他们创造性地以理来定义天。如二程就明确地表达了这一点，"天者，理也；神者，妙万物而言者也；帝者，以主宰事而名。"（《河南程氏遗书》卷十一）朱熹说："理者，天之体。"（《朱子语类》卷五）他认为天的本体或实质就是一个理。但是并不是所有的理都是天。作为天理之天的这个理是天地万物总的理，有时候又称为"太极"。朱熹说："太极只是天地万物之理。在天地言，则天地中有太极；在万物言，则万物中各有太极。"（《朱子语类》卷一）理有不同层次的理：有作为天地万物根本的理，有在具体事物中蕴含的理。如果这个理在人身上，那么就是性。所以，不能直接将理等同于天，只可以说最高意义上的作为万事万物的根本的理是天。

朱熹间接地说明了天理之天与其他两个意义上的天的区别。他说："未有天地之先，毕竟先有此理。动而生阳，亦只是理；静而生阴，亦只是理。"（《朱子语类》卷一）作为理的天，无论是在事实上还是在逻辑上都先于自然意义上的天。他又说："未有天地之先，毕竟也只有理。有此理，便有此天地；若无此理，便亦无天地，无人无物，都无该载了！有理，便有气流行，发育万物。"（《朱子语类》卷一）没有天理之天就没有其他意义上的天。

很多时候，宋明理学家将"天""性""道""太极"等概念都视为理。所以，这些概念在一定程度上具有共通性，其本质都是理。但是在它们之间也是存在重要差异的。当用"性"表达理时，此理特指存在于人类身上的理或人道，主要表现为以儒家的仁义礼智为代表的一系列伦理道德。当用"太极""道"来表达理时，多倾向于抽象的理。当用"天"来指称理时，这个理不是人理、物理，不是分理，而是天理，是宇宙间最高的原理。

总之，这里的义理之天或者天理之天就是宋明理学家所讲的天理或太极，是天地万物之总理，只是称呼不同，实质上是一样的。因此，在下一节讨论理的概念时，我们将会进一步详细说明。

六、道德之天

冯友兰区分了上述五种意义上的天。但是在我们看来，除自然之天、空间之天、主宰之天、命运之天、义理之天这五种意义上的天之外，还有一种天，也应该拿出来单独讨论，这就是道德之天。道德之天不属于上述五种天的任何一种。

道德之天承认天具有内在的道德属性。民间俗语说："天有好生之德。"《周易·系辞上》说："天地之大德曰生。"《中庸》中也讲到天地具有化育万物的作用。所以，生是天的一种美德，是天内在的道德属性。什么是生？生是生长养育的意思。生就是让一切生命得以生存、生长和发展。《周易·系辞下》说："天地氤氲，万物化醇；男女构精，万物化生。"这里用了隐喻的方式说明天地孕育生命的过程。包括人类在内的一切生命能够在地球上得以存在，依赖于地球适宜的自然环境，如适宜的温度、光照、水分、空气、土壤等。在中国古人看来，这些事物的存在本身就证明了天生养着一切生命，这是一种自然事实，但是对一切生命而言则具有道德意义，这种道德意义是因为天的自然事实而具有的。因此，天内在地具有生的道德属性。正如董仲舒所说："天德施，地德化，人德义。"（《春秋繁露·人副天数》）当代学者杨泽波提出了儒家生生伦理学，将生作为儒家伦理思想的核心概念来对待，也正是建立在天具有生的道德属性的基础上的。

道德之天并不同于义理之天，道德之天不是宇宙间最高的原理，是自然事实。它也不同于自然之天和空间之天：这二者都认为天在道德上是中性的，它不具有道德属性，有其自身的运行规律。道德之天也不同于主宰之天：主宰之天有好善恶恶的欲望和有赏善罚恶的能力，是有欲望、有意志的人格神；但是道德之天则不是这样，它没有意志和欲望，天的道德属性是自然事实或自然属性，是通过人类的经验所认知的。所以，道德之天是应该被独立对待的。

但是讲道德之天依然可能会面临一个质疑。道德通常是就人而言的，说一个事物具有道德属性，通常这个事物指的是人的行为、美德，人或者社会。对于一个自然物而言，说它具有道德属性，这会引起人们的争议。但是儒家的确认为天有好生之德。或许我们不应该把天的好生之德说成是一种道德属性，对于天而言，它是中性的，但是天为人们和万物的生长提供资源，就此而言，它对人类而言是具有价值的。它的这种行为和儒家所讲的仁德极为相似，天的表现在客观上是符合儒家的仁德的。所以，道德之天只能说是天的种种表现与儒家的仁德观念是一致的，因此，在这个意义上，天是道德的。

第二节　"理"概念的分析

在宋代之前，儒家在论证道德普遍性、客观性和合理性时，主要诉诸形而上的天。但在宋代之后，由天逐渐转向了理，通过诉诸形而上的理来实现对儒家道德的论证，理逐渐构成儒家道德形而上学的核心话语。不过这一节无意论述儒家学者关于理的思想，这方面的论述已经有学者做了大量卓有成效的工作。由于理的概念在不同的历史时期、不同儒家经典文本中具有不同的含义，经常被人们不加区分地错误使用，因此，这部分将采用语义分析与概念分析的方法，揭示理在不同儒家学者那里的不同含义及其用法。

从字形上看"理"字的含义。"理"在金文中就已经出现，字形是由"玉"和"里"构成。《说文解字》的解释："理，治玉也，从玉里声。"无论从字形还是从《说文解字》的解释来看，"理"的原始含义均与玉石相关。《说文解字》又说："理，治玉也，顺玉之文而剖析之。"就是顺着玉的纹路对玉石进行加工的活动。可见，"理"的原始含义是动词，指玉器的加工活动，这种活动的显著特点是需要顺着玉石的纹理进行，因此，"理"一词就有了治理的含义。

尽管"理"一词在先秦时期就已经出现，但是在孔孟这里，理还没有进入他们的研究视域。在《论语》中没有发现有关理的论述。孟子也只偶尔提到了"理"。一处是："金声而玉振之也；金声也者，始条理也；玉振之也者，终条理也。"（《孟子·万章下》）在此处，"条理"一词用来描述音乐演奏的先后次序：在乐章开始时演奏金属乐器，在乐章结束时演奏玉器。可见，这里的"理"有次序的意思。第二处讲"理"的地方是《孟子·告子上》："口之于味也，有同耆焉；耳之于声也，有同听焉；目之于色也，有同美焉。至于心，独无所同然乎？心之所同然者何也？谓理也，义也。圣人先得我心之所同然耳。故理义之悦我心，犹刍豢之悦我口。"孟子在这里运用类比论证说明心与理义的关系，心与理、义的关系类似于口与味、耳与声、目与色的关系。

后三类关系是器官与功能的关系：我们之所以能够分别味道，是因为有口的缘故；之所以能够辨别声音，是因为有耳朵的缘故；之所以能够看到不同的事物，是因为有眼睛的缘故；并且口、耳、目都喜欢美好的事物。同样，我们之所以能够知晓义理，是因为有心的缘故，心也喜欢美好的事物。在孟子看来，心天然地具有同情、羞恶、辞让、判断是非善恶的诸多能力，心所喜欢的事物就是道德。因此，张岱年先生认为这里的理也可以理解为道德准则的意思。① 但是在孟子的观念中，道德准则主要是仁义礼智，他也没有明确用理来涵盖这四类道德规范。总之，在孔孟这里，理的概念还没有进入他们的视野中去。不过在《周易》中，理的意义与后来的宋明理学的理解有些接近，例如，"乾以易知，坤以简能……《易》简而天下之理得矣。"（《周易·系辞上》）"穷理尽性，以至于命。"（《周易·说卦传》）这里的理有普遍法则的意思。

在先秦时期，真正重视理的，将其作为一个重要的哲学概念认真对待的是荀子。荀子在什么意义上使用"理"这一概念？我们认为，荀子在如下三种意义上使用理的概念：

第一，逻辑意义上的理。如果对一个事件的解释在道理上讲得通，那么荀子便会认为它符合理。例如，荀子在批评名家、墨家以及道家等诸子学说时，指出这些学说的共同特点："然而其持之有故，其言之成理，足以欺惑愚众。"《荀子·非十二子》他又在论述君子和农夫、工人、商人等相比，其擅长之处时说："言必当理，事必当务，是然后君子之所长也。"（《荀子·儒效》）当言与"理"搭配使用时，这里的"理"，不可能指礼义意义上的理，因为在荀子看来，墨家、名家以及道家等其他家的学说均是有悖于礼义的学说。但荀子说其学说之所以能够欺世惑众，是因为这些观点有一定的根据，对主张的论证有一定的道理。如墨家兼爱非攻、杨朱贵己重生、公孙龙白马非马等这些学说都有足以让人信服的论证。所以，在这层意义上，荀子说一个主张或学说符合理，是指它在逻辑上经得起推敲，论证上有道理。这一层意义上的理事实上贯穿于荀子整个理的思想之中。

---

① 张岱年．中国哲学大纲［M］．北京：商务印书馆，1958：45.

第二，自然意义上的理。荀子有时是在这一意义上使用"理"一词的。在《荀子·天论》篇中，荀子说："天行有常，不为尧存，不为桀亡。"又说："天不为人之恶寒也辍冬，地不为人之恶辽远也辍广。"这是说自然现象的运动变化有其自身的客观规律，不依赖于人的喜好和厌恶而转移。人在自然规律面前，只能够"制天命而用之"，不可以改变自然规律，只能够利用自然规律。这里的自然规律，就是"物之理""形体色理"。荀子进一步认为，"物之理"能够被人类所认识。他说："凡以知，人之性也；可以知，物之理也。"（《荀子·解蔽》）人类能够认知事物有两方面的因素：一是人类具有认知事物的能力，这种能力是天生的，唯人所特有的；二是事物自身具有被认识的道理。

第三，伦理意义上的理。荀子认为，礼也是一种理。《荀子·王制》中说："君臣、父子、兄弟、夫妇，始则终，终则始，与天地同理，与万世同久，夫是之谓大本。"天地自古以来都有上下之分，而君臣、父子、兄弟、夫妇的伦理关系也与天地同理，所以，这些伦理关系也具有上下尊卑贵贱之分，而儒家的礼就是用来区分尊卑贵贱的，因此，儒家的礼也像自然规律一样是客观的理。有很多证明可以直接表明，他认为礼就是理。如荀子说："人所以群居和一之理。"这显然是说礼，又如"长少之理""逆顺之理""贵上、安制、綦节之理"这些都是将礼视为理。又如"心之所可中理，则欲虽多，奚伤于治"；"心之所可失理，则欲虽寡，奚止于乱"（《荀子·正名》）。如果统治者心中所认可的东西符合理，即便他私欲很多，也不会影响国家的治理；反之，如果他心中认可的东西不符合理，即便他私欲很少，也会影响到国家的治理。而荀子一再强调："故礼者，养也。"（《荀子·礼论》）礼就是调养人的欲望的，礼是通过限制人的欲望，使每个人的欲望都能够得到持久的满足，礼是国家治理的根本。因此，此处"心之所可中理"的"理"就是礼。

另外需要注意的一点是，荀子还讲了"大理"。例如，"凡人之患，蔽于一曲，而暗于大理。"（《荀子·解蔽》）有学者将荀子的"大理"

视为天地万物的共性和总规律。① 但在我们看来，这种理解是不准确的。荀子讲"凡人之患，蔽于一曲，而暗于大理"是针对墨家、名家、道家等其他十二子而言的，是说他们的思想观念虽然看似有些道理，但是这个道理是"蔽于一曲"的，都不是治理国家的根本的正确之理。荀子说："有擅国，无擅天下，古今一也。夫曰尧舜擅让，是虚言也，是浅者之传，陋者之说也，不知逆顺之理，小大、至不至之变者也，未可与及天下之大理者也。"（《荀子·正论》）那些批评尧舜禅让的思想，是不知道天下之大理。在荀子看来，礼才是治理国家的根本之道。因此，这个大理依然是"礼"。但需要注意的是，在荀子看来，礼不是理的全部，礼只是属于理，或者更确切地说，礼是符合理的。

关于对"理"的区分，三国时期的刘劭的观点也颇有特色。他在《人物志》中对理作了这样的区分："若夫天地气化，盈虚损益道之理也。法制正事，事之理也。礼教宜适，义之理也。人情枢机，情之理也。四理不同。"② 在这里，他将"理"区分为四种意义上的理：一是自然意义上的理，就是自然规律；二是制度法律意义上的理，即法律制度的制定、实施等依据的根本原则，相当于我们现代的法理；三是道德意义上的理，就是现在意义上的伦理；四是人情意义上的理，日常的人情习俗等意义上的原则。人们长期以来，将法律意义上的理、人情习俗意义上的理以及道德意义上的理，不加区分地混同使用。例如，当荀子将礼视为是理的时候，就混合了这三者意义上的理。这个混合使用会造成一些明显的社会问题，将一个违反法律政策、一个违反伦理或者一个违反社会习俗的行为都等同于一个违反客观的理的行为，显然是不妥的，所以，刘劭的这个区分显然具有重要的意义。

从魏晋到宋明理学兴起之前，理主要在两个意义上被使用。一是道家在哲学意义上使用理。郭象说："故知君臣上下，手足内外，乃天理自然，岂真人之所为哉？"（《庄子注·齐物论》）这里的"天理"就相当于自然规律的意思。"一物不具，则生者无由得生；一理不至，

① 张立文. 中国哲学范畴精粹丛书：理［M］. 北京. 中国人民大学出版社，1991：29.

② 刘劭. 人物志［M］. 梁满仓，译注. 北京：中华书局，2009：51.

则天年无缘得终。"（《庄子注·大宗师》）"以小求大，理终不得；各安其分，则大小俱足。"（《庄子注·秋水》）葛洪甚至在《抱朴子·至理》中，用一篇来论述理。例如，"夫逝者无反期，既朽无生理，达道之士，良所悲矣！"这里的理是生存的法则。

二是除道家外，"理"一词更广泛的运用还体现在自然科学方面，如天文学、数学、医学等，在这些方面，它主要指自然的规律或法则。杨泉在《物理论》中说："气积自然，怒则飞沙扬砾，发屋拔树；喜则不摇枝动草，顺物布气，天地之性，自然之理也。"他将自然现象的变化视为自然之理。在数学方面，如"盖方者有常而圆者多变，故当制法而理之"（《周髀算经注》），这里的理是数学上的规律。《尔雅图赞·释鱼·蚌》中说："万物变蜕，其理无方。"这里的理是生物学上的规律。在医学方面也有医学之理，如皇甫谧说："病有浮沉，刺有浅深，各至其理，无过其道。"（《针灸甲乙经》）就是疾病的发生有其自身的客观规律。在地理学方面也有地理之理，如卢肇的《海潮赋》中经常使用"理"一词，如"浑天之法著，阴阳之运不差。阴阳之运不差，万物之理皆得。万物之理皆得，其海潮之出入，欲不尽著，将安适乎？""夫日之入海，其必然之理乎"，"事有至理，无争无胜。犹权衡之在悬，审锱铢而必应"等。这里的理也是自然的规律或法则。再如苏轼也说："至于山石竹木、水波烟云，虽无常形，而有常理。"（《苏轼文集》卷十一《净因院画记》）苏轼意识到事物变化的形态与不变的理的关系。需要注意的是，这里使用的"万物之理""至理""必然之理"与后来宋明理学家使用的词是一致的，但是意思是不同的。这些理都是在物理、医学、数学、化学、地理等自然规律的意义上被使用，不是人为的规范。总之，在宋儒之前，像"理""至理""万物之理""天理"等词，主要不是在伦理意义上被使用，与儒家伦理道德没有什么直接关系，主要被广泛地使用在自然科学领域，指称自然的规律或法则，表达自然规律的普遍性、客观性、必然性特征。

理作为一个重要的伦理学概念，被重新引起重视，可以追溯到理学的开山祖师周敦颐这里。周敦颐对理的一个重要贡献就是继承了荀子的理与礼的观念，将理与礼重新联系在了一起，赋予了理以伦理上的意义。在《通书·诚几德》中，他说："爱曰仁，宜曰义，理曰礼，通曰智，守曰信。"周敦颐在对"仁义礼智信"下定义时，用"理"定义"礼"，揭示了礼作为法则的客观性特点。而在这之前，又说："礼，理也；乐，和也。阴阳理而后和。君君、臣臣、父父、子子、兄兄、弟弟、夫夫、妇妇，万物各得其理，然后和，故礼先而乐后。"（《通书·礼乐》）这里，周敦颐可能吸收了董仲舒的阴阳的思想，将君臣、父子、夫妇之间的礼视为符合阴阳之道的自然法则，具有普遍性、客观性等特点。总之，通过周敦颐的努力，理的概念又重新进入了伦理学的范畴。

对理的概念做出创造性发展的当属张载。尽管张载认为"万物皆有理"（《张载集·张子·语录中》）。但是从根本上讲，他认为的理是气之理。在他阐述气与理的关系时，我们可以看到他对理的理解。他说："天地之气，虽聚散攻取百涂，然其为理也顺而不妄。"（《正蒙·太和》）张载这里的"气"相当于我们现代所说的构成物质的基本元素。张载认为，气的运动虽然千变万化，但并不是杂乱无序的，而是有规律的。"太虚不能无气，气不能不聚而为万物，万物不能不散而为太虚。循是出入，是皆不得已而然也。"（《正蒙·太和》）"不得已而然"是说气的运动是客观的、必然的、非人为所能左右的。可见，张载上述所讲的理是气的理，是气运行的客观的自然规律。气运行的自然规律是什么？他说："若阴阳之气，则循环迭至，聚散相荡，升降相求，絪缊相揉，盖相兼相制，欲一之而不能，此其所以屈伸无方，运行不息，莫或使之，不曰性命之理，谓之何哉？"（《正蒙·参两》）气运行的自然规律就是阴阳之气的运动规律。阴阳之气的相互作用形成了万物，也就是说，理是万物形成变化的理，而不仅仅是人之理，"理不在人皆在物，人但物中之一物耳"（《张子语录》上）。这里说，理在物而不人，不是说理不在人身上，而是说人不是特殊的存在，人不是理和气的特殊生成物，人只是万物中的一分子。人和其他万物在形成上是平等的，都是气按照理的法则运行而形成的。在张载看来，只存在一种普遍的作为万物生成的气的理，而不存在单独的某个特殊的理。所以，张载这里的理主要是指阴阳之气运动变化形成万物的自然规律或法则。换言之，他所讲的理是用来解释每一个具体事物形成和灭亡的最根本的原因。但是，理不是独立存在的自然规律，理是气的运行之理，气先于理而存在，理依附于气，没有气便没有理。由于人也是气根据其理的运行而形成的，所以人的行为也需要服从于气之理。在张载看来，作为行为规则的儒家的礼就是理的反映，礼是根据理而制成的："盖礼者理也，须是学穷理，礼则所以行其义，知理则能制礼，然则礼出于理之后。"（《张子语录》下）因此，礼也就有了像理一样的客观性。总之，在张载的视域中，理是作为构成宇宙万物基本物质的气的聚散运行的客观规律。

二程在张载的基础上，进一步深化了对理的认识，进一步论证了儒家伦理规范何以可能是一种理。二程首先从理与物的关系视角论述了理。"天下物皆可以理照，有物必有则，一物须有一理。"（《河南程氏遗书》卷十八）物是理之物，理是物之理，理与物是密不可分的，不存在有物而没有理的情况。其次，不同物有不同的理。"语其大，指天地之高厚；语其小，至一物之所以然，学者皆当理会。……求之性情，固是切于身，然一草一木皆有理，须是察。"（《河南程氏遗书》卷十八）"凡眼前无非是物，物物皆有理，如火之所以热，水之所以寒。"（《河南程氏遗书》卷十九）这里说明了理存在的普遍性和必然性。

二程这里讲的"物"，它的外延大到天地宇宙，小至一草一木，凡是一切客观存在的实体都是物。这里讲的理是事物的"所以然"之理，如火为什么是热的、水为什么是冷的、草为什么如此矮小、树却为什么如此高大等，这些自然现象产生的背后的根本原因是什么，如何能够合理地解释纷繁复杂的自然现象，他们诉诸的是具体的理。他们认为这些自然现象的发生绝不是偶然的、随意的，也不是某个神创造的，他们深信这是有逻辑的、必然的、客观的、有规律的，他们将此称为"理"，世界上事物千差万别，只是表象，决定不同表象的是背后特殊的理。所以，这里的理是具体的特殊的、自然意义上的理。

但是二程并不认为世界上只存在这些特殊的、具体的理，并且一事物与一事物的理是完全不相干的，而是认为万物的理在本质上都是一理。"只为万物皆是一理，至如一物一事，虽小，皆有是理。"（《河南程氏遗书》卷十五）"物我一理，才明彼即晓此，合内外之道也。"（《近思录》卷三）这个理是"普遍意义上的理"是说，对于任何物，无论是什么所以然的具体的理，都存在着其何以能够存在之理，没有不存在理的情况，在这个意义上，这个理是相同的。

有物必然有理并不是说理伴随着物而产生，恰恰相反，在二程看来，先有理而后有物。"有理则有气"，"有理而后有象，有象而后有数"（《答张闳中书》）。这里的气是构成物的物质，理不仅先于物，而且先于构成物的基本物质。但是并不是说理对物的构成没有影响，恰恰相反，理不仅是一事物之为一事物的本质，也是构成一物的基本元素。二程认为，具体的物是有气和理两种基本元素共同构成，气是物理质料，理是形式。理是更根本的元素，因为理是先于气的。所以理是决定万事万物的根本所在。

通过上文可以看到，在二程关于理的论述中，他们始终坚信，有物必有理，一物必有一理。而人也不过是万物之一。所以人之所以为人，其中也必定有理。如余纪元等所认为的儒家的人是关系性的人，是在关系中定义自我的。所以也就是说，在二程认为，父母之所以为父母，儿女之所以为儿女，君王之所以为君王，臣之所以为臣，其中也必定有理。而这个理是什么？程颐说："夫有物必有则，父止于慈，子止于孝，君止于仁，臣止于敬，万物庶事，莫不各有其所。得其所则安，失其所则悖。"（《朱子近思录》卷八）慈是父之所以为父的理，孝是子之所以为子的理，仁是君之所以为君的理，敬是臣之所以为臣的理。这些理是定理："父子君臣，天下之定理，无所逃于天地之间。"（《河南程氏遗书》卷五）"定理"意味着任何人都无法逃避这样的理，有这样的人就必然有相应的理。如孝慈仁敬在之前只是一种美德、道德规范或道德义务。但是二程将其视为一种自然之理。将儒家伦理规范视为一种理，这具有重要的意义。

第一，理的产生不是人为建构的，而是自然的。如"天地万物之理，无独必有对，皆自然而然，非有安排也"（《河南程氏遗书》卷十一）。儒家君臣父子间的伦理道德是自然现象，不是被谁创造出来的。第二，理是客观的必然的不以人的意志为转移的。他说："莫之为而为，莫之致而致，便是天理。"（《河南程氏遗书》卷十八）天理不会因人而改变。所以儒家的伦理也是客观的规律，不会因为一些人否定它，它就不存在。第三，天理不具有目的性。"天理生生，相续不息，无为故也。使竭智巧而为之，未有能不息者也。"（《二程粹言》卷六）

天理的运行没有目的也没有动机，也不是为了人而存在。第四，因为天理是永恒的、普遍的，所以儒家的伦理也是永恒的、普遍的、超越一切时空的，"不为尧存，不为桀亡"，放之四海而皆准的。而对于儒家的伦理道德，在之前不被认为是具有像自然规律一样的客观性、必然性的。现在二程通过将伦理之理证成为一种自然之理，极大地捍卫了儒家伦理道德的合理性。如果儒家伦理道德是自然之理，而自然之理是不应该被违背的，所以我们应该循着儒家的伦理道德来行动。这是符合自然规律的："万物皆有理，顺之则易，逆之则难。各循其理，何劳于己力哉？"（《河南程氏遗书》卷十一）

但二程将儒家伦理等同于自然之理的观点可能会遭到不少人的质疑。伦理是理所当然的理，是规范意义上的理。而自然之理，是所以然的理，是事实意义上的理。二者是有区别的。不能够从"是推理出应当"，这是传统的观点。但是关于道德话语的性质问题，依然存在重要争议。规范意义上的理能否还原为自然之理？自然主义的实在论者坚信，道德话语是一种自然属性或自然事实，即道德话语最终可以还原为自然属性或自然事实。所以，二程的这一观点与当代自然主义的实在论主张非常契合，或许可以为其提供新的辩护。

朱熹对自然之理与规范之理的区别已经有所意识。他说："至于天下之物，则必各有其所以然之故与所当然之则，所谓理也。"（《大学或问》）二程认为，有物必有理，但是二程没有区分这是什么意义上的理。而朱熹已经逐渐意识到了作为"所以然之故"与"所当然之则"的不同。他意识到了存在事实意义上的和规范意义上的理。而且他认为对于任何一个事物而言，这两种意义上的理都是同时存在的，不可能只存在一种理的情况。他用扇子作比喻来说明这一点："且如这个扇子，此物也，便有个扇子底道理，扇子是如此做，合当如此用，此便是形而上之理。"（《朱子语类》卷六十二《中庸一》）扇子的理包括两方面：一是扇子为什么要做成这样，这是所以然之理；二是扇子应当如何使用，这是所当然之理。所以，这两种理同时存在于扇子中。但是朱熹认为，这二者并没有像西方伦理学家所认为的那样，存在"是"与"应当"的巨大鸿沟，二者都是客观的规律。

朱熹除了意识到上述理的不同之外，还区分了普遍之理与特殊之理。首先看他对特殊之理的认识。他和二程一样，也一再强调万事万物都有理。"上而无极太极，下而至于一草一木一昆虫之微，亦各有理。"（《朱子语类》卷十五《大学二》）正因为万物都有理，所以万物都有性。"问：枯槁之物亦有性，是如何？曰：是他合下有此理。故云：天下无性外之物。因行街，云：阶砖便有砖之理。因坐，云：竹椅便有竹椅之理。"（《朱子语类》卷四《性理一》）哪些事物有性，哪些事物没有性？传统的观点通常认为只有有生命的动物才具有性，但朱熹认为，有物必有理，有理必有性，所以每一物必然会有性，没有性外之物。哪怕是路上一块砖、一个竹椅都有理在、性在。他又通过一些形象地比喻说明理的特殊性："理如一把线相似，有条理，如这竹篮子相似，指其上行篾，曰：一条子恁地去；又别指一条，曰：一条恁地去；又如竹木之文理相似，直是一般理，横是一般理。"（《朱子语类》卷六《性理三》）这里用"一把线""竹篮子的纹理""竹木"的生动比喻来说明：虽然理有多样性、特殊性，但是理不是杂乱无章、没有头绪的，而是有规律的。

　　尽管朱熹认为万物都有理："近而一身之中，远而八荒之外，微而一草一木之众，莫不各具此理。"（《朱子语类》卷十八《大学五》）但是他认为每一物的特殊的理并不是彼此割裂的，而是相通的。他说："宇宙之间，一理而已。天得之而为天，地得之而为地，而凡生于天地之间者，又各得之以为性，其张之为三纲，其纪之为五常，盖皆此理之流行，无所适而不在；若其消息盈虚，循环不已，则初未始有物之前，以至人消物尽之后，终则复始，又未尝有顷刻之或停也。"（《朱文公文集》卷七十）在他看来，万事万物的特殊的理在本质上是一致的，都属于总的理，他称之为"太极"："总天地万物之理，便是太极。"特殊的理都属于太极。又说："人人有一太极，物物有一太极。"对此，冯友兰指出："由此而言，则一切事物中，除其自己之所以然之理外，且具有太极，即一切理之全体。"①

　　朱熹强调，尽管"理"是形而上的，但理不是空洞无物的，理是实理。他针对道家将理视为无，佛教将理视为空的观点，进行了严厉

---

① 冯友兰．中国哲学史［M］．北京：商务印书馆，2011：368.

的批评。说："释氏说空，不是便不是。但空里面须有道理始得。若只说道，我见个空，而不知有个实的道理，欲做甚用得？譬如一渊清水，清冷澈底，看来如无水相似。他便道此渊只是空底，不曾将手去探，是冷是温，不知道有水在那里面。"（《朱子语类》卷一百二十六）在朱熹看来，佛教的理根本就不是所谓的理，因为它们既没有解释物之所以故，也没有告诉人们物所当然之则。"天下之理，至虚之中有至实者存，至无之中有至有者存。夫理者，寓于至有之中，而不可以目击而指数也。"（《朱子语类》卷一百二十六）理存在于物之中，依赖于物得以表现。

我们对宋明理学关于理的理解可能会受到某些传统观点的挑战。如冯友兰先生将朱熹的"理"理解为形式和共相。他在《中国哲学史》中说："形而上之理世界中只有理。至于此形而下之具体的世界之构成，则赖于气。理即如希腊哲学中所说之形式（Form），气即如希腊哲学所说之材料（Matter）也。"① 并引述朱熹的观点来佐证："天地之间，有理有气。理也者，形而上之道也，生物之本也；气也者，形而下之器也，生物之具也。是以人物之生，必禀此理，然后有性；必禀此气，然后有形。"（《朱文公文集》卷五十八《答黄道夫书》）但是张岱年先生在《中国哲学大纲》中说："中国哲学之理的观念，与希腊之形式观念，意义有同有异。"②

在他的新理学中，他用"共相"和"殊相"来解释理和气的关系。他指出："'新理学'的自然观的主要内容，是共相和殊相的关系的问题。共相就是一般，殊相就是特殊或个别。……这个问题在程、朱理学中表现为理、气问题。他们所说的每一类东西的所以然之理就是那一类东西的共相，其中包括有那一类东西所共同有的规定性。有了这个规定性，这一类东西和其他类的东西才有质的区别，但是仅有这些共相还不能使具体的世界中就有这种东西。共相是抽象的，它必须有一定的物质基础才能具体化。具体世界的总的物质基础叫作'气'。"③

---

① 冯友兰. 中国哲学史［M］. 北京：商务印书馆，2011：369.
② 张岱年. 中国哲学大纲［M］. 北京：商务印书馆，1958：75
③ 冯友兰. 三松堂自序［M］. 北京：读书·生活·新知三联书店，1984：250.

不少学者质疑冯先生的这一理解。如张东荪在早年就指出："我们不能用其他的超时空者，例如新实在论的共相与柏拉图的意典（idea）来解释朱子的理。"①

但是冯先生的这种认识也并非全无根据。例如，朱熹用"道理"一词来解释"理"。"如这片板，只是一个道理，这一路子恁地去，那一路子恁地去。如一所屋，只是一个道理，有厅，有堂；如草木，只是一个道理，有桃，有李；如这众人，只是一个道理，有张三，有李四。"（《朱子语类》卷六《性理三》）在这里，房屋与厅、堂，草木与桃、李，众人与张三、李四，是特殊和一般、共相和殊相的关系。所以也不能完全将理完全等同于共相，而忽略了所以然和所当然的内涵。只能说共相是理的一个特征或必要条件。也就是说，如果一个东西是理，那么它肯定是抽象的或是共相。

牟宗三主张，朱熹的理是存在之理。首先他区分了两种意义上的理，即形构之理与存在之理。他认为朱熹的理不是前者，而是后者。他认为一般所说的"所以然之理"是"现象学的、描述的所以然，物理的、形而下的所以然，内在于自然自身之同质同层的所以然，而非形而上的、超越的、本体论的、推证的、异质异层的'所以然'"②。他说："此种自然义、描述义、形下义的'所以然之理'，吾人名之曰'形构原则'（Principle of Formation），即作为形构原则的理，简之亦即曰'形构之理'也。"③ 如二程所说，我们说火为什么是热的、水为什么是冷的，这个理就是形构之理。"形构之理""依此理可以形成或构成一自然生命之特征"，"可以抒表出一自然生命之自然征象"，就像物理学、生物学、化学等自然科学中的规律一样。

但是牟宗三认为，朱熹所讲的理不是这个理，而是存在之理。他说："所以然之理"是"形而上的、超越的、本体论的、推证的、异质异层的'所以然之理'，""单是超越地、静态地、形式地说明其存在，

———————

① 张东荪. 朱子的形而上学 ［J］. 中大学报，1945，3（1-2）：11.

② 牟宗三. 心体与性体（上）［M］. 长春：吉林出版集团有限责任公司，2013：79.

③ 牟宗三. 心体与性体（上）［M］. 长春：吉林出版集团有限责任公司，2013：80.

不是内在地、实际地说明其征象"。因此,"所以然之理"即曰"存在之理"(Principle of Existence),亦曰"实现之理"(Principle of Actualization)。① "此理不抒表一存在物或事之内容的曲曲折折容的曲曲折折之征象,而单是抒表一'存在之然'之存在","相当于来布尼兹所说的'充足理由原则'"。② 他还说:"形构之理是'类概念',是气之凝聚结构之性,是多,而存在之理则不是类概念,是纯一而非多,此即所谓超越的义理之性或本然之性也。"③ 为此,他还认为,"存在之理,不由归纳而得,亦非归纳普遍化之理"④,也就是牟宗三认为的存在之理具有这样的特点:它是形而上的、逻辑的、先验的、普遍的、超越意义上的理。因此,他说:"依朱子,此理只是一理,一太极,一个绝对普遍的、存有论的、纯一的极至之理。"⑤ 例如,当朱熹说火之所以为热的理时,他不是要探究究竟是什么原因导致了火是热的,火是热的发生的具体的内在机理是什么,而是说火之所以是热的,不是无缘无故的,在逻辑上肯定存在着一个理。要是没有这个理,肯定不会发生这种现象。但至于是什么理,并不是他关注的重点。牟宗三的这个解释在某种意义上的确有一定的道理。朱熹一直在反复强调理,如他说格竹子之理,却始终没有搞清楚竹子长成这样的理是什么。尽管如此,牟宗三的解释还是存在一些问题的。他进一步将朱熹的理理解为"只存有而不活动"。但是这与传统的观念是有出入的,无论是张载还是二程,都认为理有运动特质。张载就认为阴阳二气的运动就是理。另外,正如乐爱国指出的:"牟宗三还进一步强调朱熹的理'只存有而

---

① 牟宗三. 心体与性体(上)[M]. 长春:吉林出版集团有限责任公司,2013:80.

② 牟宗三. 心体与性体(上)[M]. 长春:吉林出版集团有限责任公司,2013:80.

③ 牟宗三. 心体与性体(上)[M]. 长春:吉林出版集团有限责任公司,2013:80.

④ 牟宗三. 心体与性体(上)[M]. 长春:吉林出版集团有限责任公司,2013:81.

⑤ 牟宗三. 心体与性体(上)[M]. 长春:吉林出版集团有限责任公司,2013:90.

不活动'是对于理的道德意义的减杀。"① 还有牟宗三显然忽视了这一点，朱熹明确区分了所以然之理和所当然之理。朱熹说："天下之物，则必各有所以然之故，与其所当然之则，所谓理也。"（《朱子全书·大学或问上》）而牟宗三将朱熹的理统统视为"所以然之理"，忽略了朱熹的"所当然之理"，"所当然之理"是不是一种存在之理，依然是有待商榷的。

相比较而言，我们更支持张岱年先生的解释。他将宋明理学家的理解释为规律。他说："二程子所谓理，主要是规律的意思。"②"朱子本根论之实在意义，即认为最究竟的自然规律乃自然之究竟根本，一切事物皆由此规律而有；而此规律又为事物之最高标准，为人类行为之究竟准则。"③ 后来张岱年又在《中国古代哲学概念范畴要论》中指出，朱熹"以'所以然'讲理，同时又以'所当然'讲理。""'所以然'即自然规律，所谓'所当然'即道德准则。……'所以然'与'所当然'虽有区别，而又是相互统一的。朱氏所谓理既有自然规律的意义，又有道德标准的意义，同时又是世界的本原"。④ 尽管张岱年先生的解释似乎更合理，但是在我们看来，依然有些地方需要完善。首先，"所当然"并不局限于道德准则。例如，上文所讲的朱熹以扇子为例时说，扇子为什么要制作成这样，这是所以然之理，扇子应当如何使用是所当然之理。但是扇子应当如何使用这并不是道德准则。因此，"所以然"并不仅仅指道德上的"应该"，也包括其他意义上的"应该"。其次，张先生认为，理既是自然规律又是道德准则，是一回事。但是事实上，朱熹多次表明，这是两个截然不同的理。"所以然"之理并非都能等同于"所当然"之理。比如，知道扇子为什么要做成这样与应该如何使用扇子，二者并不是一回事。所以这两种不同性质的理应当区别对待。

---

① 乐爱国. 冯友兰、牟宗三对朱熹"理"之不同诠释［J］. 社会科学研究. 2015（6）：153.

② 张岱年. 中国哲学大纲［M］. 北京：商务印书馆，1958：75.

③ 张岱年. 中国哲学大纲［M］. 北京：商务印书馆，1958：75.

④ 张岱年. 中国古典哲学概念范畴要论［M］. 北京：中国社会科学出版社，1989：43.

第三节　“心”概念的分析

“心”是儒家道德话语中另一个具有重要地位的概念，“心”不仅涉及道德形而上的问题、道德起源的问题，也涉及道德知识论的问题。如果道德知识存在，那么人何以能够认识道德知识呢？在儒家看来，这些都依赖于对“心”的理解。因此，在这一部分，我们将分析儒家伦理思想中的“心”概念在什么意义上被使用，并试图对不同儒家经典文本中的“心”概念作出新的分析和区分。

一、《论语》中的“心”概念分析

“心”是一个象形文字，“甲骨文‘心’字作，有时倒写作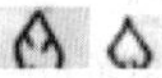”①。这个图形与人体的心脏十分类似。正如《说文解字》说：“心，人心，土藏，在身之中，象形。”可见，“心”字的原始含义就是指人的心脏。但是在对心脏具有什么功能和作用的理解上，古人与现代人的差异却比较大。中国古人一般认为，这个心脏不仅具有血液循环的动力功能，还具有思维、情感以及意志等功能。

在《论语》中，“心”不是一个重要概念。《论语》虽然有多处提及“心”一词，但正如张岱年先生所说：“《论语》《老子》虽然谈到心，但是没有对于心的诠说。”② 从概念史的视角出发，我们依然需要对孔子的“心”有一个粗浅的理解。孔子涉及“心”的文本，有两处比较重要。一是“吾十有五而志于学，三十而立，四十而不惑，五十而知天命，六十而耳顺，七十而从心所欲，不逾矩”（《论语·为政》）。南朝皇侃的《论语义疏》解释：“故此虽复放纵心意，而不逾越于法度也。”他将这里的“心”理解为“心意”。二是“回也，其心三月不违仁，其余则日月至焉而已矣”（《论语·雍也》）。张载也是将“心”理解为“心意”，认为“其心三月不违仁”，是“使心意勉勉

---

① 于省吾．甲骨文字释林［M］．北京：商务印书馆，2010：361.

② 张岱年．中国古典哲学概念范畴要论［M］．北京：中国社会科学出版社，1989：189.

循循不能已"①。二人都以"心意"解释《论语》中的"心"概念。但这个"心意"不是现代意义上的心意的意思，而是如高华平等认为的，"孔子所谓'七十而从心所欲，不逾矩'中的'心'，是和人的'欲念'相联系的'心意''心念'或'意念''意欲'，而不是现在人们通常理解的'人心'——作为五脏六腑的身体供血器官。"② 的确，《论语》中的心与人的欲望、动机相关，但是不能说欲望、动机与作为心脏的心无关，在孔子看来，心是产生动机和欲望的器官，没有心，便不可能产生行仁的动机和欲望。

二、《孟子》中的"心"概念分析

在孟子的思想中，"心"是一个重要的哲学概念。据戴兆国统计，在《孟子》一书中，"心"共出现125次。③ 张岱年先生在其《中国哲学大纲》中指出："孔、墨、老都没有论心的话，第一个注重心的哲学家当说是孟子。"④ 因此，理解儒家道德话语中的"心"，首先需要重点关注孟子。关于孟子的"心"概念，首先要反思长期以来比较流行的几种观点。

一是将心视为一种心理意识活动。戴兆国认为在《孟子》中，"心"概念的含义主要指心理意识活动。⑤ 他运用分类的方法对孟子的"心"概念进行分析，区分了孟子"心"的五类用法。分别是"第一类：动词+心，如尽心、用心、有心、动心、戒心、劳心、设心、放心、忧心、养心等，27处；第二类：名词或代词+心，如其心、吾心、何心、是心、此心、我心、斯心、人心、予心、父母之心、君心等，37处；第三类：助词之+心，以及表示心处于某种状态的专有词。前者主要包括不忍人之心、恻隐之心、仁心等，26处，后者指恒心、良心、

---

① 程树德. 论语集释（二）[M]. 北京：中华书局，1990：378.
② 高华平，康丹芸. 孔子"心学"初探 [J]. 孔子研究，2022（02）：64.
③ 戴兆国.《孟子》"心"概念辨析 [J]. 华东师范大学学报（哲学社会科学版），2015，47（01）：26.
④ 张岱年. 中国哲学大纲 [M]. 北京：中国社会科学出版社，2004：231.
⑤ 戴兆国.《孟子》"心"概念辨析 [J]. 华东师范大学学报（哲学社会科学版），2015，47（01）：26.

本心，7 处，共 33 处。这一类涉及心的概念主要是对心的道德价值判断或对道德心所做的限定；第四类：心独立作为一个词使用，25 次；第五类：人名孔距心，3 处"①。这些用法又可分为两类，第一类、第二类、第四类、第五类主要属于心的日常使用，主要有想法、态度、观念、意识、看法、主意、心理等意思。第三类是独特的用法。他认为："这一类'心'的使用又可以分成两种，一种是用明确的带有道德含义的名词限定心，如不忍人之心、恻隐之心、羞恶之心、辞让（恭敬）之心、是非之心、仁心等。这种用法很容易让人判断出作者对心的价值规定，我们将之称为心的狭义价值规定。另外一种则是用不是非常明显的带有道德判断意味的词限定心，如恒心、良心、本心。'恒、良、本'都不带有明确的价值指向，但是在上下文的语义中可以发现作者使用的价值意味，我们将之称为心的广义价值限定。"② 总之，他认为无论是上述何种类别的心，其基本内涵都是一种心理意识活动。

尽管戴兆国对《孟子》中的"心"一词做了详细的统计和区分，但是在我们看来，他的观点仍然值得商榷。他将孟子的"心"完全视为是一种心理意识活动，否认"心"作为一个实体的客观存在，不符合孟子的本意。孟子清楚地指出："耳目之官，不思而蔽于物，物交物，则引之而已矣。心之官则思，思则得之，不思则不得也。"（《孟子·告子上》）在这段文本中，孟子认为心是器官，是像耳朵、鼻子一样的人体器官，是一种物理性的存在。只是作为人体器官的耳目与作为人体器官的心在功能上是完全不同的。耳目是感觉器官，具有听和看的功能，但不具有思的功能，而心具有思的功能。而且，"心"一词正如上文所说，它的原始含义就是指心脏。他上面所列举的五类用法，都是作为人体器官的心在功能、作用等方面的具体表现，而不是作为器官的心。因此，在《孟子》的文本中，心首先指称的对象是人体器官。

二是有不少学者将孟子的"心"区分为两种意义上的心，即认知

---

① 戴兆国.《孟子》"心"概念辨析 [J]. 华东师范大学学报（哲学社会科学版），2015，47（01）：26-27.

② 戴兆国.《孟子》"心"概念辨析 [J]. 华东师范大学学报（哲学社会科学版），2015，47（01）：27.

意义上的心与道德意义上的心。这种观点通常被人们广泛接受。例如，张岱年先生认为孟子的心有两层含义：一是内在认知的意义；二是道德意识的意义。① 蒙培元也在《理学范畴系统》中更详细地说明了这一点，认为孟子的"心"有两重含义：一是指认识器官及其知觉、思虑等认识功能及其作用，即所谓"知觉灵明"的心；一是指主体自身内在的道德本能或情感意识，即所谓的"义理之心""良心"或"本心"。它们分别代表认知理性、道德理性和审美意识。②

但这里的区分同样也混淆了作为器官的心与心的功能的不同，当然，这也主要是由于孟子都是用同一个"心"来表示的缘故。认知之心与道德之心不是对"心"的定义，只是心的不同功能的呈现。也就是说，这两种意义上的心都可以存在于作为人体器官的心中，但心作为一个人体器官只有一个，在孟子看来，就是心脏。更显著的错误是，从区分的逻辑看，这两种区分也是不合理的。认知与道德并不是两个相对的概念。认知既包含着道德认知，也包含着非道德认知。道德同样不仅涉及认知，也涉及情感和意志等因素。因此，将心区分为认知之心与道德之心，在逻辑上是不合理的。

因此，孟子的"心"指称的首先是一个物质性的存在的概念，是像耳目等器官一样的人体器官——心脏。但这个"心脏"究竟具有什么样的功能，则是孟子的发明。

第一，思考是心的基本功能。"心之官则思，思则得之，不思则不得也。"（《孟子·告子上》）就像能够看见东西是眼睛的基本功能，能够听到声音是耳朵的基本功能一样，人能够思考也是心的基本功能。孟子说："圣人既竭目力焉，继之以规矩准绳；以为方圆平直，不可胜用也。既竭耳力焉，继之以六律，正五音，不可胜用也。既竭心思焉，继之以不忍人之政，而仁覆天下矣。"（《孟子·离娄上》）这里的"既竭心思"就是说竭尽全力地去思考如何治理国家。再如"禹思天下有溺者，由己溺之也；稷思天下有饥者，由己饥之也；是以如是其急

---

① 张岱年. 中国古典哲学概念范畴要论［M］. 北京：中国社会科学出版社，1989：218.

② 蒙培元. 理学范畴系统［M］. 北京：人民出版社，1989：175.

也"(《孟子·离娄下》)。这里的"思"都是在思考意义上被使用的。

在孟子看来，我们能够思考是因为我们有心。公都子向孟子提出反对性善论的主张，认为有些人性善有些人性不善，或者性没有善恶之分，他举出桀纣和瞽瞍的例子来说明。孟子认为，有些人之所以作恶，是因为这些人不思考的缘故。他说："仁、义、礼、智，非由外铄我也，我固有之也，弗思耳矣。"(《孟子·告子上》)如果一个人思考了，那么他就不会沦为恶人。放弃思考是人作恶的重要原因。再如孟子说："拱把之桐、梓，人苟欲生之，皆知所以养之者。至于身，而不知所以养之者。岂爱身不若桐、梓哉? 弗思甚也!"(《孟子·告子上》)我们想让很小的桐树、梓树活下来，都知道要给它们施肥浇水、好好养活，但是我们却不知道修养自己的身体。我们不是不爱身体，只是因为我们不思考而已。也就是说，只要我们认真思考了，我们就很容易知道什么重要、什么不重要。正如他说："欲贵者，人之同心也。人人有贵于己者，弗思耳。"(《孟子·告子上》)孟子认为每个人都想让自己尊贵，每个人也都有其尊贵的地方，但是却不知道，这是他不思考的缘故。只要他愿意思考，就很容易明白这些道理。这些例子说明孟子认为心的这种"思考"功能并不同于现代意义上的思考。孟子认为，人之所以有恶的或愚昧的观念和行为的原因之一，是人放弃了主动思考的能力。只要我们认真思考了，我们就可以知道是非善恶。因此，孟子这里讲心的思考功能，其实是道德意义上的思考。换言之，正如刘伟所说："'思'是一种心灵的欲求，欲求的对象是理义，此为心灵永恒的方向。"① 心欲求善，思考的对象是行为是否符合义理。并且孟子认为，心能够知道什么是善、什么是恶。另外，孟子认为心的思考的对象主要不是对外的，而是对内的，是对自己心灵状况的反思，是自我反省意义上的思考。孟子说："爱人不亲反其仁，治人不治反其智，礼人不答反其敬。行有不得者，皆反求诸己；其身正，而天下归之。"(《孟子·离娄上》)当我们爱别人却没有得到别人的爱时，我们应该反思自己是不是真正地做到了仁。如果心进行了思考，那么

---

① 刘伟. 心的两面：论孟子的心灵观念 [J]. 中山大学学报（社会科学版），2020，(03)：94.

就可以知道是非善恶。

第二，心具有情感表达的功能。孟子认为，人喜怒哀乐的情感与心密切相关，所有情感的发生都源于心这个人体器官。孟子用"心"来表达这种内在的道德情感。他说："人皆有不忍人之心。先王有不忍人之心，斯有不忍人之政矣。以不忍人之心，行不忍人之政，治天下可运之掌上。所以谓人皆有不忍人之心者：今人乍见孺子将入于井，皆有怵惕恻隐之心；非所以内交于孺子之父母也，非所以要誉于乡党朋友也，非恶其声而然也。由是观之，无恻隐之心，非人也；无羞恶之心，非人也；无辞让之心，非人也；无是非之心，非人也。"（《孟子·公孙丑上》）当人们在面对具体境遇时，会产生这种"不忍人之心""恻隐之心""羞恶之心"，即能够体验到他人的痛苦，看到他人作恶产生厌恶感，想到自己作恶就会产生羞耻的情感。我们之所以能够有这样的情感，不是出于对事件的思考、权衡，而是出自自然而然的本性。这种情感是天生所具有的，是从心中自发地流露出来的。而人们之所以能够有这样的自然情感，是因为我们有心，心具有这样一种与生俱来的道德能力。在这个意义上，心是善的。

在孟子看来，作为人体器官的心有两种功能：基本功能是思考的能力，其次是情感的能力。这两种能力都是先天的，都指向了善。认真思考就能够做出正确的判断和行为。根据自然的情感就能够自然地去同情和帮助他人。所以心的两种功能在孟子这里是不矛盾的。正如史华慈所认为的，孟子以心（著名的"四端"）来确定性（善性）的内容。如果我们把他的"心"理解为一种道德上的能力（moral capacity），则可以把性理解为心所具有的一种充分实现（actualize）这种能力的内在固有的趋向（innate tendency）或潜势。① 在这个意义上，将孟子的性善说理解为心善说也是有一定的合理性的。总之，在《孟子》中，心指称心脏，它具有辨别善恶的思考能力与产生善良情感的能力。

---

① 史华慈. 古代中国的思想世界［M］. 程钢，译. 南京：江苏人民出版社，2004：266.

三、《荀子》中的"心"概念分析

在《荀子》中，"心"概念具有鲜明的认知特点，这一点已经为很多学者所认可。例如，牟宗三先生在《名家与荀子》中认为荀子的心只有一种内涵，就是"认识心"，荀子的"心"是"以智识心，不以仁识心也"，此"心"等同于现代意义上的"逻辑思辨"的心。① 唐君毅先生也将荀子的"心"理解为"统类心"。他说："荀子之心，即有如原为一伞之直立，而渐向上撑开，以铺陈出统类而下覆者。"② "心以虚，而能无尽藏，故大；不以此一害彼一，故清；静而察，故明。统为一大清明。"③ 唐君毅这里的"统类心"，主要也是一种认知意义上的心。将荀子的"心"仅仅理解为认知心，也是犯了像上面一样的错误：混淆了实体与功能的区别，将功能视为实体。的确，荀子的"心"具有认知意义，但心首先是人的一种认知器官："耳目鼻口形能（态）各有接而不相能也，夫是之谓天官；心居中虚以治五官，夫是指谓天君。"（《荀子·天论》）他称我们的眼睛、耳朵的感觉器官为天官，称心为天君。用"天"形容这些人体器官主要是说明这些器官是自然的、天赋的、非人为性的特点。心与五官的关系就相当于君主与官员的关系，用这样一个形象的类比说明心控制和支配着五官，五官听命于心。但是荀子的"心"不只是认知意义上的，它还包括下面的这些内容：

第一，心的原始功能是表达情感和欲望。人之所以拥有情感和欲望，并能够表达情感欲望，是因为人有心。荀子说："形体、色、理以目异；声音、清浊、调竽、奇声以耳异；甘、苦、咸、淡、辛、酸、奇味以口异；香、臭、芬、郁、腥、臊、洒、酸、奇臭以鼻异；疾、养、沧、热、滑、铍、轻、重以形体异；说、故、喜、怒、哀、乐、爱、恶、欲以心异。"（《荀子·正名》）荀子在这里认为，我们之所

---

① 牟宗三. 名家与荀子 [M]. 长春：吉林出版集团有限责任公司，2010：151.
② 唐君毅. 中国哲学原论·导论篇 [M]. 北京：中国社会科学出版社，2005：79.
③ 唐君毅. 中国哲学原论·导道篇 [M]. 北京：中国社会科学出版社，2005：251.

以能够区分出不同的形体、颜色，是因为我们的眼睛能够分辨异同；之所以能够区分出不同的声音，是因为我们有耳朵的缘故；之所以能够区分出不同的气味，是因为我们有鼻子的缘故；之所以能够区分出不同的质地，是因为我们的躯体有触觉的缘故。这是从基本功能上讲。从根本而言，心依然决定着这些感觉器官的感知，因为它们是"天君"与"天官"的关系。同样，我们之所以能够区分和感受不同的情感和欲望，是因为我们有心的缘故。这是心最自然的直接的功能，这些情感的产生不是经过思考的，而是自然的本能的初始的。这一点和孟子是不同的，孟子认为思考是心的原始功能，而荀子认为情感表达是心的原始功能。

第二，心具有认知外部事物的功能。人之所以能够认知外部事物，是因为人有心。荀子说："心有征知。征知，则缘耳而知声可也，缘目而知形可也。然而征知必将待天官之当簿其类，然后可也。五官簿之而不知，心征知而无说，则人莫不然谓之不知。此所缘而以同异也。"（《荀子·正名》）荀子在这里将心认识外部事物的过程区分为两个步骤：分别是"天官簿类"和"征知"。第一步是"天官簿类"，就是当人们的耳朵、眼睛等感觉器官与外部事物发生接触时，感觉器官就会感知事物，从而获得关于事物的感性知识和初步印象。第二步是发挥心的"征知"的功能。这里的"征"就是考察、辨别和验证的意思，"知"是关于事物的感性知识或感觉印象。心通过对感觉器官所获得的感觉印象进行进一步的考察、分析、辨别，最后形成对事物的理性认知。可见，在整个认知事物的过程中，心具有关键作用，它不仅具有辨别和验证感觉知识真伪的功能，也具有对感性印象进行综合、分析和整理，最后形成整体的理性的知识的功能。

当心对外部事物的认知符合事物的客观规律即理时，在荀子看来，这个人就是一个智者。他说："所以知之在人者谓之知；知有所合谓之智。"（《荀子·正名》）"凡以知，人之性；可以知，物之理也。"（《荀子·解蔽》）可见，一个智者就是心的认知功能能正确使用和发挥。智就是主观的认知与客观的规律相符合的状态。因此，心在决定一个人是不是智者时也处于关键地位。

第三，心不仅能够认识外部事物，也能够认识形而上的道。道在荀子的观念中，就相当于现在形而上的真理的概念。荀子说："人何以知道？曰：心。心何以知？曰：虚一而静。心未尝不臧也，然而有所谓虚；心未尝不两也，然而有所谓一；心未尝不动也，然而有所谓静。人生而有知，知而有志；志也者，臧也；然而有所谓虚；不以所已臧害所将受谓之虚。"（《荀子·解蔽》）在这里，荀子肯定了道能够为人所认知。但是他认为人对道的认知，不同于对上述外部事物的认知，前者需要感觉器官的参与，将感性知识上升为理性知识，但是心对道德的认知则不是通过这样的方式实现的，而是通过让心灵达到一种稳定的精神状态从而获得真理。这种心灵的状态是"虚一而静"的状态，也就是心灵达到一种无欲无求、没有情感的平静空虚的精神状态。在这种精神状态下，人能够依靠直觉认知真理。荀子的这个观念和庄子对道的认知就比较接近了。

第四，人能够拥有道德知识，是因为人有心。荀子认为道德知识不是内在于人的心灵之中的，而是外在的、约定俗成的。荀子虽然认为人性是恶的，但是他从不否认人能够拥有道德知识。而人之所以能够拥有道德知识，就是因为人能够依靠心认知道德。荀子在回应如果人性是恶的，那么普通人何以能成为圣人的问题时说："凡禹之所以为禹者，以其为仁义法正也。然则仁义法正有可知可能之理。然而涂之人也，皆有可以知仁义法正之质，皆有可以能仁义法正之具，然则其可以为禹明矣。"（《荀子·性恶》）在这段话中，荀子认为普通人之所以能够成为圣人，尽管他们先天地不具有善性，但是他们天生具有道德认知能力和道德实践能力。这个能力和天资就是心，这个心本身不具有道德属性，但是它具有认知道德和实践道德的能力。

第五，人之所以有自由意志，是因为人有心。荀子说："心者形之君也，而神明之主也，出令而无所受令。自禁也，自使也，自夺也，自取也，自行也，自止也。故口可劫而使墨云，形可劫而使屈申，心不可劫而使易意。是之则受，非之则辞。故曰：心容，其择也无禁，必自现，其物也杂博，其情之至也不贰。"（《荀子·解蔽》）在这段文本中，荀子首先认为人是由心和身两部分构成的，其中心控制和支配身体的活动，身体的活动皆听命于心，所以，心对于人而言具有根本性的意义。其次，心不仅支配和主宰人的身体活动，心也支配和主宰着心自身的活动。心能够自己禁止自己，自己驱使自己，自己夺去自己，自己接受自己，自己行动自己停止，除了心支配和控制心之外，没有什么力量能够超越于心之上。心在意志上完全是自由的。所以，荀子承认人具有自由意志。而人之所以具有自由意志，是因为人有心，人的心是自由的，心可以支配一切，控制一切，而不受其他任何事物的支配和控制。我们可以强制令人口缄默，强制令人身躯屈伸，但是我们不可以强制令心改变意志。

所以荀子认为，人之所以能够体察各种情感和欲望，能够认识事物和道德，能够拥有自由意志，是因为人有心。心具有认知功能、情感功能、动机功能和意志功能。但是心在道德上是中性的，既非善也非恶，道德是外在于心的。但心并非与道德无关，心是人类认知道德的器官，如果没有心，人类不可能认识到儒家的一系列道德知识，也不可能去实践道德。因此，在荀子看来，心对于儒家的伦理道德具有重要的知识论上的意义。

四、张载著作中的"心"概念分析

张载对"心"有一个经典的分析。他说："由太虚，有天之名；由气化，有道之名；合虚与气，有性之名；合性与知觉，有心之名。"（《正蒙·太和》）这里的"知觉"就是我们之前所讲的人的意识活动及其能力。"合"就是综合、整合的意思。他在这里区分了心的名和实，指出"心"概念只是一符号，从本质上是由"性"与"知觉"两个要素构成的。但事实上不能将功能视为本体，知觉只能是心的一种功能或特有属性。尽管如此，这一认知超越了之前人们的认知，因为之前人们仅仅将"心"理解为一种知觉，而没有重视"心"与"性"的内在关系，而张载却认为"性"也是构成"心"的基本要素之一。

但是有学者或许会认为张载这里的"性"不能够理解成宇宙生成意义上的概念，因为张载始终坚持一个观点，性比心大，性比心要更为根本，他说："性，原也；心，派也。性大于心。"（《张载集》）如果性是本源，心是派生的，那么这个定义岂不是矛盾？对此，林乐昌解释道："'合性与知觉，有心之名'这一表述中，'性'当指'至善'

的德性。这样规定的意义是，人的一切认知活动都应当受德性的制约。"① 他的理由是，气质之性往往使"知觉"在对事物的认知上产生不足，而天地之性是性之本原，是至善的。所以，这里应该作天地之性理解，也就是心是至善的和有知觉的。

但这一观点也是值得商榷的，因为毕竟张载没有明确特指这里的"性"就是天地之性，但是将其视为天地之性从逻辑上也是可以讲得通的。在张载看来，一方面，万物有两类：一类是有知觉的物，如动物；一类是没有知觉的物体，如石头。在他看来，动物之所以有知觉，是因为有心，石头之所以没有知觉，是因为无心。因此，心仅仅为那些有知觉的动物所拥有。但是另一方面，性则是为一切事物所拥有，性是构成万物的本质，有物必有性，所以心可以视为知觉和性的综合。

张载认识到心具有认知的功能，人通过心获得知识。但是心对事物的认知有见闻之知与德性之知之别。他说："人谓己有知，由耳目有受也；人之有受，由内外之合也。知合内外于耳目之外，则其知过人也远矣。大其心则能体天下之物，物有未体，则心为有外。世人之心，止于见闻之狭。圣人尽性，不以见闻梏其心，其视天下无一物非我，孟子谓尽心则知性知天以此。天大无外，故有外之心不足以合天心。见闻之知，乃物交而知，非德性所知；德性所知，不萌于见闻。"（《正蒙·大心》）在这段文本中，所讲的"内外之合"的知与"合内外于耳目之外"的知，分别相当于下面的"见闻之知"与"德性之知"。那么，什么是见闻之知？可以区分为两种意义上的见闻之知：一是直接的见闻之知。在这里，张载用"知合内外于耳目之内""物交而知""萌于见闻"来解释，这种认知的过程是：我们关于事物的知识是通过我们的耳目等感觉器官与外物的接触，通过心的分析、加工而形成的知识。"感亦须待有物，有物则有感，无物则何所感。"（《张子语录》上）认知来源于外界事物，离开外界的事物不可能获得这种感性的知识。二是间接的见闻之知。"若以闻见为心，则止是感得所闻见。亦有不闻不感者，亦缘自昔闻见，无有勿事空感者。"（《张子语录》上）这里的"缘自昔闻见"，不是直接的自然的感觉经验，而是通过对过去

---

① 林乐昌. 张载心学论纲［J］. 哲学研究，2020（06）：47.

见闻的回忆而获得的知识。这就相当于现代的"记忆表象"。在张载看来，任何经验知识的获得都不可能脱离闻见，无论是直接还是间接的闻见。尽管如此，张载也意识到见闻之知的局限性。见闻是认知事物的必要手段，但是通过见闻并不能穷尽事物的道理。因为"今盈天地之间者皆物也，如只据己之见闻，所接几何，安能尽天下之物?"（《张子语录》上）事物是无穷的，一个人的经验则是有限的，所以，"闻见不足以尽物"，一个人尽其毕生之力获得的知识也是极其有限的。因此需要另外一种认知途径，即德性之知。

什么是德性之知? 根据张载在上文的描述，这种知识的获得不是通过耳目等感觉器官，也不会因为见闻的有限而被阻碍。需要行动主体"大其心则能体天下之物"，需要尽性尽心，达到"视天下无一物非我"的境界。这种境界也就是张载所言的"民胞物与"的境界，而这种境界的达到，与个人的见闻没有必然关系，需要个体的理性认知，认知到天下万物都有同样的渊源，都是由气的运动而生成，也需要个体对道的直觉的亲身体悟。需要注意的是，这里的德性之知不同于现代意义上的德性知识。张载德性之知的目的不是追求一种确定的可靠的知识，而是为了达到"民胞物与"的精神境界，这种境界是心灵所追求的方向。境界的实现需要的是个体充分发挥心的主观能力性，需要理性的认知和直觉上的亲身的体验和感悟。张载相信心具有形而上的超越的思考和体悟能力。

五、二程著作中的"心"概念分析

第一，二程探讨了心的存在问题。在先秦时期，无论是孟子还是荀子，都认为心是像耳目一样的身体器官，是一种客观存在。但是二程认为心不是物理性的存在，而是一种精神性的存在。"或问：'心有存亡乎?'子（程颐）曰："以心物形体也，自操舍言之耳。夫心之所存，一主乎事，则在此矣。'"（《河南程氏粹言》卷二）程颐认为，心与物不同，物有形体，心没有形体。又如"或问：'心未有所感之时，何所寓也?'有寓，非所以言心也，唯敬以操之而已。'"（《河南程氏粹言》卷二）当心没有与外物接触的时候，它存在于何处? 程颐认为心不可能存在于身体中的某个地方，因为它不是一个实体。但程颐又不否认心确实存在。如果心没有形体，又是以何种形式存在，如何知道心是存在的呢？他说："本心之微，非声色臭味之可得。"（《经说》卷八）心是否存在不可能通过感觉器官获得认知。但心操之则存，舍之则亡，可见，心存于在人的观念世界中，是精神性的存在。这种存在的把握依赖于自我的选择和坚持。

第二，二程区分了道心与人心。程颢说："人心惟危，人欲也；道心惟微，天理也。"（《河南程氏遗书》卷十一）"人心私欲，故危殆；道心天理，故精微。灭私欲则天理明矣。"（《河南程氏遗书》卷二十四）人心是人的私欲，道心是像孟子所说的人向善的倾向。按照现在的说法，就是人心中既有自利的一面，也有利他的一面，顺着自利的一面发展，人就会走向恶，反之，顺着利他的方向，人就会走向善。甚至对于社会也是如此："一心可以丧邦，一心可以兴邦，只在公私之间尔。"（《河南程氏遗书》卷十一）然而在《河南程氏遗书》中，大部分时候所谈到的"心"都是在道心意义上讲的。因此，接下来重点就此意义上的心进行分析。

第三，作为精神性存在的道心，心具有道德属性，就是仁义礼智。程颐说："心本善，发于思虑，则有善有不善。若既发，则可谓之情，不可谓之心。"（《河南程氏遗书》卷十八）可见，心本身是善的。又如"心具天德，心有不尽处，便是天德处未能尽，何缘知性知天"（《河南程氏遗书》卷五），天德就是仁义礼智，就是天理。程颢将"心"等同于"理"："心是理，理是心。"（《河南程氏遗书》卷十三）张岱年说："二程子所谓理，则以总一言人为万物皆有一理，此理乃究竟本根……程颢以为天即理；事物之自然而不易的常则，谓之天理。"[1]理就是自然规律，但在此处主要是指儒家的仁义礼智。程颢在这里实际的意思是说仁义礼智不是外在于心，而是内在于心的，虽然内在于心，但它是客观的、必然的、像自然规律一样的规范。

第四，心同样具有认知的功能，但是与之前学者的观点不同，二程认为认知的对象不是物，而是理。理是心需要也应该认知的对象。"心所感通者，只是理也。知天下事有即有，无即无，无古今前后。"

---

① 张岱年. 中国哲学大纲 [M]. 北京：商务印书馆，2016：126-127.

（《河南程氏遗书》卷二下）如何认识理？他在这里提到了"感通"二字，"人心不能不交感万物，亦难为使之不思虑"。（《河南程氏遗书》卷十五）不是通过实证和逻辑的方法，而是从心与万物的交感中、从直觉上去感通和体认。

第五，二程还从体和用的视角对心作了区分。"心一也，有指体而言者，有指用而言者，惟观其所见何如耳。"（《近思录》卷一）从体上而言，"心"是"寂然不动"的状态，是心"未发"的状态，就是心没有与物相交、思虑未萌、喜怒哀乐各种情感未表现出来时的心的状态，这时的心正如孟子的"恻隐之心"一样，是纯善无恶的。起初程颐并不认为"未发"时的心也是心，他只承认心是已发的。但是后来在和自己的弟子吕大临反复讨论之后，修改了自己的观点，认为存在本体意义上的心。从用而言，他认为心是"感而遂通天下之故"，即当我们与外物相交时，就会表现出思虑以及各种喜怒哀乐的情感，这是心运用的体现。

六、朱熹著作中的"心"概念分析

首先，朱熹和二程一样探究了心的存在问题，也反对将心视为人体的物质性器官，但朱熹的论证更好。他说："如肺肝五脏之心，却是实有一物。若今学者所论操舍存亡之心，则自是神明不测。故五脏之心受病，则可用药补之；这个心，则非菖蒲、茯苓所可补也。"（《朱子语类》卷五）朱熹的反驳是有力的。肺肝五脏这都是实体性的存在，所以当这些地方出现问题后，我们可以用药来治理。同理，如果承认心也是和肺肝五脏一样的实体，那么当我们的心出现问题后，我们应该也是可以用菖蒲、茯苓这样的中草药来治理，但事实上，显然这些东西对于心病的治疗是无用的。因此，心不是一种实体性的物质存在。

但是他不否认心是存在的，只是心不是以一种可见的物质的形式存在，而是以一种虚灵的状态存在。他说："虚灵自是心之本体，非我所能虚也。耳目之视听，所以视听者即其心也，岂有形象？然有耳目以视听之，则犹有形象也。若心之虚灵，何尝有物？"（《朱子语类》卷五）在这段文本中，朱熹认为心是没有形象的，不是以物的形式存在。虽然无形无象，但是又不能否认心的存在。一个明显的证据是，仅仅有耳目本身并不能够让我们听到和看到，例如，死去的人，虽有耳目，但是他是听不到、看不见的。我们之所以能够听得到、看得见，是因为我们有心。所以心是存在的，是一种无形无象的形而上的存在。

因为"心"不是物质性的存在，所以心自然不属于物质性的身体的一部分。那么心与身是什么样的关系呢？朱熹认为心是身的主宰。他说："性是心之道理，心是主宰于身者。"（《朱子语类·性理二》）"心，主宰之谓也。动静皆主宰，非是静时无所用，及至动时方有主宰也。"（《朱子语类·性理二》）"夫心者，人之所以主乎身者也，一而不二者也，为主而不为客者也，命物而不命于物者也。"（《朱子文集·观心说》）这里的"主宰"是说，我们的身体能够做出某种动作，是由心支配和控制的，心是命令的发出者，身是命令的执行者，如果没有心，身体将不可能做出任何行为。不仅如此，当身体处于静态的时候，心依然支配和控制着身体。所以，相较于身体而言，心才是根本，所以，在朱熹看来，修身的根本是修心。

其次，朱熹认为"心"具有"至灵"和"至虚"的特点。他说："此心至灵，细入毫芒纤芥之间，便知便觉，六合之大，莫不在此，又如古初去今是几千万年，若此念才发，便到那里；下面方来又不知是几千万年，若此念才发，便也到那里。这个神明不测，至虚至灵，是甚次第。"（《朱子语类》卷十八）心在感知事物时极其灵敏，从极其细微的东西以至整个宇宙的事物都能够有所知觉，心能够在不同时空中自由切换。也就是我们的心理意识活动超越时空的限制，我们依靠自身的这种禀赋认知事物，所以心是"至虚至灵"的。朱熹不仅阐述了心具有知觉的能力，还进一步说明了心为何具有知觉。他说："所觉者，心之理也；能觉者，气之灵也。"（《朱子语类·性理二》）又说："是先有知觉之理。理未知觉，气聚成形，理与气合，便能知觉。"（《朱子语类·性理二》）朱熹认为，我们的心之所以能够具有知觉，是因为知觉之理和知觉之气的结合。

第三，朱熹还从心与性情的关系来解释心。他对张载"心统性情"的命题做了进一步的发展。他说："性是体，情是用，性情皆出于心，故心能统之。统如统兵之统，言有以主之也。且如仁义礼智是性也，孟子曰：仁义礼智根于心。恻隐羞恶辞让是非，本是情也。孟子曰：

侧隐之心，羞恶之心，辞让之心，是非之心，以此言之，则见得心可以统性情。"（《朱子语类·张子之书一》）朱熹用统领军队的比喻解释心与性情的关系：心就像统帅，统领和支配着性和情。为什么心可以统领性，他借用孟子的观点来解释，仁义礼智是性，而仁义礼智根于心，从心而发，所以"心统性"。侧隐、羞恶、辞让、是非是情，而这个情也是心的外在表现，"心统情"。所以，在这个意义上，"心统性情"。

七、陆王心学中的"心"概念分析

在陆王心学中，"心"是最重要的概念。陆九渊提出"心即理"的命题，他说："人皆有时心，心皆具是理，心即理也。"（《陆九渊文集》卷十一《与李宰》）以理来解释心。王阳明在此基础上进行了发展，构建了完整的心学体系。那么，在王阳明的哲学体系中，"心"的概念又具有什么意义呢？

王阳明和朱熹一样，都认为心不是物质存在，知觉与心密切相关，人之所以能够知觉是因为人有心。他说："心不是一块血肉，凡知觉处便是心。如耳目之知视听，手足之知痛痒，此知觉便是心也。"（《传习录》卷下）如何证明心的存在，就是因为人有知觉。"知觉"包括人的各种感觉、知觉、情感、意识、动机等心理现象。和朱熹一样，他也认为知觉最大的特征就是灵明。"先生曰：'尔看这个天地中间甚么是天地的心？'对曰：'尝闻人是天地的心。'曰：'人有甚么教做心？'对曰：'只是一个灵明。'曰：'可知充塞天地中间只有这个灵明。'"（《传习录》卷上）但王阳明在这里混淆了实体与功能、现象与本质的关系。如果人们能够知觉事物，那么必然预先存在能够让人感知某物的实体性的东西。而人们确实能知觉事物，所以，必然存在能够让人产生知觉的东西。知觉是这个东西的功能和表现，而能够产生知觉的东西就是心。所以不能将作为心之功能的知觉等同于作为实体的心。

同样，他也认为心是身的主宰。"心者身之主宰，目虽视，而所以视者心也；耳虽听，而所以听者心也；口与四肢虽言、动，而所以言、动者心也。"（《传习录》卷下）人眼睛能够看见，耳朵能够听到，并不是耳朵、眼睛自身的缘故，而是因为心的缘故。如果人死亡了，即便有眼睛、有耳朵一样也看不见、听不见，所以心主宰着身体的其他感觉器官。这个理解也没有超出朱熹对心的认知范围。

但是与朱熹不同的是，他认为"心即理"。他说："心即理也。此心无私欲之蔽，即是天理，不须外面添一分。以此纯乎天理之心，发之事父便是孝，发之事君便是忠，发之交友、治民便是信与仁。"（《传习录》卷上）当我们的心灵没有被私欲遮蔽的时候，我们依据自己的心去行动，我们的行为就是天理。"此心若无人欲，纯是天理，是个诚于孝亲的心，冬时自然思量父母的寒，便自要去求个温的道理；夏时自然思量父母的热，便自要去求个清的道理。这都是那诚孝的心发出来的条件。"（《传习录》卷上）当我们的心灵没有被私欲遮蔽的时候，我们必然能够知道是非善恶，能够去恶从善。所以，道德知识不是外在的，而是内在于心灵中的。当我们没有被私欲障碍时，我们的良知就呈现出来："知是心之本体。心自然会知。见父自然知孝，见兄自然知弟，见孺子入井，自然知恻隐。此便是良知。"（《传习录》卷上）

总之，王阳明认为心就是我们天生所具有的能够辨别善恶的认知能力，以及能够好善恶恶的情感倾向。这种能力和倾向是心天生就具有的，人们之所以通常会丧失这种能力和倾向，是因为它极容易被人的私欲所遮蔽，所以需要致良知恢复和发展心灵本有的这种能力和倾向。

八、王夫之著作中的"心"概念分析

王夫之对"心"概念的分析也颇有价值。他认为心不是物质性的存在，他说："风雷无形而有象，心无象而有觉，故一举念而千里之境事现于俄顷，速于风雷矣。心之情状虽无形无象，而必依所尝见闻者以为影质，见闻所不习者，心不能现其象。"（《张子正蒙注》卷三《诚明》）唯一能够确认心存在的证据就是我们的知觉。这个知觉在他这里就是我们对外在事物的感觉印象，它能够存在于我们的大脑之中，如我们能够想象得到，经历过的千里之外的地方发生的事情一念之间就可以显现在我们的脑海中。

但是王夫之认为我们对外部事物的认知，仅仅依靠心是不够的。我们对事物的感觉印象，依赖于我们对事物的见闻，如果没有见闻，这些东西的形象就不可能显现在我们的心中。因此，他说："内心合外物以启觉，心乃生焉……故人于所未见未闻者不能生其心。"（《张子正蒙注》卷九《可状》）心能够认知外物还依赖于我们对外物的感觉经验，如果没有感觉经验，心不可能产生对外物的印象。之前朱熹和王阳明都过分强调心对其他感觉器官的主宰作用，而忽略了这些感觉器官对于心的重要意义。而王夫之正是意识到了这一点，他说："一人之身，居要者心也。而心之神明，散寄于五藏，待感于五官。肝、脾、肺、肾、魂魄，志思之藏也，一藏失理而心之灵已损矣。无目而心不辨色，无耳而心不知声，无手足而心无能指使，一官失用而心之灵已废矣。其能孤扼一心以绌群用而可效其灵乎？"（《尚书引义》卷六《毕命》）这里，王夫之肯定了心对于身的主宰意义。但是心的作用是散布于五官之中。依赖于五官，心的认知作用才能得到发挥，如果没有眼睛、耳朵、手足等器官，那么心的认知功能便不会存在。这纠正了之前学者重心而忽视其他身体器官的作用的看法。

第四章

儒家核心道德话语分析

在上一章中，我们就儒家道德形而上与知识论相关的核心概念进行了分析。在这一章中，我们将对儒家道德规范中的核心概念"仁""义""礼""圣人"采用语义分析和概念分析的方法进行分析。一方面，采取语义分析的方法，利用语义学中的并置理论、语义场理论、语义结构学理论等分析上述概念在不同语义层次上的意义；另一方面，采用概念分析的方法，分析上述概念的构成要素及其与相关概念的关系，揭示这些概念的本质特征。进而为正确使用这些概念提供指南。

第一节　"仁"概念的分析

学界对儒家"仁"概念的研究可谓汗牛充栋，十分丰富。但是从分析的视角去研究，特别是运用语义分析的方法研究"仁"概念的则很少见。在这一章中，笔者将尝试根据语义学的相关理论分析"仁"概念。通过考察与"仁"经常搭配的词、"仁"的同义关系、反义关系以及上下义关系，在词与词的关系中理解"仁"的意义。接下来，笔者将围绕孔子、孟子等人对"仁"的论述展开分析。

一、《论语》中"仁"概念的分析

（一）仁与人

从词语搭配的角度分析，在《论语》中，"仁"一词经常与"人"以及与人相关的词搭配使用。找不到"仁"与表达"某物"的名词搭配的情况，无论这"物"是非生命体还是非人类生命体。这反映了孔子使用"仁"概念的基本边界。孔子从来没有用"仁"描述非人类的动物，评价一个动物是仁还是不仁的，也没有用它来描述超自然力量，如天、鬼神是仁的还是不仁的。"仁"是被用来描述人的，说一个人是仁的还是不仁的。

但问题在于，如果"仁"一词是用来描述人的，那么它描述的是现实的人还是理想中的人？通常学界认为孔子讲的仁人是一个理想的道德人格，而非现实的具体的人。但是如果我们进一步分析发现可能并非如此。孔子认为仁者存在于真实的历史中，他说殷有三仁（微子、箕子、比干），管仲、尧舜禹等也是仁者。仁者也存在于当下的现实生活中，例如在他看来，他身边的得意弟子颜回就是一个仁者（三月不违仁）。而且在孔子看来，"仁者"不是稀有的难以企及的一类人，不一定是要达到很高的道德境界才算是仁，它也完全可能存在于普通人中。孔子说："巧言令色，鲜矣仁。"（《论语·学而》）他倾向于识别普通人是不是仁者。这说明仁者并非是虚构的理想人格。

孔子始终比较关注的一个问题是，如何识别现实生活中的某类人是否属于仁者。例如，"刚毅、木讷，近仁"。（《论语·子路》）"唯仁者，能好人，能恶人。"（《论语·里仁》）"巧言令色，鲜矣仁。"（《论语·学而》）"人之过也，各于其党。观过，斯知仁矣。"（《论语·里仁》）这些论述事实上是围绕"生活中的哪些人可能是仁者"这一问题展开的。孔子回顾自己的人生经验，发现那些性格刚毅、不善言谈的人比那些夸夸其谈的人更接近于仁者；那些爱憎分明的人比那些被所有人都称赞的人更可能是仁者；那些说着讨好奉承别人的话的人更可能不是仁者。他是在经验层面描述仁者的特点，希望他的学生能够识别现实生活中的仁者与不仁者，去亲近仁者，远离不仁者。

因此，我们认为，仁首先是一个经验性的概念，是对现实的人的一种描述和刻画，或者说是对某些人道德属性的一种描述。在孔子的观念世界中，仁者起初不是高高在上的理想人格，而是广泛存在于现实世界中的。孔子将具有某种共同特征的人通称为"仁者"；其次，孔子对现实及其历史中存在的这种"仁者"给予高度的肯定和赞赏，认为这类人是其他人应该效仿的榜样，是道德典范。因此，也可以说，在孔子的观念中"仁"的概念不是被建构的，而是经历了一个被发现——被识别——被描述——被推崇的过程，基于现实而超越现实，先现实后发展成为的一种理想人格。

如果在《论语》中，"仁"一词被用来描述人，那么它在描述人的什么属性，行为、心灵抑或美德？第一种观点认为，"仁"一词描述的是人的行为的道德性质，是约束、指导人行为的道德规范。例如，"樊迟问仁。子曰：'居处恭，执事敬，与人忠。虽之夷狄，不可弃也'。"（《论语·子路》）"颜渊问仁。子曰：'克己复礼为仁。'"（《论语·颜渊》）"仲弓问仁。子曰：'出门如见大宾，使民如承大祭。己所不欲，勿施于人。在邦无怨，在家无怨。'"（《论语·颜渊》）在这里，"仁"显然指向的是人的行为，特别是符合礼的行为。

"仁"似乎意味着在具体情境中应该做出某个具体的行为。但是这里不是在用"仁"刻画某个行为，而是在表达一个人如何成为一个仁者，或者说一个人成为仁者需要做些什么，它是在描述一个真正的仁者是什么样子，他在待人接物、言行举止方面有什么具体的呈现。所以，不是"仁"一词在描述行为，恰恰相反，是这些行为是仁者的生动展示。当然，仁者的行为是仁者的反映，但是这种反映并不总是与仁者一致的。孔子认为很难通过一个人的行动判断这个人是不是仁者。所以，在论述"仁"时，孔子不是说一个人的行为是不是仁的，而是说一个人是不是仁的。因此，不能将"仁"简单视为约束或指引行为的一种道德规范。

第二种观点认为，"仁"一词描述的是人的心灵的道德状态，是心之德。如"子曰：'回也，其心三月不违仁；其余，则日月至焉而已矣'。"（《论语·雍也》）朱熹解释："仁者，心之德。心不违仁者，无私欲而有其德也。"（《四书章句集注》）朱熹强调，是心不违仁，而非行不违仁，是心灵合乎道德的状况，而非仅仅是行为合乎道德的状况。孟子也用恻隐之心解释仁，将仁视为一种源于心灵的美德。但尽管如此，也不能说仁全然与行为没有任何关系，就像"智者""勇者"一样，如果一个号称是智者的人在行动中却从没有做出一件智慧的事情，相反做了不少愚蠢的事情，那么我们也不会称呼这个人是智者。我们称呼一个人是"智者""勇者"，不仅与心灵相关，也与行为相关。因此，称呼一个人是仁者，除了与这个人的心灵状况相关外，与他的行为也是密切相关的。

因此，当我们说一个人是仁者的时候，不仅意味着他的心灵是仁的，而且也意味着他有相应的符合仁的行为，并且这种心灵状态和行为状态是稳定的，甚至是像性格一样的状态。所以在孔子看来，如果一个人成为仁者，意味着他一生都是这样的人。因此，更好的解释是，"仁"一词描述的是某些人所拥有的稳定的持久的道德属性，也就是美德。这一点，可以从仁者与智者、勇者的对比中说明。

子曰："不仁者，不可以久处约，不可以长处乐，仁者安仁，知者利仁。"（《论语·里仁》）

子曰："知者乐水，仁者乐山。知者动，仁者静；知者乐，仁者寿。"（《论语·雍也》）

子曰："知者不惑，仁者不忧，勇者不惧。"（《论语·子罕》）

在这里，"仁者"与"知者"作为一组相对的词，是并列的关系。这意味着它们是对人类社会中两类人的描述。如果说孔子用"知者"来刻画社会中一类有智慧的人，那么"仁者"就是在刻画另外的一类人，不存在一类人隶属于另外一类人的情况。尽管孔子更提倡仁者，但是不能说仁者涉及的范围更广、地位更高，只是这些人所拥有的美德的性质不同而已，至少在此处"仁"表达的是这样的意思。所以，那些认为仁德高于或者涵盖其他美德的观点是值得商榷的。

如果这样，那么一个具有"仁德"的人究竟是什么样子？根据日常的经验，在现实社会中，的确存在一些有智慧的人，孔子将其称为智者，也存在一些特别勇敢的人，孔子将其称为勇者。除此之外，在社会中更存在一类人：善良的、仁慈的或者说富有同情心的人，我们暂且用这样的词来描述。这类人在任何人类社会中都普遍存在，古今中外，莫能例外。这类美德是所有美德中被认为最基本、最核心的美德，孔子不可能不知道。因此，有理由推测，一个具有仁德的人，刻画的是现实生活中善良的、仁慈的或者说富有同情心的这一类人。孔子只是用"仁"一词来称呼这一类人而已。与勇敢的人、智慧的人相比，孔子更希望人们成为一个善良的人。许多证据可以支持这一观点。

孔子看到马棚发生火灾，首先急切地询问有没有伤到人。孔子说："未有小人而仁者也。"（《论语·宪问》）"小人"与"仁者"是一对相对的词汇，小人是自私自利的精于算计的人，对他人的疾苦缺乏同情，一个仁者不是这样的人。同样，孔子认为管仲是一个仁者，是因为他的行为避免了无辜百姓的流血牺牲。宰我认为三年之丧太久，孔子谴责他不仁，是说他对待父母不够仁慈。一系列的证据都表明，孔子心目中的仁者是善良的、仁慈的，特别能够关心百姓疾苦的人。孟子对"仁"的解释，也正好印证了这一点，孟子说的仁术就是无伤，用"不忍人之心""恻隐之心"来解释"仁"，正好进一步说明一个仁者是这样的人。

因此，通过对"仁"一词的语义分析，可见，"仁"一词首先是被用来描述现实生活中具有某种道德属性或美德的人，这种美德用现代的话来说就是仁慈、善良或富有同情心，用孔子的话说就是爱人。换言之，在孔子看来，仁者从不是一个高高在上、遥不可及的人。如果一个人是善良的、仁慈的或富有同情心的，那么孔子会认为他就是一个仁者。

（二）仁与仁政

但需要注意的是，"仁"一词在《论语》中除了与"人"搭配作形容词外，还与"道"或"政"等词搭配，如仁道、仁政。这个概念在后来孟子这里得到了充分的表达，尽管在《论语》中没有详细地表达出来，但是无论从孔子一生的行动来看，还是从相关的论述来看，仁政依然是孔子所努力追求的目标。

孔子奔波一生，致力恢复周礼，实现周礼，然而孔子并非完全是一个复古派，他认为礼是可以根据时代的改变而改变的，他真正希望人们遵守周礼，是因为这样做可以结束混乱的社会秩序。他厌倦了几百年以来，诸侯国连年征战，臣弑君，子弑父，百姓颠沛流离的社会局面。他本质上和孟子一样，期待统治者能够放弃战争，减少苛捐杂税，仁慈地对待百姓。下面的证据便可说明这一点："民之于仁也，甚于水火。水火，吾见蹈而死者矣，未见蹈仁而死者也。"（《论语·卫灵公》）这句话说明百姓对"仁"的急切渴求甚至超过了对水火的需要。显然，这不是说百姓渴求自己成为一个仁慈的有同情心的人，而是渴求统治者能够停止战争，减少苛捐杂税，仁慈地对待人民。

孔子又说："知（智）及之，仁不能守之，虽得之，必失之。知及之，仁能守之，不庄以莅之，则民不敬。知及之，仁能守之，庄以莅之，动之不以礼，未善也。"（《论语·卫灵公》）统治者只有以"仁"的方式对待百姓，才能守住国家。管仲的仁就是仁政意义上的仁。又如，"子贡曰：'如有博施于民，而能济众，何如？可谓仁乎？'子曰：'何事于仁，必也圣乎！尧舜其犹病诸'。"（《论语·雍也》）同样，这也只有在仁政意义上而言才可以更好地得到解释。一个符合仁道的统治者不能仅仅追求一己之安乐，还应当考虑百姓的安危，广泛施舍，救助那些身处困境的百姓。

综上所述，孔子用"仁"一词表述具有美德的一类人，这种美德的核心意义就是"爱人"，即孔子希望每个人都成为一个"爱人"的人，即善良、仁慈而富有同情心的人。

当然，用"爱人"解释"仁"也是学界的一个普遍观点。如黄怀信坚信《论语》中的"仁"一词只有"爱人"这一个含义，其他意思都是对孔子之仁的误读或者一种错误，他揭示了九处他认为对《论语》注释有错误的地方，认为"仁"为"人"之误写，而"仁"作为一种品行，其内涵实质就是爱人——关爱他人。① 尽管这一点在学界已经得到承认，但是在如何理解"爱人"上，却存在分歧。

第一个分歧是孔子的仁是普遍之爱还是差等之爱。一般认为，儒家的爱人是差等之爱。如郭齐勇认为，孔子之爱人，不是像西方博爱的那种对所有人都平等的爱，而是有区别的爱，这种爱源自父母对我们最无私的亲爱的体会和反哺。但是也有观点认为，仁更多地强调的是普遍性的爱，差等只是爱的实现途径。如韩愈就用博爱定义仁。赵敦华也认为孔子的仁是内在的道德原则，是自立立人的"金律"与"己所不欲，勿施于人"的"银律"相结合的道德准则。就说明了这种爱的普遍性。

对于这个分歧，笔者认为这是由于视角的偏差而产生的虚假问题。在孔子的观念中，他不会认为这是一个问题。孔子希望我们是一个仁慈善良的人，这样的人，无论在对待父母还是对待他人时，都是仁慈

---

① 黄怀信.《论语》中的"仁"与孔子仁学的内涵［J］. 齐鲁学刊，2007（01）：5-8.

善良的。否则只对父母或只对他人仁慈善良，都不算是一个真正仁慈善良的人。当父母和他人都需要我们关怀和帮助时，我们当然优先考虑父母，这符合人的本性。但是这并不意味着我们不会仁慈地对待他人，在能力和条件允许的情况下，一个善良的人也会考虑他人。这种"差等"不是必然的规定性的，而是基于具体情境和情感的差异自然出现的。在某些情况下，比如在搀扶母亲走路与救助溺水儿童之间，孔子自然不会固执地主张对儿童的境况熟视无睹。所以，严格意义上讲，"差等"不是等距离的差异，而是基于具体情境和自然情感而产生的合理行为。

第二个分歧是爱人的最终诉求是自己还是他人，是以自我为中心还是以他者为中心。常见的观点认为仁反映的是以他人为重、他人优先的利他主义的道德价值取向。如陈来在《仁学本体论》中指出："仁是两人以上的关系，是两人之间以及两人以上的非亲属性的亲爱关系。是他者优先的人道主义。"① 陈开先也认为孔子仁学思想以道德个人主义为支点，倡导一种以生命契合为主要特征的人际伦理，追求一种以社会和谐为主要价值取向的社会政治秩序。② 但是也有学者对此提出质疑，梁涛从字源出发，认为郭店竹简中被写作"上身下心"的"悬"是"仁"字本形，据此他对仁做出了不同于"从人从二"的理解，认为仁首先指代人，是人之为人的根本；仁的内容是"成己"和"爱人"，表现为自觉向上的实践超越过程；仁是个人成人成圣的途径。"从人从二"的训释虽然也反映了仁的基本内涵，但是存在基本的偏颇：一是将仁人际化；二是认为仁主要是指爱他人。③

对于这个分歧，我们认为，因为孔子希望的人是一个善良的、仁慈的、富有同情的人，而这样的一个人，首先不可能是自私的、以自我为中心的。孔子不会这样想，我同情和帮助你不是以你为目的的，对于你的苦难，我的同情只不过是实现我成为一个善良的人的工具。如果一个人是这样想，那么他在根本上也算不上是一个真正爱人的人。

---

① 陈来. 仁学本体论 [M]. 北京：生活·读书·新知三联书店，2014：34.
② 陈开先. 孔子仁学思想及其现代意义 [J]. 孔子研究. 2001 (2)：47.
③ 梁涛. 郭店竹简"悬"字与孔子仁学 [J]. 哲学研究，2005 (05)：46.

伍晓明的观点就印证了这一点，他通过对《论语》中"爱"一词的语义分析，认为："孔子的'爱人'应该被理解为对于人——对于他人或者他者——的根本关切。"[1] 孔子赞扬那些在生活中能够关心他人疾苦、对他人持有同情心的人，不希望我们成为自私自利的人。当然，"爱人"有消极层面的"己所不欲，勿施于人"，自己不愿意做的事情，就不要强迫别人去做；也有积极层面的"己欲立而立人，己欲达而达人"，积极地帮助别人，"博施济众"。所以一个仁者是从根本上关切他人的人。

但是一个仁者也并非完全是没有自我的人，虽然不将爱人作为实现自我的目标，但是孔子强调在爱人的基础上，自然就会成为仁人。美国汉学家郝大维、安乐哲更好地表达了这一观点，认为孔子的"仁"与"人"有共同的定义，"人"与"仁"是同一词汇的不同层次。安乐哲、罗思文在其著作《论语》的英译本中，将"仁"主要理解为"人"。他们认为《论语》中绝大部分的"仁"都可以用"人"来代替，人是孔子论仁的内在本质，仁是人之为人的特点和精神。他们认为"从人"到"成人"再到"仁人"的转变是一个开放的、持久的过程，是个体不断自我创造、自我超越的过程。而另一方面，仁的修养还需要在人际交往中展现，从人到仁的转变是历史与现在、自我与他者彼此交融和影响的过程，因而仁是一个关切他人、关切所有人的整体性词汇。尽管仁是关涉他人的，但是关涉他人只是当作自我实现的手段存在。

综上所述，孔子用"仁"一词来描述一类人并且希望更多的人成为这样的人：善良、仁慈、富有同情心的人。这样的人不仅重视道德修养，更重要的是对他人的福祉有着深刻的关切，有以他人为重的强烈意识，不会将自己不愿意的东西强加于他人，能够积极地帮助他人，这样的人就是"仁者"。

---

[1]　伍晓明."爱（与）（他）人"——重读孔子的"仁者爱人"[J].中国文化研究，2003（04）：79.

二、《孟子》中"仁"概念的分析

在《孟子》中,"仁"也是核心的道德话语,孟子在孔子的基础上对"仁"的概念作了进一步的发展。

(一)仁与心

如果在孔子的观念中,一个仁者是一个爱人的人,那么在孟子看来,还不止这些。因为任何人都可能表现出善良的一面,但这种善良有可能是伪装的、表演性的或者虚假的。所以孟子认为,一个真正善良的人必定与一个人的"心"密切相关。正如我们在上一章所讲的,孟子说的"心"是指人体的器官,这种器官不仅具有思维的功能,也具有情感的功能。"心"的思维功能体现在心具有自我反思的能力,能够依靠自身的能力判断是否善恶上。在孟子看来,心更具有情感的功能,特别是我们的恻隐之情。任何一个人在目睹别人遭受苦难时,都会产生自然的同情恻隐之情,这是仁的源泉或端倪,是仁的初始状态。"恻隐之心,仁之端也。"(《孟子·公孙丑上》)

在孟子这里,同情与仁有密切的联系,这也是和孔子的一个重要区别。孔子并没有强调同情在仁的概念中的重要意义,没有说同情是构成仁的内在要素。但是孟子则不同,在孟子看来,如果一个人是仁者,那么他必定是一个富有同情心的人,仁者在面对他人的苦难时,自然能够同情他人和帮助他人。所以,在孟子的"仁"的概念中,"同情"是其中一个重要的要素。其次,孔子没有清楚表明,仁是内在的还是外在的问题,而孟子对这个问题有着清楚的回答。他指出,"仁"源自心,是心的一种功能,就像说话之于嘴巴,听力之于耳朵一样。所以,在孟子看来,如果一个人没有成为一个仁者,那么就是对他天赋能力的一种浪费。也就是说,如果一个人是仁者,那么也就意味着他的心的功能得到了实现。因此,成为仁者不是外在的要求,是人性的自然发展,是人心灵功能的实现。或者说在孟子这里,仁有不同的存在状态,既有未实现的萌芽状态,也有实现后的成熟状态。但是在孔子这里,仁的状态与时间上的持续有关,有坚持几个月的,也有坚持几天的。

（二）仁与政

当我们说仁的时候，要注意区分是谁对谁仁的问题。在孟子看来，君对民的仁与民对民的仁是不同的。具体体现在以下几个方面：

第一，孟子认为，对于一个国家和社会而言，君王仁不仁比普通人仁不仁更为重要。"君仁莫不仁，君义莫不义，君正莫不正。一正君而国定矣。"（《孟子·离娄上》）君主的仁在很大程度上影响着其他人的仁与不仁，对于整个社会风气起着引领和导向作用。正如《大学》中说："尧舜率天下以仁，而民从之；桀纣率天下以暴，而民从之。其所令反其所好，而民不从。"

第二，孟子区分了君主的仁与普通人的仁，君主的仁是公德，普通人的仁是私德。孟子认为，一个君主是不是仁与自身的个人私德没有必然关系。齐宣王对孟子说，自己有三个道德缺陷：一是贪财，二是好色，三是好勇。孟子却不以为然地说，这些都是无关痛痒的小毛病。如果君主能够让天下百姓都衣食无忧，那么贪财也无妨；如果君主能够让天下百姓都"内无怨女，外无旷夫"，男女都有合适的婚配，那么好色也无妨；如果君主能够安定天下秩序，让百姓免于战乱，那么好勇也无妨。可见，在孟子看来，一个君主的仁不是体现在他个人的私德上，而是集中体现在他对待百姓的态度和行为上。

第三，君主之仁与普通人之仁的实现方式不同。普通人只需要亲爱身边的人，就可以算是一个仁者，但是对于一个君主则不行，他不仅需要有"不忍人之心"，更需要实施"不忍人之政"。孟子说："人皆有不忍人之心，先王有不忍人之心，斯有不忍人之政矣。以不忍人之心，行不忍人之政，治天下可运之掌上。"（《孟子·公孙丑上》）有"不忍人之心"，但是却没有"不忍人之政"，那么这个君主也不能算是一个仁君。君主之仁的最终体现是基于仁心的仁政。这些仁政包括一系列的政治、经济和文化的具体改革措施。如在经济方面，孟子主张君民共享自然资源，救济社会中的弱势群体，减免百姓的各种政治经济负担，坚持以民为本。这些都说明，君主的仁需要落实到百姓身上，让百姓安居乐业。

（三）仁与孝、爱

孔子重视"泛爱众"的普遍之仁，也重视基于血缘亲情的孝道。

但是正如白奚所言："孔子对普遍的人类之爱的强调和对基于血缘亲情的孝的重视，实际上已经接触到仁爱观念的层次性这一问题了。然而孔子是爱与孝并重，在他那里，亲、仁、爱三者的对象是笼统的，界限是模糊的，仁的层次性还没有揭示出来，仁爱的对象和范围还没有明确的递进和扩展。"① 但是在孟子这里，这些问题得到了一个比较清楚的回答。孟子解释了仁、孝与爱之间的关系。

首先，就仁和孝的关系而言，孟子说："仁之实，事亲是也。"（《孟子·离娄上》）朱熹解释说："仁主于爱，而爱莫切于事亲……故仁义之道，其用至广，而其实不越于事亲从兄之间。盖良心之发，最为切近而精实者。"（《四书章句集注》）仁虽然不止于事亲，但是事亲却是一个人仁爱情感最真实最自然的体现。孟子说："未有仁而遗其亲者。"（《孟子·梁惠王上》）一个真正的仁者不可能会遗弃自己父母的。他甚至以孝顺父母来解释仁："亲亲，仁也。"（《孟子·尽心上》）所以，在孟子看来，如果一个人是仁者，那么他必定是一个孝顺父母的人，因为这符合人的自然情感。

其次，就仁和爱的关系而言，"君子之于物也，爱之而弗仁；于民也，仁之而弗亲。亲亲而仁民，仁民而爱物。"（《孟子·尽心上》）孟子在这里根据所爱对象的差异，认为爱有程度上的不同。第一，孟子认为，不能用对人的态度对待物，如果这样，就混淆了人与物的界限，将人贬低为物，孟子显然认为人是高于万物的。对于"物"的态度是"爱"，这里的"爱"主要是爱惜养育的意思。正如赵岐解释："物，谓凡物可以养人者也。当爱育之，而不如人仁，若牺牲不得不杀也。"第二，孟子指出对待百姓的态度是"仁"，这不同于对待物的态度。虽然我们爱惜某个东西，如精心养育家禽，但是人为了生存可以杀害动物，但是却不能以此为由杀害人。如果用对待动物一样的爱来对待人，就像孔子说的，"至于犬马，皆能所养，不敬，何以别乎"（《论语·为政》），我们就无法区别人与动物的界限。第三，对待民的态度也不同于对待父母的态度。如果以对待父母的态度同等地对待百

---

① 白奚. 孟子对孔子仁学思想的推进及其思想史意义［J］. 哲学研究. 2005
（3）：40.

姓，在孟子看来，这不仅不符合人类的自然情感，也不具有现实性。正如孟子批评墨家的兼爱是无父无母的禽兽学说。因此，虽然同样是仁，但是层次不同。

孟子说："亲亲而仁民，仁民而爱物。"（《孟子·尽心上》）从亲爱父母到仁爱百姓再发展到爱惜万物，这是恻隐之心逐渐发展递进的过程。仁的这种差异性与其说是孟子规定的，不如说是孟子发现的，他认为这是符合人性发展的自然之道。

综上所述，根据孟子的意思，一个人是不是仁者，与这个人的政治身份有关：如果这个人是统治者，那么他是仁者，当且仅当他能够基于"不忍人之心"，行"不忍人之政"，即仁政；如果他是普通百姓，那么他是仁的，当且仅当他对父母是孝的，并且他能够同情身边的人。

三、董仲舒著作中"仁"的概念分析

仁和爱人是什么关系？孔孟都没有将这个问题解释清楚。董仲舒清楚地说明了它们的关系："仁者，爱人之名也。"（《春秋繁露·仁义法》）二者是实与名的关系，爱人是仁的实质，仁是爱人的名称。爱人是仁的本质性内涵。

孔子也说"仁者爱人"，不过董仲舒在此处说的"爱人"与孔子并不完全相同。孔子说"仁者爱人"，但是事实上，这里的"人"并不是所有的人，那些孔子所厌恶的人，道德上有重大缺陷的人就不包括在里面。孔子说"泛爱众"，孟子说"仁民"，孔孟虽然也说普通人的仁，但是在更多的时候，他们所指的仁是统治者对民众的仁。民是仁的对象，仁主要是君之德。所以，仁还不是一种普遍意义上的美德。但是董仲舒不同，他说"仁者，所以爱人类也"（《春秋繁露·必仁且智》）。他在这里认为仁就是爱人类，仁的对象是一个"类"——人类。"仁也者，仁乎其类也。"（《春秋繁露·爱类》）这与孔孟有重大区别。爱一个"类"与爱一个"具体的人"并不是一回事：爱一个具体的人，并不一定就会爱人类。爱某个类是相对于其他类而言的，爱某个人是相对于其他人而言的。

更重要的是，这一定义也回答了爱的直接原因，因为这个类是人类，所以才爱。是不是人类是爱不爱的原因。所以在董仲舒这里，他

并没有像孟子那样，强调仁爱是有差等的。因为是否爱某个对象，与对象和自己的亲疏远近没有必然关系，仅仅与对象是不是人类有关系。当然，这并不意味着董仲舒认为非人类就不应该爱。所以，董仲舒这里的"仁"是普遍意义上的爱人类。

但是董仲舒又认为，虽然爱人类是仁的实质，但是一个真正的仁者又不能止于此："质于爱民，以下至于鸟兽昆虫，莫不爱。不爱，奚足谓仁？"（《春秋繁露·仁义法》）一个真正的仁者自然会爱护一切生命，这是仁的推演。在爱动物与爱人之间，爱人才是仁。"仁于他物，不仁于人，不得为仁。不仁于他物，独仁于人，犹若为仁。仁也者，仁乎其类者也。"（《春秋繁露·爱类篇》）也就是说，如果一个人爱动物而不爱人，那么他肯定不是一个仁者，一个人不爱动物，但是却很爱人，那么他可能是一个仁者。所以，仁的核心内涵是爱人类而非爱动物。

董仲舒对"仁"的解释可能影响了韩愈。韩愈在《原道》中就以博爱论仁。他说："博爱之谓仁，行而宜之之谓义，由是而之焉之谓道，足乎己无待于外之谓德。仁与义为定名，道与德为虚位。"这个思想与董仲舒是一脉相承的。董仲舒说："先之以博爱，教之以仁也。"（《春秋繁露·为人者天》）"博爱"更多的是强调对他人的爱的普遍性和无差别性。包括后来宋明理学的一些学者都继承了"爱人"的这个解释。如周敦颐说："德：爱曰仁，宜曰义。"（《通书·诚几德》）张载说："以爱己之心爱人则尽仁。"（《正蒙·中正》）他们都比较强调仁是一种普遍性的爱。

四、程颐以公释"仁"

但是程颐反对用"爱人"解释"仁"。他说："圣则无大小，至于仁，兼上下大小而言之。博施济众亦仁也，爱人亦仁也。"（《河南程氏外书》卷六）在这里他认为，爱人和博施济众一样，都是仁的一个方面。他说："先生云：初见伊川先生，一日有江南人鲍某守官西京，见伊川问仁曰：'仁者爱人便是仁乎？'伊川曰：'爱人，仁之事耳。'"（《河南程氏外书》卷十二）爱人只是仁的其中一件事情。"谢收问学于伊川，答曰：'学之大无如仁，汝谓仁是如何？'谢久之无入处，一日再问曰：'爱人是仁否？'伊川曰：'爱人乃仁之端，非仁也。'"
（《河南程氏外书》卷十二）他认为爱人是仁的端倪，但并非是仁本身。
所以，他认为爱人不是仁的内涵。"爱则仁之用也"，爱人只是仁一种
的外在表现。

如果"爱人"不是仁，那么什么是仁？程颐明确主张用"公"解
释仁。他说："仁者公也，人此者也。"（《河南程氏遗书》卷九）又
问："如何是仁？"他说："只是一个公字。学者问仁，则常教他将公字
思量。"（《河南程氏遗书》卷九）他在解释"夫仁者，己欲立而立人，
己欲达而达人。能近取譬，可谓仁之方也已"（《论语·雍也》）这句
话时说："尝谓孔子之语教人者，唯此为尽，要之不出于公也。"（《河
南程氏外书》卷四）

"公"如何理解，程颐为什么要用"公"解释仁呢？他在解释孔子
的"唯仁者能好人，能恶人"时阐明了他的理由："仁者用心以公，故
能好恶人。公最近仁。人循私欲则不忠，公理则忠矣。以公理施于人，
所以恕也。"（《河南程氏遗书》卷二）程颐认为，只有用"用心以公"
才能更好地解释孔子的这句话。如果是基于私心喜欢某人，那么这种
喜欢就不能算是仁；如果基于公心厌恶某人，那么这种厌恶也不能算
是不仁。所以在程颐看来，如果简单地将仁理解为爱人是不恰当的。
因为显而易见，我们不会将一个为了自我利益去爱他人的人视为仁者，
孔子当然也不会这样认为。所以，他认为仁必须是建立在公心的基
础上。

但是同时程颐又认为，不能直接将公等同于仁。他说："仁之道，
要之只消道一公字。公只是仁之理，不可将公便唤作仁。公而以人体
之，故为仁。只为公，则物我兼照，故仁所以能恕，所以能爱。恕则
仁之施，爱则仁之用也。"（《河南程氏遗书》卷十五）程颐在这里认
为，公不能等同于仁，公是比仁更高一个层次的原理，人如果能按照
公的原理行动，那么就是在实践仁。在这种关系中，恕和爱是仁的实
践和体现，公心才是根本。只有基于公心，仁才可能得到普遍的实现，
没有偏私的恕和爱才能得到实现。与公心相反的是，如果基于偏私或
偏爱的动机去实践仁，那就不是真正的仁。

对程颐的这一看法，正如陈来教授所评价的："从儒学的仁论来

看，伊川之说并不能全面把握或体现仁，'公'虽然含有普遍而无差别地对待之义，但任何普世原理都要求普遍而无差别地对待，不仅是仁，义、礼、智皆然。'公'虽然重视不要有偏私，但毕竟不是仁的本义。"① 陈教授的评价是中肯的，的确，以公解释仁，可能违背了仁的本意。但是我们认为，正是程颐对"仁"概念的这一发展，才可能使得仁具有成为普世伦理的可能。他纠正了长期以来，理解"仁"概念的一个重要缺陷，即将仁理解为一种差等之爱，正是因为人们认为差等之爱是理所当然的，所以当人们在面对自己亲人与他人的矛盾冲突时，不讲是非曲直，不顾公平正义，偏私地维护自我利益，而且还认为这是合理的。把仁理解为差等之爱，无疑是在鼓励和纵容人自私的生物学本能，鼓励人偏私性的行为。这样，仁将永远不可能成为普遍的道德原则，为其他文明所承认。所以，尽管程颐的改进可能违背了仁的初意，但是这种改进对于"仁"概念的完善是有积极意义的。

不过程颐否认爱人是仁的内涵显然是不合适的。正如陈来教授说："程颐的仁说总是贬低爱的意义，不合于儒学史上的主流仁学，在理论上并不清楚，在伦理上更容易取消仁的实践意义。"② 所以，基于程颐的这个观点，一个比较合理的"仁"的概念应该是公和爱的结合。也就是说，"公"和"爱人"是构成"仁"概念的两个必要条件。如果一个人是仁者，当且仅当他是基于公心而爱人。

五、程颢以"万物一体"解释"仁"

程颢对"仁"的新见集中体现在这里："学者须先识仁。仁者浑然与物同体。""医书言手足痿痹为不仁，此言最善名状。仁者以天地万物为一体，莫非己也。认得为己，何所不至？若不有诸己，自与己不相干。如手足不仁，气已不贯，皆不属己。故'博施济众'，乃圣之功用。仁至难言，故止曰'己欲立而立人，己欲达而达人，能近取譬，可谓仁之方也已'，欲令如是观仁，可以得仁之体。"程颢在这里认为一个仁者是以天地万物为一体，或者浑然与物同体的。这是什么意思

---

① 陈来. 仁学视野中的"万物一体"论（上）. 河北学刊. 2016. 3：3.
② 陈来. 仁学视野中的"万物一体"论（上）[J]. 河北学刊. 2016：4

呢？陈来说："这则语录突出了仁作为精神境界而不是宇宙原理的实体意义，强调仁的精神境界就是与万物为一体的境界。"① 但是不能仅仅将此视为一种精神境界看待。因为精神境界是一种理性的认知状态，而此处的"仁"表达的是能够感受他人情感的共情能力和趋向。

程颢在这里用一个比喻形象地来说明一个仁者是什么样子的。程颢说："仁者无对……医家言四体不仁，最能体仁之名也。"（《河南程氏遗书》卷十一）"人之一肢病，不知痛痒，谓之不仁。人之不仁，亦犹是也。盖不知仁道之在己也。知仁道之在己而由之，乃仁也。"（《河南程氏外书》卷三）就像当我们的手足气血不畅通了、麻木了，我们感受不到手足的疼痛一样，这个手足好像就不属于自己，与自己不相干了。同样，一个不仁的人，在面对他人疾苦时，好像这事与自己完全没有关系，麻木不仁。这就是没有将天地万物视为一体的情况。相反，一个真正的仁者，当面对别人受苦时，能够感同身受，就相当于自己也遭受同样的苦难一样，能够深切体会别人的情绪和痛苦，这样的人就是一个真正的仁者。所以，在程颢看来，构成仁者的必要条件是这个人在道德上必须要有敏感的道德感受能力。一个仁者在道德上是富有同情心、同理心和想象力的人。

仁的实现还需要人们对人与万物关系的理性认知，体认到人与万物一体的道理。"所谓万物一体者，皆有此理。……人只为自私，将自家躯壳上头起意，故看得道理小了它底。放这身来，都在万物中一例看，大小大快活。"（《河南程氏遗书》卷二）程颢认为，人之所以自私，就是因为他们只看得到自己的躯体，而没有认识到自己与宇宙万物的关系。在宇宙中，人只是万物中的一例。另外，要学会识仁。如何识仁？程颢说："万物之生意最可观，此元者善之长也，斯所谓仁也。人与天地万物一物也，而人特自小之，何耶？"（《河南程氏遗书》卷十一）"观鸡雏，此可观仁。"（《河南程氏遗书》卷三）万物的生长足以说明天地具有生生之德，这种德就是仁。通过对日常事物的观察就能够体会到这种天地之仁。所以，陈来认为程颢对仁的理解偏向于境界化和内在化的理解是有一定道理的。

---

① 陈来．仁学视野中的"万物一体"论（上）[J]．河北学刊．2016：3

六、朱熹以"爱之理，心之德"解释"仁"

朱熹批评了二程否认爱人是仁的观点。他说："程氏之徒言仁多矣，盖有谓爱非仁，而以万物与我为一为仁之本体者矣。亦有谓爱非仁，而以心有知觉释仁之名者。今子之言若是，然则彼皆非欤？曰：彼谓物我为一者，可以见仁之无不爱矣，而非仁之所以为体之真也。彼谓心有知觉者，可以见仁之包乎智矣，而非仁之所以得名之实也。……抑泛言同体者，使人含糊昏缓而无警切之功，其弊或至于认物为己者有之矣。专言知觉者，使人张皇迫躁，而无沉潜之味，其弊或至于认欲为理者有之矣。"（《朱文公文集》卷六十七《仁说》）朱熹认为，以万物为一体解释仁的这种观点之所以是错误的，是因为尽管一个仁者可以爱万物，但是这种爱万物只是仁之用，而不是仁之体。仁之体是理，是客观必然的法则，爱万物是理在人身上的呈现。坚持万物一体的观念会导致仁的普遍化、无差异化。第二种用知觉解释仁的观点也是不合理的。因为知觉是一种欲望，而仁在朱熹看来，是客观的外在的理，二者在性质上是不同的。将仁视为一种欲望而不是理来对待，会使仁在实践上变得不确定。所以，在朱熹看来，二程对仁的这两种理解都是不合理的。

如果二程的解释不合理，那么又如何理解"仁"？朱熹说："仁者，爱之理，心之德也。"（《论语集注·学而》）如何理解"爱之理"和"心之德"？

"或曰：若子之言，则程子所谓爱情仁性，不可以爱为仁者非欤？曰：不然。程子之所诃，以爱之发而名仁者也；吾之所论，以爱之理而名仁者也。"（《朱文公文集》）二程以发用为仁，而不是以爱之理命名仁。关于"爱之理"，冯友兰的解释比较到位，他说："'爱之理'并不就是爱，也不是爱的开端，因为'爱之理'是形而上者，爱是形而下者。严格地说，'爱之理'并不爱，因为爱是一种特殊的感觉或行动，而'爱之理'不是任何特殊的感觉或行动，这就如红之理并不红，变之理并不变。可以说爱是热的，爱之理并不热。不但爱之理不热，热之理也不热。"① 所以，尽管朱熹反对将仁解释为爱人，但是实际上，他也不赞同将爱人直接等同于仁，一个仁者不一定是爱人的，而是一个懂得爱人的原理，基于此爱人的人。

关于"心之德"，朱熹有一个自己的详细解释。他说："天地以生物为心者也，而人物之生又各得夫天地之心以为心者也，故语心之德，虽其总摄贯通，无所不备，然一言以蔽之，则曰仁而已矣。……此心何心也？在天地则块然生物之心，在人则温然爱人利物之心。"（《朱文公文集》卷六十七）天地以生养万物为心，人与万物能够得以生，皆来自天地的这种生生之心，而人也分享了天地的这种生生之心。如果说，这心在天地就是生养万物之心，那么在人身上就是爱人利物之心，就是仁德。所以说仁是心之德。这从形而上的角度解释了仁何以是心之德。如果仁是心之德，那么意味着一个人是不是仁者，不是取决于行为，而是取决于行动所基于的心。

朱熹在解释"仁"时，还特别区分了"仁"与其他德目的关系。在先秦儒家思想中，"仁"与其他德目主要是并列的关系：一个人是智者或勇者，但是未必就是仁者。但是在朱熹这里，他首先区分了狭义上的仁与广义上的仁。他说："恰似有一个小小底仁，有一个大大底仁。'偏言则一事'，是小小底仁，只做得仁之一事；'专言则包四者'，是大大底仁，又是包得礼义智底。若如此说，是有两样仁。"（《朱子语类》卷六）狭义上的仁和先秦关于"仁"的论述是一致的，是和"义礼智信"等美德并列的一种美德。广义上的仁是全德之称，包括义礼智信在内。朱熹在更多的时候讲的仁是广义上的仁。

在仁与五常的关系上，朱熹说："百行万善总于五常，五常又总于仁。"（《朱子语类》卷四）朱熹认为所有的美德最终都可以还原为仁义礼智信这五种美德，而这五种美德最终又可以还原为仁。所以他说："仁则为万善之首，义礼智皆从这里出尔。"（《朱子语类》卷九十五）仁德在所有美德中居于首位，义礼智信等都可以还原为仁德。

在仁与四德关系上，他同样说："仁义礼智，便如四柱，仁又包括四者。"（《朱子语类》卷九十五）这里他明显区分了两个层次的仁，

---

① 冯友兰．中国哲学史［M］．北京：商务印书馆，2020：208.

即作为仁义礼智美德之一的仁与作为总体上的道德之名的仁。他说："仁之包四德，犹冢宰之统六官。"（《朱子语类》卷九十五）在这里，他认为仁与其他德类似于统治与被统治、支配与被支配的关系。在另外的地方，他又认为它们是体用上的关系："仁对义、礼、智言之，则为体；专言之，则兼体、用。"（《朱子语类》卷六）同时他又认为四德就是仁。他说："仁，浑沦言，则浑沦都是一个生意，义礼智都是仁。"（《朱子语类》卷六）"得此生意以有生，然后有礼智义信。以先后言之，则仁为先；以大小言之，则仁为大。"（《朱子语类》卷六）在这里，朱熹解释了仁的本质意义是"生"，让一切生命得以生存和养育。在这个意义上，其他美德都可以视为是仁。总之，在朱熹看来，广义上的仁就相当于我们今天的"善"或者"道德"的概念，它的外延十分广阔，包括了所有的美德和善行。

七、王阳明以"万物一体"解释"仁"

王阳明讲的仁是天地万物为一体的仁。他说："夫圣人之心以天地万物为一体，其视天下之人无外内远近，凡有血气，皆其昆弟赤子之亲，莫不欲安全而教养之，以遂其万物一体之念。天下之人心，其始亦非有异于圣人也，特其间于有我之私，隔于物欲之蔽，大者以小，通者以塞，人各有心，至有视其父子兄弟如仇仇者。圣人忧之，是以推其天地万物一体之仁，以裁天下，使之皆有以克其私去其蔽，以复其心体之同然。"（《传习录》卷中）这里讲的天地万物一体之仁，最显著的特点是强调仁爱的普遍性和无差别性。一个仁者对天下的人，没有远近、内外、亲疏、贵贱之别，凡是有生命的，都应该视为自己的兄弟、子女、父母来对待。这超越了先秦儒家差等之爱的概念。那么如何理解这种"一体之仁"呢？

王阳明说："大人者，以天地万物为一体者也，其视天下犹一家，中国犹一人焉。若夫间形骸而分尔我者，小人矣。大人之能以天地万物为一体也，非意之也，其心之仁本若是，其与天地万物而为一也。岂惟大人，虽小人之心亦莫不然，彼顾自小之耳。是故见孺子之入井，而必有怵惕恻隐之心焉，是其仁之与孺子而为一体也；孺子犹同类者也，见鸟兽之哀鸣觳觫，而必有不忍之心焉，是其仁之与鸟兽而为一体也；鸟兽犹有知觉者也，见草木之摧折而必有悯恤之心焉，是其仁之与草木而为一体也；草木犹有生意者也，见瓦石之毁坏而必有顾惜之心焉，是其仁之与瓦石而为一体也；是其一体之仁也，虽小人之心亦必有之。是乃根于天命之性，而自然灵昭不昧者也，是故谓之'明德'。小人之心既已分隔隘陋矣，而其一体之仁犹能不昧若此者，是其未动于欲，而未蔽于私之时也。及其动于欲，蔽于私，而利害相攻，忿怒相激，则将戕物圯类，无所不为，其甚至有骨肉相残者，而一体之仁亡矣。是故，苟无私欲之蔽，则虽小人之心，而其一体之仁犹大人也；一有私欲之蔽，则虽大人之心，而其分隔隘陋犹小人矣。故夫为大人之学者，亦惟去其私欲之蔽，以自明其明德，复其天地万物一体之本然而已耳；非能于本体之外而有所增益之也。"（《王阳明全书》卷二十六《大学问》）

什么样的人才算是仁的？王阳明用万物一体的概念回应了这一问题。如果一个人是仁的，那么在认知上他应该是这样的：不应该因为自己与他人躯体的间隔，将自己和他人视为不同的存在，而应该将他人视为相当于自身的一部分。如果一个人是仁的，那么当他面对他物时，他的情感不应该是麻木不仁的，而应该是与他人一体的。这种一体的情感是这样的：当一个人在目睹一个孩子即将掉入井里时，自然地产生恻隐同情之心，那么就可以说明他与这个孩子是一体的。如果他听到鸟兽的哀鸣胆怯的叫声，便不忍心伤害或吃它们，那么他此刻的心就是与鸟兽一体的；如果他看到草木被摧残了而产生怜悯之心，那么他此刻的心就是与草木一体的；如果他看到瓦石被毁坏了，而产生爱惜的情感，那么他此刻的心就是与瓦石一体的。所以，在这里王阳明认为，一个人是不是仁的，取决于他的心是否能与万物一体，而与万物一体，不是一个抽象的概念，不仅仅需要理性的认知，还需要情感的感受和培养。当我们对某人某物的不幸遭遇感同身受，有一种同情悲悯的情感时，说明我们就与该人该物一体了。

第二节　"义"概念的分析

"义"作为儒家另一个重要的概念，长期以来也被学界高度重视，但是学者们对"义"概念缺乏足够的哲学分析，它在不同历史时期，不同学者那里，表达的意义究竟是什么，并没有达成共识。基于此，笔者基于语义分析和概念分析的方法，对孔孟的"义"概念展开进一步的分析，以揭示其背后蕴含的道理。

关于"义"，学界通常以"宜"释"义"，认为儒家的义是适宜的意思。但是经过仔细研究发现，这个解释是存在问题的。第一，"适宜"是一个描述性的词，用"适宜"来解释"义"是不正确的，它会使得"义"这个词失去客观性，落到道德相对主义中去。因为"适宜的"这个词是一个与情境密切相关的词语，不同时期、不同对象适宜的标准是不同的。如果我们说一个行为是适宜的，而不考虑该行为发生的时代、地点等背景因素，是没有意义的。但是我们说一个行为是符合义的，则情境性因素不应该是构成义的必要条件。第二，"适宜的"这个词有比较级和最高级，有程度上的差异。例如，张三和李四结婚比较适宜，张三和王五结婚最适宜。但是"义"这个概念是否存在程度上的差异呢？儒家通常会说，一个具有道德意义的行为要么是符合义的，要么是不符合义的。但是儒家不会说，一种行为比另外一种行为更符合义一些。

另外一种观点认为，"义"相当于"应该"的意思，如冯友兰说，孔子认为："义的观念是形式的观念……其形式的本质就是……'应该'"。但是"应该"的具体内容是空的，缺乏分析。"义"究竟应该如何理解，下面我们将基于儒家的经典文本进行分析。

一、《论语》中"义"概念的分析

包含"义"一词的判断总是要涉及两个问题。假定某人说"这是义的"，我们总可以问他：（1）什么是"义"的？人、动物、心灵、行为等。（2）是什么东西使我们把它称为"义"的？带着这些问题，我们先用语义分析的方法，对《论语》中的"义"概念进行考察。

（一）义与利

在《论语》中，与"义"相对的概念是"利"，"义"总是与"利"成对出现。例如，"君子喻于义，小人喻于利"（《论语·里仁》）。在这里，"义"和"利"表示词义对立的反义关系。这种关系在《论语》中的对举有十余次，如：

(1) 君子泰而不骄，小人骄而不泰。(《论语·子路》)
(2) 君子和而不同，小人同而不和。(《论语·子路》)
(3) 君子成人之美，不成人之恶。小人反是。(《论语·颜渊》)
(4) 君子坦荡荡，小人长戚戚。(《论语·述而》)

这里的"泰而不骄"与"骄而不泰"、"和而不同"与"同而不和"、"成人之美"与"成人之恶"等都是表达两种相反意思的概念，君子是义的，小人是不义的，不义就是利。如果"义"和"利"是反义关系，那么我们可以通过理解这里的"利"，进一步理解"义"的意义。根据杨伯峻统计，"利"一词在《论语》中一共出现 10 次，其中 6 次作名词。只有作名词使用时，才是在"利"与"义"相对的意义上使用，因此，我们进一步考察其余 5 次作为名词的"利"的相关论述。

(1) 子曰："放于利而行，多怨。"(《论语·子路》)
(2) 子夏为莒父宰，问政。子曰："无欲速，无见小利。欲速，则不达；见小利，则大事不成。"(《论语·子路》)
(3) 今之成人者何必然？见利思义，见危授命，久要不忘平生之言，亦可以为成人矣。(《论语·宪问》)
(4) 子罕言利，与命，与仁。(《论语·子罕》)

对于 (1) 句中的"利"有两种解释：一是指个人利益。朱熹引用程子的解释："欲利于己，必害于人，故多怨。"(《四书章句集注·论语》) 就是个人的私利；二是将此处的"利"理解为"利害的计算"。如钱穆将"利"理解为利害的计算。尽管二者差异不大，但是如果将"利"理解为利害的计算，那么 (2) 句中的"小利"和 (3) 句中的"见利思义"便不好解释了。我们可以说，在利益面前，首先考虑行为是否合乎义。相反，如果将"利"解释为"利益"或"好处"，同样能够适用于其他 4 个语句，并且句子在语义上也保持一致。如果作为名词的"利"是指"利益"或"好处"，那么，"小人喻于利"就是说小人懂得或者晓得利益。但是难道君子不懂得个人利益吗？所以，这句话表达的意思应该是，君子和小人的区别是，小人仅仅晓得计算个人利益的得失，而君子不是仅仅以个人利益为中心的。那么，这句话的反义是，一个人不应当只晓得计算个人利益的得失。所以，根据"义"与"利"的关系，至少说明一个有"义"的人在行动中不会仅仅去计算个人的利害得失，一个有"义"的人不是一个自私自利的人。

（二）义与得

在理解"义"时，还有一个词经常为人们所忽视，这就是"得"。在《论语》中，"义"与"得"之间存在语义上的相关性。分析"得"一词的用法，可以帮助我们更好地理解"义"。如下所示：

（1）子张曰："士见危致命，见得思义，祭思敬，丧思哀，其可已矣。"（《论语·子张》）

（2）孔子曰："君子有九思：视思明，听思聪，色思温，貌思恭，言思忠，事思敬，疑思问，忿思难，见得思义。"（《论语·季氏》）

（3）公明贾对曰："以告者过也。夫子时然后言，人不厌其言；乐然后笑，人不厌其笑；义然后取，人不厌其取。"子曰："其然，岂其然乎？"（《论语·宪问》）

（4）子曰："饭疏食饮水，曲肱而枕之，乐亦在其中矣。不义而富且贵，于我如浮云。"（《论语·述而》）

（5）子路曰："君子尚勇乎？"子曰："君子义以为上。君子有勇而无义为乱，小人有勇而无义为盗。"（《论语·阳货》）

在（1）中，"危""祭""丧"等词表示某种道德原则适用的场景。在相同的句子结构中，"得"也表达了某一类情境，而且某类情境总是与某类道德原则相一致，孔子没说"祭思义"或"丧思义"，而是说"见得思义"，说明义作为一种道德原则，适用于"见得"的情境，"得"是对义原则适用范围的限定。因此，通过对"得"的理解，可以帮助我们了解"义"的用法。"得"是什么？孔子说："求仁而得仁，又何怨？"（《论语·述而》）显然，"得"是取得或获得的意思。但是"见得思义"的"得"是动词名词化，遇到可得某物的时候，应该考虑是否应该得到它。因此，当涉及行动者是否应该得到某物的选择时，义就是选择的重要道德原则。句（3）更加清楚地表明了这一点，"义然后取，人不厌其取"，"取"表达了获得的意思，当我们应该取得某物的时候才取，那么别人就不会因为我们获得该物而厌恶我们。这也说明义主要适用于该不该获得某物的场景。

那么，获得的对象是什么？孔子说："不义而富且贵，于我如浮云。"（《论语·述而》）虽然没有出现"得"字，但是获得的含义依然在里面，孔子认为，不应该通过"不义"的方式获得财富和地位。可见，孔子认为获得的对象是财富和地位，也就是说，在这里"义"是用来评价财富和地位的获得方式是否合理的标准。显然，通过"不义"的方式获得的财富和地位是不合理的。"小人有勇而无义为盗"也说明了这一点，为何"有勇而无义"会成为盗贼？因为小人追求私利，在财富的获得上不会考虑是否合乎义，就可能会去盗窃。

因此，通过以上对"义"与"得"的关系的考察，可以发现，孔子的"义"在很多地方是用来评价在某物（特别是财富和地位）的获得上是否在道德上应该的问题。不仅包括在获得方式上是否应该，也包括在获得结果上是否应该。如果我们获得某物是应该的，那么，它就是符合义的。不过需要注意的是，在获得问题上，至少在这里，义更多地是作为一种反思性的美德存在。义在涉及获得事物时，主要是行动者用来指导自己行为的道德原则，而不是用义来评价别人的行为。总之，通过对"义"与"得"关系的分析，可以发现义是用来指导财富、地位等事物获取时的重要的道德原则，它是一种反思性的美德，主要被用来指导行动者自身的行为。

（三）义与君、民、臣

孔子对"义"的使用不仅有情境的限制，也有对象的限制。从适用对象的角度看，在《论语》中，义与君、臣、民的身份有密切关系。如下：

（1）子谓子产："有君子之道四焉：其行己也恭，其事上也敬，其养民也惠，其使民也义。"（《论语·公冶长》）

（2）樊迟问知。子曰："务民之义，敬鬼神而远之，可谓知矣。"问仁。曰："仁者先难而后获，可谓仁矣。"（《论语·雍也长》）

（3）樊迟请学稼。子曰："吾不如老农。"请学为圃。曰："吾不如老圃。"樊迟出。子曰："小人哉，樊须也！上好礼，则民莫敢不敬；上好义，则民莫敢不服；上好信，则民莫敢不用情。夫如是，则四方之民襁负其子而至矣，焉用稼？"（《论语·子路》）

（4）子路曰："不仕无义。长幼之节，不可废也；君臣之义，如之何其废之？欲洁其身，而乱大伦。君子之仕也，行其义也。道之不行，已知之矣。"（《论语·微子》）

句（1）讲了君子在对待自己、上级和百姓时不同的道德态度和道德原则。其中，"义"和"惠"描述了在上位的君子对待百姓的道德原则。"惠"是君子在养民上的道德原则；"义"是君子在使民时的道德原则，"使民"即要求民众做某事，比如服劳役、兵役等。这句话描述了在上位的君子在对待民众服劳役、兵役等事情上，应该符合"义"的原则。在使民时，君子是"义"的行为的施动者，是对君子的道德要求，民是君子"义"行的受动者，民众应当享受到君子义行的好处。句（2）的"务民之义"也表达了类似的意思。在句（3）中，"上好礼""上好义""上好信"等，更说明了"义"是用来描述统治者对待民众的道德原则。但不同的是，"义"不仅用来指上位者对待民的道德原则，还表达了统治者的一种美德，喜好义，将"义"作为一种值得追求的美德对待；另外，在句（3）中还表达了统治者好礼与民的敬、上好义与民的服、上好信与民的用情之间存在着因果上的关系。如果统治者喜好礼仪，那么百姓就会尊敬上位者。在句（4）中，孟子认为任何一个处在社会中的人，就像不可能逃避父子关系一样，也不可能逃避君臣关系。义是调节君臣伦理关系的基本原则，君子应该去从政，这是他的"义"所在。

总之，在上述语境中，"义"一词被用来表达统治者与在下位的民、臣之间的伦理关系，是统治者在役使百姓时应该遵守的基本道德原则，也是每个人努力追求的一种政治美德。

（四）义与君子

孔子的"义"一词还经常与"君子"一词搭配，描述君子在行动和心灵上的特质。例如：

（1）子曰："君子之于天下也，无适也，无莫也，义之与比。"（《论语·里仁》）

（2）子曰："君子义以为质，礼以行之，孙以出之，信以成之。君子哉！"（《论语·卫灵公》）

（3）子路曰："君子尚勇乎？"子曰："君子义以为上。"（《论语·卫灵公》）

在句（1）（2）中，"义"是指导君子行动的最高道德准则，是君子行动的根本依据。在句（3）中，"义"在价值层面，是被君子所崇尚和努力追求的东西。这些句子均表明"义"在君子的价值观念及其行动中具有十分重要的地位。

综上所述，通过对"义"与"利""得""君""民""君子"等相关词的考察，可以发现《论语》中的"义"在如下语境中被使用：（1）表示与"利"相对的概念；（2）表达在涉及是否应该获得某物时进行选择的道德原则；（3）在君民、君臣关系中，表达君对民的道德义务和臣对君的道德义务；（4）义是君子追求的一种美德和行动的原则。

二、《孟子》中"义"概念的分析

孔子虽然论述过"义"，但是与"仁"相比，"义"在孔子学说中的地位是有限的。而孟子将"义"提高到了与"仁"一样的地位，赋予"义"以新的意义。但是《孟子》中"义"究竟讲的是什么？笔者将从语义分析的视角，通过考察"义"与相关词的关系进行澄清。

（一）义与理

在《孟子》中，"理"是与"义"密切相关的一个词。在很多地方，"义"一词的意思就相当于我们现代意义上所讲的"道理"。如下所示：

（1）谨庠序之教，申之以孝悌之义。（《孟子·梁惠王上》）

（2）公孙丑问曰："不见诸侯，何义？"（《孟子·滕文公下》）

（3）万章曰："敢问不见诸侯，何义也？"（《孟子·万章上》）

（4）孔子曰："唐、虞禅，夏后、殷、周继：其义一也。"（《孟子·万章上》）

（5）用下敬上，谓之贵贵；用上敬下，谓之尊贤。贵贵、尊贤，其义一也。（《孟子·万章下》）

（6）得百里之地而君之，皆能以朝诸侯有天下。行一不义，杀一不辜，而得天下，皆不为也：是则同。（《孟子·公孙丑上》）

（7）治于人者食人，治人者食于人，天下之通义也。（《孟子·公孙丑上》）

在句（1）中，用"孝悌"一词修饰"义"，表示反复给百姓讲授孝悌的道理，因此，这里的"义"相当于"道理"的意思。在句（2）和（3）中，公孙丑和万章问孟子为什么不应该去拜见诸侯，或者说不去拜见诸侯是什么样的道理。句（4）和（5）中的"其义一也"也是说，其中的道理都是一样的。句（6）中的"不义"是指做了不应该做的事情，或者做了不合理的事情。句（7）中的"通义"是指被社会普遍接受或相信的道理。可见，以上七个句子中的"义"都有"道理"的意思。

孟子将"义"解释为"理"，也有直接的解释："故凡同类者，举相似也，何独至于人而疑之？圣人，与我同类者。……至于心，独无所同然乎？心之所同然者何也？谓理也，义也。圣人先得我心之所同然耳。故理义之悦我心，犹刍豢之悦我口。"（《孟子·告子上》）相似的，人的心灵也有相同的嗜好，喜欢义，就是理。在这里，孟子直接将"理"等同于"义"。但是这里的"理"不是通常意义的"道理"，主要是指伦理意义上的"道理"，即道德上的应当。在孟子看来，当我们说一个行为是合乎义的，意思是说这个行为是合乎道理的，合乎道理意味着这个行为在道德上是应当的。因此，如果我们将"义"视为道理的意思，那么孟子的很多论述便可以讲得通了。如孟子开篇便讲义利问题："孟子见梁惠王。王曰：'叟，不远千里而来，亦将有以利吾国乎？'孟子对曰：'王何必曰利？亦有仁义而已矣。'王曰：'何以利吾国？'大夫曰：'何以利吾家？'士庶人曰：'何以利吾身？'上下交征利，而国危矣！万乘之国弑其君者，必千乘之家；千乘之国，弑其君者，必百乘之家。万取千焉，千取百焉，不为不多矣；苟为后义而先利，不夺不厌。未有仁而遗其亲者也，未有义而后其君者也。王亦曰仁义而已矣，何必曰利?"（《孟子·梁惠王上》）这里的"义"与"利"是相对的概念，是指一个人仅仅谋求自己的私利，只关心对自己是否有利，但是义是相反的意思，关注的不是自己的私利，而是这样做是否合乎道理。

再如，"'伯夷、伊尹于孔子，若是班乎?'曰：'否。自有生民以来，未有孔子也。'曰：'然则有同与?'曰：'有。得百里之地而君之，皆能以朝诸侯有天下。行一不义，杀一不辜，而得天下，皆不为也：是则同'。"（《孟子·公孙丑上》）如果做一件不应该做的事情，杀害一个无辜的人，就可以获得天下，那么一个有德之人是不会去做的。圣人，无论是孔子，还是伯夷、伊尹，他们都不会去做这样不合乎道理的事情。可见，"义"概念包含抽象的、普遍的理的观念。

（二）君臣之义

在《孟子》中，"义"经常与"君"和"臣"的概念连在一起使用，如下：

（1）未有仁而遗其亲者也，未有义而后其君者也。（《孟子·梁惠王上》）

（2）父子有亲，君臣有义，夫妇有别，长幼有序，朋友有信。（《孟子·滕文公上》）

（3）君仁莫不仁，君义莫不义，君正莫不正；一正君而国定矣。（《孟子·离娄上》）

（4）为人臣者，怀仁义以事其君；为人子者，怀仁义以事其父；为人弟者，怀仁义以事其兄：是君臣、父子、兄弟去利，怀仁义以相接也；然而不王者，未之有也。何必曰利？（《孟子·告子下》）

在句（1）中，"义"与"君"相连，表示臣对待君的道德要求，是指臣对待君不应该专心于一己私利，而应该考虑到行为合不合道理。句（2）说明，义不仅是臣的道德要求也是对君的道德要求。句（3）更加证明了这一点，"君臣有义"。君和臣之间应该遵守义的原则，君做好君应该做的事情，臣做好臣应该做的事情，即孔子所谓的"君君、臣臣、父父、子子"。可见，义是调节君臣伦理关系的基本原则。君与臣之间具体有什么样的义，孟子有过细致的阐述。

一是进谏之义。"义"作为规范，被用来描述臣对君的道德义务，臣有向君王进谏善言的道德义务。孟子说："事君无义，进退无礼，言则非先王之道者，犹沓沓也。"（《孟子·离娄上》）这里的"义"就是指臣对君应该做的事情是陈善闭邪，言先王之道。"无义"是臣没有做臣这些应该做的事情。

二是拜见之义。在《孟子》中，具体的"义"还被用来描述臣是否应该拜见君王或诸侯的情境。

公孙丑问曰："不见诸侯，何义？"孟子曰："古者不为臣不见。段干木逾垣而辟之，泄柳闭门而不纳，是皆已甚；迫，斯可以见矣。阳货欲见孔子而恶无礼；大夫有赐于士，不得受于其家，则往拜其门；阳货瞰孔子之亡也，而馈孔子蒸豚；孔子亦瞰其亡也，而往拜之；当是时，阳货先，岂得不见！曾子曰：'胁肩谄笑，病于夏畦。'子路曰：'未同而言，观其色赧赧然，非由之所知也。'由是观之，则君子之所养，可知已矣。"（《孟子·滕文公下》）

在这段文本中，公孙丑问孟子，不去拜见诸侯是什么道理？孟子说，不去拜见诸侯有两种情况：一种情况是在古代，只有臣才有义务拜见诸侯，如果不是诸侯的臣，就没有义务拜见诸侯；另一种情况是如果去拜见诸侯，但是诸侯没有诚意，也可以不去拜见。

万章曰："敢问不见诸侯，何义也？"孟子曰："在国曰市井之臣，在野曰草莽之臣，皆谓庶人，庶人不传质为臣，不敢见于诸侯，礼也。"万章曰："庶人，召之役则往役；君欲见之，召之则不往见之，何也？"曰："往役，义也；往见，不义也。且君之欲见之也，何为也哉？"曰："为其多闻也，为其贤也。"曰："为其多闻也，则天子不召师，而况诸侯乎！为其贤也，则吾未闻欲见贤而召之也。缪公亟见于子思，曰：'古千乘之国以友士，何如？'子思不悦，曰：'古之人有言曰，事之云乎，岂曰友之云乎？'子思之不悦也，岂不曰，'以位，则子，君也；我，臣也；何敢与君友也？以德，则子事我者也，奚可以与我友?'千乘之君求与之友而不可得也,而况可召与?齐景公田,招虞人以旌,不至,将杀之。志士不忘在沟壑,勇士不忘丧其元。孔子奚取焉?取非其招不往也。"(《孟子·万章下》)

在这段文本中,万章问孟子平民百姓为何不去见诸侯,到底是什么道理?在孟子看来,不同的阶层,相互传唤的礼节是不一样的。天子召唤诸侯,诸侯召唤大夫,大夫召唤士,士召唤庶人,不同等级有不一样的待遇。要求一个庶人去服兵役,这是他的义务,但是要求一个庶人去拜见诸侯或国君,是不合理的,如果庶人不是通过一定程序成为大臣,是不敢去拜见诸侯或国君的,因为这不符合礼节。如果这个庶人非常有才,非常贤明,国君想见他,怎么办?要见,有办法!那就是不要像使唤下属一样地去传唤,一定要以诚相待,以礼相待。鲁缪公几次就想与子思交朋友,每次都只送一点小恩小惠,并非真心实意求教与采纳子思意见,子思很不高兴。可见,在孟子看来,君臣之间的尊重是相互的,并且君应该先尊重臣。

三是馈赠之义。在《孟子》中,"义"一词通常还涉及财物的馈赠和接受问题,即义回答了在什么样的情况下,接受别人的财物是合理的。是否应该接受他人的馈赠,涉及馈赠之物获得的方式是否合乎义。

"仲子,齐之世家也。兄戴,盖禄万钟,以兄之禄为不义之禄而不食也,以兄之室为不义之室而不居也;辟兄离母,处于於陵。他日归,则有馈其兄生鹅者。己频顣曰:'恶用是鶂鶂者为哉!'他日,其母杀是鹅也,与之食之,其兄自外至,曰:'是鶂鶂之肉也!'出而哇之。"(《孟子·滕文公下》)

陈仲子认为,兄长的财物不是通过合理的方式获得,所以获得的财物是"不义之禄""不义之室""不义之食",所以,接受这些东西是不符合义的。所以,在这里"义"是衡量获得某物的方式是否合理的道德原则。

万章问曰:"人有言'伊尹以割烹要汤',有诸?"孟子曰:"否,不然。伊尹耕于有莘之野,而乐尧舜之道焉。非其义也,非其道也,

禄之以天下，弗顾也；系马千驷，弗视也。非其义也，非其道也，一介不以与人，一介不以取诸人。"（《孟子·万章上》）

这里的"非其义"也是指伊尹是否应当接受他人的财富或地位，取决于财富和地位是否是自己应得的。他说得更绝对，如果是自己应该得到的，一分都不能少；如果不是自己应该得到的，即便将整个天下给他，他也不会多看一眼。所以，在这里符合"义"意味着是应得的。

万章问曰："敢问交际，何心也？"孟子曰："恭也。"曰："却之，却之，为不恭，何哉？"曰："尊者赐之。"曰："其所取之者，义乎？不义乎？"而后受之；以是为不恭，故弗却也。曰："请无以辞却之，以心却之。"曰："其取诸民之不义也。而以他辞无受，不可乎？"曰："其交也以道，其接也以礼，斯孔子受之矣。"（《孟子·万章上》）

按礼，尊者赐予的礼物应该接受，如果拒绝，就是对尊者的不尊敬。但是，在孟子看来，该不该接受，不仅是礼的问题，也涉及是否合乎义的问题。这里的义不是说自己应不应该接受，而是说尊者在这些财物的获得上是否合理，而这种合理是说，是从百姓身上获得的方式是否合理：如果财富是通过搜刮和抢夺百姓的财富获得的，那么就是不义之财，就不应该接受。所以，衡量"义"与否，应该考虑是否符合百姓之利。

是否应该接受他人的馈赠不仅涉及财富获得的方式，也涉及馈赠者本身的道德品质。如下：

万章问曰："或谓孔子于卫主痈疽，于齐主侍人瘠环，有诸乎？"孟子曰："否，不然也，好事者为之也。于卫主颜雠由。弥子之妻，与子路之妻，兄弟也；弥子谓子路曰：'孔子主我，卫卿可得也。'子路以告，孔子曰：'有命。'进以礼，退以义，得之不得曰'有命'。而主痈疽与侍人瘠环，是无义无命也。孔子不悦于鲁、卫遭宋桓司马，将要而杀之，微服而过宋。是时孔子当厄，主司城贞子，为陈侯周臣。吾闻观近臣以其所为主，观远臣以其所主，若孔子主痈疽与侍人瘠环，

何以为孔子！"（《孟子·万章上》）

　　孟子认为，孔子在卫国时不可能住在卫灵公所宠幸的宦官痈疽家里，在齐国也不可能住在宦官瘠环家里，因为这些人在道德上都是有缺陷的。一个有德之人不应该接受坏人的好处，而像孔子这样的人，更是不可能接受坏人的好处的。假如孔子真这样做了，那么孔子的行为也是不符合义的。

　　接受他人的财物是否符合义，与馈赠者与接收馈赠者之间是否存在特定的义务有关。如下：

　　万章曰："士之不托诸侯，何也？"孟子曰："不敢也。诸侯失国而后托于诸侯，礼也；士之托于诸侯，非礼也。"万章曰："君馈之粟，则受之乎？"曰："受之。""受之，何义也？"曰："君之于氓也，固周之。"曰："周之则受，赐之则不受。何也？"曰："不敢也。"曰："敢问其'不敢'何也？"曰："抱关击柝者皆有常职以食于上，无常职而赐于上者，以为不恭也。"（《孟子·万章下》）

　　孟子通过区分赏赐之义与接济之义，批评士人依靠诸侯的赏赐为生是不道德的。士人是没有固定职业的读书人，经常寄居在诸侯门下，依靠诸侯的恩赐为食。孟子反对士人的这种做法，认为他们的行为不合乎义。这是什么样的道理？孟子认为，诸侯有义务去救济那些生活陷入困境的百姓。诸侯可以对其救济，但是不能对其赏赐。因为赏赐是基于职位或功劳而产生的，有固定的职位和功劳才能进行赏赐，士人没有职位和功劳，所以不能对他们进行赏赐，只能当他人生活遇到困难、难以为继时才可以给予必要的救济。

　　（三）义与心、气

　　理解孟子的"义"，还要在"心""气"概念的背景下理解。孟子说："无恻隐之心，非人也；无羞恶之心，非人也；无辞让之心，非人也；无是非之心，非人也。恻隐之心，仁之端也；羞恶之心，义之端也；辞让之心，礼之端也；是非之心，智之端也。人之有是四端也，犹其有四体也。"（《孟子·公孙丑上》）孟子认为，羞恶之心是义的萌芽。这里的"羞恶"，朱熹解释是："羞，耻己之不善也。恶，憎人之不善也。"（《四书章句集注》）但问题是为什么对自己感到羞耻，对他人的行为感到厌恶？是因为自己做了不该做的事情，而感到羞耻，看到别人做了不该做的事情，感到厌恶。这种情感是"义"产生的根源。义与羞恶之心的关系不同于仁与恻隐之心，恻隐之心不仅是仁的来源，也是仁的内涵，羞恶之心是义的来源，但是不能说是义的内涵，这种羞恶的情感是当我或者他者做了不义的行为之后自然产生的负面性的情感表达，它是后于不义之行的。我们对不义的行为有天然的厌恶情感，这也恰好说明义的合理性，同时它也为义行提供了内在的情感性动力。

同样，"义"和"气"的问题也被学界所探讨，但是讨论容易陷入神秘主义的理解。"'敢问何谓浩然之气?'曰:'难言也。其为气也，至大至刚；以直养而无害，则塞于天地之间。其为气也，配义与道；无是，馁矣。是集义所生者，非义袭而取之也。'"（《孟子·公孙丑上》）这一段揭示了"浩然之气"与"义"的两层关系：从来源上看，浩然之气的形成与个人的义行密切相关，如果一个人长期坚持做符合义的事情，久而久之，成为习惯，那么在他的身上自然就会形成一股浩然正气；另一方面，如果我们说某人身上有浩然正气，那么，也就意味着在通常情况下，这个人不会去做不义之事，因为他已经将行义视为一种习惯。

（四）义与仁、礼

孟子在论义时，多次将义提升至和仁对等的地位进行论述。如："贼仁者谓之贼，贼义者谓之残。"（《孟子·梁惠王下》）"未有仁而遗其亲者也，未有义而后其君者也。"（《孟子·梁惠王上》）"言非礼义，谓之自暴也；吾身不能居仁由义，谓之自弃也。仁，人之安宅也；义，人之正路也。旷安宅而弗居，舍正路而不由，哀哉!"（《孟子·离娄上》）在上述例子中，"仁"和"义"作为相对的概念一起出现。可以发现，仁更多地指善良同情的美德，义是对人类行为的正确指引；前者更强调动机上的善良与否，后者更强调行为本身是否符合普遍的道理。

"义"与"礼"的关系比较复杂，一般而言，义与礼是一致的，一个合乎义的行为通常也是合乎礼的。如："万章曰:'士之不托诸侯，何也?'孟子曰:'不敢也。诸侯失国而后托于诸侯,礼也;士之托于诸侯,非礼也'。"(《孟子·万章下》) 这里的不合"礼"就相当于不合"义"。但是礼并非总是与义一致的,如:"万章曰:'今有御人于国门之外者,其交也以道,其馈也以礼,斯可受御与?'曰:'不可。'康诰曰:'杀越人于货,闵不畏死,凡民罔不譈。'是不待教而诛者也。殷受夏,周受殷,所不辞也,于今为烈,如之何其受之。"(《孟子·万章下》) 在这段文本中,万章假设,抢劫者在国都郊野拦路抢劫,他的行为是符合礼仪的,那么能说抢劫的行为就是合理的吗?孟子说,抢劫他人财物的行为是不合乎义的,即便其行为符合礼的要求。可见,在孟子看来,当义与礼不一致的时候,义是根本的原则,义决定了礼是否是合理的,礼也要建立在理性的基础上。

第三节 "礼"概念的分析

"礼"是儒家核心的道德概念。但"礼"在不同的儒家学者那里被赋予了不同的意义。运用语义分析和概念分析的方法澄清"礼"的内涵,揭示"礼"的多重意义,对于理解儒家道德话语具有重要意义。

一、《论语》中"礼"概念的分析

在孔子的话语体系中,"礼"是一个十分重要的概念,《论语》中涉及"礼"的论述有70余次。但是学界在对《论语》"礼"的理解上依然存在一些明显的分歧,代表性观点主要有以下几个:

一是将《论语》中的"礼"解释为理。如马一浮在《复性书院讲录》中认为礼有天理的意义。谓"克己复礼"之"礼",即天理之"理",道理之"理"。

二是以仁释礼。如颜炳罡认为:"孔子在中国文化史上创建了以仁为本源,以礼为表征,仁礼合一的思想系统。在这一思想系统中,礼是孔子对传统的继承,仁是孔子的创辟;仁是内在原则,礼是外在规范；仁是绝对的，礼是相对的；仁是常道，礼是变道。"①

三是认为礼包含多个层面的内涵。如劳思光认为，孔子的礼可分为"仪"、"礼"（秩序）、"义"三个层面的意思。② 徐复观认为，在孔子所处的时代，"礼是当时一切道德的依归，所以一谈到礼的具体内容和效果时，也几乎是包括了一切的。"又说："礼即当时之时代精神，人文共同承认之仪范。"③ 也有学者认为"礼"有礼仪形式、政治制度与道德规范三重内涵。

四是以道德实践解释礼。如安乐哲认为，礼是一种个人的践履，它展示着一个人对于自身及其所在社群的价值。张立文也认为："建立在主体每个人心性道德原则基础上的'礼'，便从外在加于每个人身上的制度、仪式，转变为每个人自己的道德自律和道德的自觉实践。"④

上述观点具有一定的合理性，在《论语》中似乎都可以找到相应的证据支持。但是也有诸多矛盾之处，同样也可以找到相反的证据。接下来，笔者将从"礼"一词的分析入手，指出上述观点的问题所在。

首先，需要明确《论语》中的"礼"一词用来指称什么。在《论语》中，"礼"一词主要是行为的规范。例如："非礼勿视，非礼勿听，非礼勿言，非礼勿动。"（《论语·颜渊》）"人而不仁，如礼何！人而不仁，如乐何！"（《论语·八佾》）有人可能会提出反例，孔子的"礼"也描述政治制度，如金正昆认为，孔子"礼"的含义之一，"具体所指的是有关治理国家的根本体制；旨在治国"⑤。的确，孔子也一直在努力试图恢复周礼，周礼就是西周一系列政治制度。但是仅仅将"周礼"视为一部政治制度书是片面的，因为"周礼"除此之外，还涉及诸多方面。大到天下九州的划分、天文气象，小至沟洫道路、草木虫鱼、政法文教、礼乐刑法、赋税支持、衣食住行、农商医卜、工艺

① 颜炳罡. 论孔子的仁礼合一说［J］. 山东大学学报（哲学社会科学版），2001（02）：52.

② 劳思光. 新编中国哲学史［M］. 北京：生活·读书·新知三联书店，2015：86.

③ 徐复观. 中国人性论史·先秦篇［M］. 上海：上海三联书店，2001：43.

④ 张立文. 孔子的仁学形上学［J］. 中国哲学史，1995（05）：52.

⑤ 金正昆. 孔子之"礼"新探［J］. 江西社会科学，2017，37（05）：245.

制作、各种名物、典章、制度等无所不包。在西周的文化中，礼是普遍性的规范，是对人的日常行为的一种规范。

其次，孔子也不是用"礼"描述一个人的道德品质。孔子会说一个具有仁德的人是仁者，具有智慧的人是智者，但是孔子从来没有说，一个遵守礼的人是礼者或者礼人。"礼"仅仅关涉人的行为，而非道德品质，这是礼与仁义等美德的一个重要区别。

最后，需要特别注意的是，孔子也没有用"礼"一词描述人的思想观念。他说我们在言谈举止上要合乎礼，但是没有说我们在动机上或思想上也要合乎礼。仁义对我们的思想动机有要求，但是礼却没有。礼仅仅关涉人们的行为，是对行为的约束和规范。

所以，综上分析，"礼"是用来规范人的行为。"礼"告诉人们应该做什么，不应该做什么，为人们的行为提供了具体的标准。规范性是礼的本质特征。无论是涉及国家大事，还是日常小事，都是如此。

但是孔子认为，礼的规范性与法的规范性不同。孔子说："道之以政，齐之以刑，民免而无耻。道之以德，齐之以礼，有耻且格。"（《论语·为政》）作为国家治理的一种方法，"齐之以刑"和"齐之以礼"都具有"齐"的功能，这个"齐"就是规范性的功能，强调刑和礼都具有一定的强制性。但是在孔子看来，二者仍然是有显著的区别。第一，强制力不同。如果一个人违背了法，那么他可能要遭受来自国家暴力机关的刑罚的处理，后果极其严重。但是如果一个人违背了礼，通常不会遭受国家暴力的惩罚。例如，鲁国的季孙氏在自己家里，使用周天子才有资格使用的六十四人的舞蹈，他的这一行为违反了礼制，但是孔子也只是表达强烈的谴责："八佾舞于庭，是可忍也，孰不可忍也?"（《论语·八佾》）也不会有人将其绳之以法。第二，违反了礼会有良心上的谴责和社会舆论上的道德谴责，但是违反法则不一定会有。如孔子的弟子宰我质疑三年之丧的礼不合理："三年之丧，期已久矣。君子三年不为礼，礼必坏。三年不为乐，乐必崩。旧谷既没，新谷既升，钻燧改火，期已可矣。"（《论语·阳货》）孔子说，如果你觉得安心，你就这样去做吧。宰我走后，孔子又严厉地批评了宰我的不仁。但是即便违背了这样的礼制，最多也只是道德上的谴责，不会涉及法律。所以，礼的规范性无论从强制的力度还是从强制的手段上，都是与法不同的。还有礼的规范性不仅是外在的约束，也包含自己对自己的自觉约束。例如："君子博学于文，约之以礼，亦可以弗畔矣夫！"（《论语·述而》）这里的"约"是行为者对自我的规范性要求。

另外，根据上文"道之以政、道之以德"与"齐之以刑、齐之以礼"的比较，也说明"齐"不同于"道"，道是引导倡导、规劝的意思，不具有强制性。孔子没有说"道之以礼"，说明他也意识到二者之间的差别，认为礼不是一种像仁义这样的倡导性美德，而是具有显著的规范性。

在澄清了"礼"的规范意义之后，我们再看，"礼"规范人们行为的边界在哪里。首先，孔子认为，礼是针对所有人而言的，没有人可以超越或凌驾于礼之上。因为人一旦来到这个世界上，必然会拥有某个角色，无论是父亲、儿子还是君臣，总之，我们的角色决定了我们要遵守相应的礼。其次，孔子认为，在对礼的遵守上，君王具有优先性。他说："上好礼，则民莫敢不敬。"（《论语·子路》）"上好礼，则民易使也。"（《论语·宪问》）如果君王遵守礼，百姓才会效法，并且会赢得人民的尊敬和爱戴。因此，守礼首先是对统治者行为的约束。礼是对统治者行为的规范，而不是对臣或普通百姓行为的规范。如："定公问：'君使臣，臣事君，如之何？'孔子对曰：'君使臣以礼，臣事君以忠'。"（《论语·八佾》）

礼规范人们的哪些行为？第一，在孔子看来，"礼"主要是用来规范具有政治意义的一些行为。正如上文所述，礼除了被首先和经常用来规范君王的政治行为外，礼还用于对臣子行为的规范。孔子批评季孙氏用天子专属的八佾之乐的行为："八佾舞于庭，是可忍，孰不可忍也？"（《论语·八佾》）因为季孙氏的行为违反了其身份所要求的礼制，所以是应当被谴责的。礼告诉人们哪些行为在政治上是合礼的，哪些行为是不合礼的。

第二，礼也用来规范具有宗教意义的行为。凡是涉及祭祀的，无论是祭祀祖先，还是其他鬼神，都有一套严格的礼仪要求，以规范人们的祭祀活动。"子贡欲去告朔之饩羊。子曰：'赐也！尔爱其羊，我爱其礼。'"（《论语·八佾》）孔子此处所爱的"礼"就是"每月初界祭祖庙杀只活羊的仪式"①。再如："生，事之以礼；死，葬之以礼，祭之以礼。"（《论语·为政》）这些都是在宗教意义上使用。当礼被用于宗教祭祀活动的时候，是由一系列固定程序构成的神圣的仪式，要求人们心怀敬意地服从。当一个人的行为遵守了固定的宗教仪式时，孔子就会认为这个人的行为是合乎礼的。

第三，礼被用来规范具有道德意义的日常行为。例如，孔子说"克己复礼"，"君子敬而无失，与人恭而有礼。四海之内皆兄弟也"（《论语·颜渊》）。这里的礼是抽象意义上的规范的意思。孔子正是通过一系列具体的礼的规范，将儒家抽象的道德观念具体化。例如，吃饭和睡觉时不说话，"食不语，寝不言。"（《论语·先进》）"乡人饮酒，仗者出，斯出矣。""子见齐衰者、冕衣裳者与瞽者，见之，虽少，必作；过之，必趋。"（《论语·子罕》）孔子认为如果遇到穿丧服的、身份尊贵的或者失明的人，虽然他们比我年纪小，但是我也应该尊敬他们。这些具体的规范表达了孔子对他人的尊敬。所以，在孔子看来，如果一个人遵守了具体的道德规范，特别是表达了对他人的敬意，那么他的行为就是合礼的，反之则未必。

孔子试图通过礼来规范人们的行为，但是规范行为的目的是什么？孔子是想让社会从混乱状态回归到有序状态。在当时，国与国之间无休止地战争，国家内部臣弑君、子弑父的乱象频频发生，整个社会是一种混乱无序的状态，最重要的事情是让社会回归正常，回归秩序。而礼是最重要的手段。正如劳思光认为："'礼'之意义，在于能建立一安定秩序。"② 所以，通过礼规范人们的行为，建立稳定的社会秩序，是孔子重视礼的根本所在。

那么制定和评价礼的标准是什么？孔子认为人们都按照周礼来行动就可以了，周礼就是典范。为什么周礼就是典范呢？不是因为孔子对周礼的迷信，孔子并不是保守主义者，并不认为礼一旦制定就不可以改变，他说："殷因于夏礼，所损益可知也；周因于殷礼，所损益可

---

① 杨逢彬. 论语新注新译［M］. 陈云染，校. 北京：北京大学出版社，2016：56.

② 劳思光. 新编中国哲学史［M］. 北京：生活·读书·新知三联书店，2015：85.

知也。其或继周者，虽百世可知也。"（《论语·为政》）制定和改变礼的标准是仁。孔子说："礼云礼云，玉帛云乎哉！乐云乐云，钟鼓云乎哉！"（《论语·阳货》）仁是礼的依据，正是因为周文王、周公等是有仁德的君主，所以他们创制的周礼也是仁德的制度化展示。

综上所述，在孔子看来，礼是一种外在的规范，用来规范人们政治行为、宗教行为与道德行为的具体准则。礼的目的是为了让社会从混乱走向秩序。礼也并不是一成不变的，制定和修改礼的标准是仁德。

二、《孟子》中"礼"概念的分析

孟子在继承孔子关于"礼"的思想基础上，对"礼"的概念作出了进一步的发展。体现在以下几个方面：

第一，孔子认为礼是存在于人自身之外的事物，是由圣人建构的，如周礼就是周文王、周公旦等创制的。但是孟子与孔子的这一观点相反，他认为礼是内在于人自身之中的，发端于人的心灵的，是构成人性的一部分。他说："君子所性，仁义礼智根于心。"（《孟子·尽心上》）礼存在于心灵之中。又说："无恻隐之心，非人也；无羞恶之心，非人也；无辞让之心，非人也；无是非之心，非人也。恻隐之心，仁之端也；羞恶之心，义之端也；辞让之心，礼之端也；是非之心，智之端也。"（《孟子·尽心上》）这说明礼发端和萌芽于人自身之中，是人之为人的必要条件。"人之有是四端也，犹其有四体也"，人与仁义礼智的关系就相当于人与四肢一样的关系，是构成人的一部分，不是身外之物，"仁、义、礼、智，非由外铄我也，我固有之也"（《孟子·告子上》）。

第二，孔子没有从敬的视角理解礼，孟子认为礼的本质是敬。他说："恻隐之心，仁也。羞恶之心，义也。恭敬之心，礼也。是非之心，智也。"（《孟子·告子上》）这里，孟子直接将礼视为恭敬之心。恭敬就是对他人的尊重和重视。他又说："爱人不亲，反其仁；治人不治，反其智；礼人不答，反其敬。"（《孟子·离娄上》）如果我们爱别人，但是别人依然对我们不亲，那么我们需要反思自己，自己对别人的仁爱是否足够。所以，"仁"在这里就是爱人。同样，如果我们以礼对待别人，却得不到相应的回答，那么我们应该反思自己，自己是否对他人的恭敬不够。可见，孟子在这里把礼视为敬，认为礼的本质就是对他人的恭敬态度和行为。又如，孟子说："仁者爱人，有礼者敬人。爱人者，人恒爱之；敬人者，人恒敬之。"（《孟子·离娄上》）仁者是爱人的人，而一个有礼者是敬人的人。以爱释仁，以敬释礼。所以，在孟子看来，敬才是礼的本质，礼是用来表达对他人尊敬的一种形式。如果没有敬，那么礼就失去了意义。而孔子则认为仁才是礼的根本，在这一点上，孔孟显然存在重要差别。

因此，要更好地理解孟子的"礼"，还要进一步理解"敬"。朱熹在解释"恭敬之心"时说："恭者，敬之发于外者也；敬者，恭之主于中者也。"（《四书章句集注》）他认为"敬"是心之德，是由心而发的，孟子也清楚表明敬是内在的，而非外在的。孟子的学生在讨论"义内"问题时也明确了这一点，他认为我们尊敬一个人，不是因为他年长或者是我的兄弟，而是来自人的自然本性，是由先天所具有的恭敬之心所决定的，所以敬是内在的品质，符合礼的外在的行为举止只是恭敬之心的外在体现。

在孔子这里，礼是对人的行为的规范和约束，但是在孟子这里，礼是心之德。一个人的行为是否符合礼，不仅仅是要看其外在的行为表现，更重要的是要看其行为是否源自恭敬之心，是否基于敬意做出的。如果不是基于敬，那么这种行为并不是真正符合礼的行为。孟子批评一些大臣，唯君王命令是从，虽然看似行为符合礼，看似有敬意，实在不是真正的敬。真正的敬是："责难于君谓之恭，陈善闭邪谓之敬，吾君不能谓之贼。"（《孟子·离娄上》）责难于君，陈善闭邪才是敬。在《孟子·公孙丑下》中有这样一则故事，可以很好地说明这一点，齐王听说孟子来齐国了，想去请教孟子，但是又不愿意亲自去接见，推辞说自己生病了，让孟子到他宫殿里来见他，孟子知道原委后，也假托自己生病了不能去，但他第二天却依然到朋友家里吊丧。齐王听说孟子生病了，让使者带着医生去看孟子，孟子的弟子看到齐王的使者来了，说孟子已经去见齐王了，同时急忙派人去半路拦截孟子，让其尽快去见齐王。孟子就在一个朋友家里留宿，朋友说，齐王对你如此敬重，却看不到你对齐王的敬重。孟子说，真正敬重齐王是给齐王进谏尧舜之道，而不是唯命是从。

第三，孟子强调礼的互动性和对等性。传统的观点认为儒家的礼本质就是尊卑贵贱的等级秩序。的确，尽管不同角色在具体情境中有各自的行为规范要求，这些规范本身也可能是不平等的，但是孟子认为无论如何，礼不是单方面的规范要求，而是对双方行为的规范要求，双方在遵守礼方面是平等的、相互的。如果一方的行为违反了礼的要求，无论对方是什么身份或地位，那么另一方没有义务继续遵守对这个人的礼。

这段文本就表明了上述观点。"孟子告齐宣王曰：'君之视臣如手足，则臣视君如腹心；君之视臣如犬马，则臣视君如国人；君之视臣如土芥，则臣视君如寇雠。'王曰：'礼为旧君有服，何如斯可为服矣？'曰：'谏行言听，膏泽下于民；有故而去，则君使人导之出疆，又先于其所往；去三年不反，然后收其田里：此之谓三有礼焉；如此则为之服矣。今也为臣，谏则不行，言则不听，膏泽不下于民；有故而去，则君搏执之，又极之于其所往；去之日，遂收其田里：此之谓寇雠；寇雠何服之有！'"（《孟子·离娄下》）孟子认为君臣之间的对待是相互的、对等的，臣应该以什么样的方式对待君王，取决于君王以什么样的方式对待臣。如果君对臣无礼，那么臣也可以对君无礼。为了澄清这一道理，孟子用离职的臣服孝来说明，按照礼制，即便臣离职，也应当为旧君服孝。但是孟子认为，离职的臣是否应当遵守服孝的礼，首先取决于君是否对臣做到了这三种礼：君主接受臣的进谏，恩惠泽被百姓；臣有事情要离开国境，君主要事先帮助其安排好行程；离开国境三年还不回来，才可以收回他的土地和房屋。如果君主做到了这三礼，那么臣应当遵守服孝的礼。反之，如果君主没有做到这三礼，那么正如孟子上面所说："此之谓寇雠，寇雠何服之有！"他已经不是君主，是仇敌了，还要服什么孝的礼。

第四，孟子认为的礼不是绝对命令。礼不是在任何情况下都必须服从的义务。即便我应该遵守礼，但是在实际情况中，如果存在比遵守礼更重要的义务，那么违背礼，在道德上也是被允许的。例如，"淳于髡曰：'男女授受不亲，礼与？'孟子曰：'礼也。'曰：'嫂溺则援之以手乎？'曰：'嫂溺不援，是豺狼也。男女授受不亲，礼也；嫂溺援之以手者，权也。'"（《孟子·离娄上》）孟子承认按照礼制要求，男女之间是不能够有肢体接触的。但是假设嫂子掉到河里了，他认为如果还继续遵守这种礼，那么这个人就是禽兽不如了。通常情况，应该遵守男女授受的礼，但是如果有比遵守礼更重要的义务时，我们就可以放弃礼。孟子虽然没有明说，但是根据他的意思可以推测，在这里他认为生命比礼更重要。对礼的遵守不能超越尊重生命的原则。

还有一个例子也可以说明这一点。孟子曾经讨论过礼重要还是食物重要的话题。"任人有问屋庐子曰：'礼与食孰重？'曰：'礼重。''色与礼孰重？'曰：'礼重。'曰：'以礼食，则饥而死；不以礼食，则得食，必以礼乎？亲迎，则不得妻；不亲迎，则得妻，必以礼乎？'屋庐子不能对，明日之邹，以告孟子。孟子曰：'于答是也何有？不揣其本而齐其末，方寸之木可使高于岑楼。金重于羽者，岂谓一钩金与一舆羽之谓哉？取食之重者与礼之轻者而比之，奚翅食重？取色之重者与礼之轻者而比之，奚翅色重？'往应之曰：'兄之臂而夺之食，则得食；不则不得食，则将之乎？逾东家墙而搂其处子，则得妻；不搂则不得妻，则将搂之乎？'"（《孟子·告子下》）在这段文本中，首先孟子认为，如果遵守礼而食会让人饿死，那么就没必要遵守这样的礼。如果遵守礼不能够娶妻，那么也没有必要遵守这样的礼。孟子认为这些饮食之礼、娶妻之礼和饮食、娶妻本身相比就像羽毛和金属的差别，礼在这些方面不值一提。所以，当礼与更重要的事情发生冲突时，还继续刻板地固守礼就是迂腐的行为。也正如孟子说："非礼之礼，非义之义：大人弗为。"（《孟子·离娄下》）这里他区分了两种意义上的礼："非礼"的"礼"，相当于义理，是抽象意义上的礼；后一个"礼"则是具体意义上的礼。如果像饮食、娶妻之礼不符合义理，那么这些礼也不是真正的礼。

综上所述，孟子认为的礼与孔子有很大的差别。孟子认为礼是内在的美德，与人的动机密切相关；礼的本质是对他人的敬；礼具有对等性和互动性的特点；他的礼不是绝对的规范，当礼与更重要的生命等义务发生冲突时，违背礼在道德上是可以接受的。

三、《荀子》中"礼"概念的分析

据统计，在《荀子》一书中，"礼"一词大概出现了370余次。荀子对礼有着较为详细的论述，提出了"隆礼重法"的主张。可以说，"礼"是《荀子》的核心道德话语。因此，分析"礼"的概念不得不研究荀子的观点。接下来通过对"礼"的分析性考察，揭示礼概念的多重内涵。

（一）"礼"的规范性

尽管不少学者认为《荀子》中的"礼"一词有多重含义，比如有政治制度、伦理道德、社会习俗等方面，但是他们都不会否认礼在本质上是一种规范。规范就是"应当"的意义，告诉人们应该做什么、禁止做什么的规定。这种规范性是礼的本质特征。如"国无礼则不正。礼之所以正国也，譬之，犹衡之于轻重也，犹绳墨之于曲直也，犹规矩之于方圆也，既错之而人莫之能诬也"（《荀子·效儒》）。荀子用形象的类比解释礼的这一特性。礼之于国家就好像秤被用来分辨轻重、绳墨用来分辨曲直、圆规和曲尺用来确定方圆一样，礼也是治理国家的"绳墨""曲尺"。没有礼的规范，统治者再如何努力都不可能治理好国家。正如杨国荣教授所言："从儒学的衍化看，孔子以'仁'为核心，荀子则将'礼'作为第一原理……相应于此，从注重'仁'到强化'礼'的转换，既意味着突出规范的作用，也包含着对社会秩序的重视。"① 所以，《荀子》中的"礼"也是对人的行为的一种规范。

（二）礼与法、政

有些学者在理解荀子的"礼"时，认为它是一个总括一切规范的体系，包括法律、政令等。当然，中国古代的法相当于现代的刑法。但是事实上，荀子对礼、法、政有清楚的区分。例如：

（1）由士以上则必以礼乐节之，众庶百姓则必以法数制之。（《荀子·富国》）

（2）上莫不致爱其下，而制之以礼；上之于下，如保赤子。政令制度，所以接下之人百姓；有不理者如豪末，则虽孤独鳏寡必不加焉。（《荀子·王霸》）

（3）礼者，人主之所以为群臣寸、尺、寻、丈检式也。（《荀子·

---

① 杨国荣. 向道而思［M］. 北京：东方出版社，2015：254.

非相》)

（4）虽王公士大夫之子孙也，不能属于礼义，则归之庶人。虽庶人之子孙也，积文学，正身行，能属于礼义，则归之卿相士大夫。（《荀子·王制》）

上述例子体现了荀子对礼与法关系的认识：第一，礼和法的适用对象不同。礼适用于士及其以上如大夫、卿、公侯君王等阶层；而法主要适用于士以下的阶层，主要是庶民百姓。这与过去的"刑不上大夫，礼不下庶人"的观念是一致的。第二，礼和法都具有规范性，但是规范方式不同。法是通过强制性的手段来实现。如果违法，就会受到刑法的严厉处罚。礼则是通过"节"和"道"的方式来实现，通过劝勉、引导和自我培养的方式来规范人们的行为。"明礼义以道之，致忠信以爱之。"（《荀子·王霸》）礼义是引导人们的行为，而不是控制人们的行为。

除了礼与法不同外，礼与政也是不同的。荀子说："物之已至者，人祅则可畏也。枯耕伤稼，枯耘伤岁，政险失民，田秽稼恶，籴贵民饥，道路有死人，夫是之谓人祅；政令不明，举措不时，本事不理，夫是之谓人祅；礼义不修，内外无别，男女淫乱，则父子相疑，上下乖离，寇难并至，夫是之谓人祅。三者错，无安国。"（《荀子·天论》）这里的"人祅"是人为造成的灾祸。荀子认为，这种人为因素造成的灾祸有三类：前两类是政治因素造成的：一是"政险失民"，坏的政策法令给民众带来严重的伤害，如连年战争、苛捐杂税导致农业生产停滞、物价上涨，百姓流离失所；二是"政令不明、举措不时"，由于政策不清楚明确，政策没有遵守农业生产的自然规律，放任不加管理而造成灾祸；三是由于"礼义"因素造成的人为灾祸。这类灾祸主要是由于人们不遵守或违背礼义而造成的，如男女淫乱、父子不亲、君臣离心离德、外寇内乱并发，这是伦理上的灾祸。荀子认为上述三类现象反复发生，国将无宁日。从荀子对这三类灾祸的区分可以看出他对"政"与"礼"的区分：第一，"政"指的是涉及经济、政治、农业生产、国防、民政救助等具体的政策法令，基本上不具有伦理上的意义，随时会根据情况作相应的调整。第二，"礼"主要涉及伦理道德方面的内容，是指调整男女、父子、君臣等人与人之间的伦理关系的具体规范。

礼与政的区别还体现在二者在目的上的差异。荀子说："足国之道：节用裕民，而善臧其余。节用以礼，裕民以政。"（《荀子·富国》）如何能够使国家富裕，需要从两个方面入手：一是让百姓富足，二是节约开支。要让百姓富足，就要依靠政策；而要节约开支，就要依靠礼制。财富的增加依靠政令的支持，但礼不能够增加财富，礼只可以限制人们不必要的欲望。所以，"礼""法""政"都有"规范"的意义，但是规范的性质、力量和适用对象都是不同的。

（三）礼与修身

在荀子这里，"礼"不仅是外在的"行为规范"，还是君子修身的重要途径。我们要成为一个有道德有修养的君子，不仅要遵守礼的规范，而且要主动地对照礼来检点自己的行为态度。"礼者，所以正身也；师者，所以正礼也。无礼，何以正身？无师，吾安知礼之为是也？"（《荀子·修身》）"正身"也就是修身，就是端正、修正自己的言谈举止使之符合礼。礼不仅仅是规范个体的行为，也规范个体的很多方面："凡用血气、志意、知虑，由礼则治通，不由礼则勃乱提僈；食饮、衣服、居处、动静，由礼则和节，不由礼则触陷生疾；容貌、态度、进退、趋行，由礼则雅，不由礼则夷固僻违，庸众而野。故人无礼则不生，事无礼则不成，国家无礼则不宁。"（《荀子·修身》）这里可以看到，修身意味着我们在情感、意志、思想观念、吃喝、穿衣、休息、容貌、态度、行走等多方面都应该根据礼来调整。但是这不是靠外在的强制来实现，主要是依靠自己的"积"来实现："于是有能化善、修身、正行、积礼义、尊道德，百姓莫不贵敬，莫不亲誉，然后赏于是起矣。"（《荀子·议兵》）"天地者，生之始也；礼义者，治之始也；君子者，礼义之始也。为之，贯之，积重之，致好之者，君子之始也。"（《荀子·王制》）"积"需要自己长期的练习，逐渐养成行为习惯，以至于对礼的遵守像天生一样的自然、毫无违和感。"行礼要节而安之，若生四枝。"（《荀子·儒效》）从而逐渐形成良好的道德品质。可见，礼是个体进行自我改造的重要方式，是个体从生物意义上的人走向道德意义上的人的重要路径。

（四）礼与分

在《荀子》中，礼还有一个重要的功能就是"分"，这是荀子论礼不同于孔孟论礼的显著特点之一。他说："辨莫大于分，分莫大于礼，礼莫大于圣王。"（《荀子·非相》）没有什么东西能够像礼一样对人进行合理的区分。

为什么要"分"，如何"分"？荀子说："夫贵为天子，富有天下，是人情之所同欲也；然则从人之欲，则势不能容，物不能赡也。故先王案为之制礼义以分之，使有贵贱之等，长幼之差，知愚、能不能之分，皆使人载其事而各得其宜，然后使悫禄多少厚薄之称，是夫群居和一之道也。"（《荀子·荣辱》）"先王恶其乱也，故制礼义以分之，使有贫、富、贵、贱之等，足以相兼临者，是养天下之本也。"（《荀子·王制》）荀子认为，人的欲望都是相同的，但是社会资源是有限的，所以人与人之间不能不争抢，争抢就会让社会陷入混乱状态，所以圣人通过制定礼义，平定纷争，让群体得以和谐相处，社会秩序稳定下来。那么又是如何通过"礼"让群体中的人能够和谐相处，秩序稳定呢？要有所区别。要对不同人的身份和地位做出高低贵贱的区分，要根据年龄大小做出长幼的区分，根据人的智力状况做出贤人与愚人的区分。这样的区分只是第一步。第二步是根据每个人在上述方面的差异性，给予相应的职位，然后给予相应的俸禄，俸禄的多少一定要根据身份和职位来确定，这样群体就能够和谐相处。

荀子以婚礼为例进行说明："男女之合、夫妇之分、婚姻、娉内、送逆无礼，如是，则人有失合之忧，而有争色之祸矣。故知者为之分也。"（《荀子·富国》）荀子解释结婚时为什么要制定一系列的娶妻出嫁、定亲送礼、送女迎亲等礼仪呢，这样做的目的就是为了区分，否则就会导致有些人可能娶几个老婆，而有些人则一个老婆都没有，人们就会相互争夺配偶，陷入混乱。所以，圣人制定了礼仪规范家庭和婚姻。

那么礼又是依靠什么进行区分的呢？荀子说："礼者，以财物为用，以贵贱为文，以多少为异，以隆杀为要。"（《荀子·礼论》）尊卑贵贱的区别要以成文的规范呈现出来。人与人之间的区分要借助财物，通过一个人应该享有财物的多寡呈现出来。通过服饰、帽子、腰带等外在装饰呈现一个人的身份和地位。"礼者，贵贱有等，长幼有差，贫富轻重皆有称者也。故天子袾裷、衣冕，诸侯玄裷、衣冕，大夫裨、冕，士皮弁、服。德必称位，位必称禄，禄必称用。"（《荀子·富国》）通过屏风的差异呈现人的社会地位的差异："天子外屏，诸侯内屏，礼也。外屏，不欲见外也；内屏，不欲见内也。"（《荀子·大略》）通过使用弓箭的颜色的差异呈现政治身份的差异："天子雕弓，诸侯彤弓，大夫黑弓，礼也。"（《荀子·大略》）人与人之间尊卑贵贱、男女长幼的差异，是通过物和对物的使用的差异呈现出来的。通过外在的显现的实物不断提醒人们在社会中的地位是什么和应该做什么。每个人按照自己在社会身份中所预先规定的礼的要求生活，人与人之间就不会出现争斗。

（五）礼与养

人们通常认为，礼是对人行为和欲望的一种约束，但是荀子并不简单地这样认为。他认为礼具有养的功能，礼是滋养我们的身体和心灵的。他说："故礼者，养也。刍豢稻粱，五味调香，所以养口也；椒兰芬苾，所以养鼻也；雕琢刻镂，黼黻文章，所以养目也；钟鼓、管磬、琴瑟、竽笙，所以养耳也；疏房、檖貌、越席、床笫、几筵，所以养体也。故礼者，养也。"（《荀子·礼论》）荀子认为遵守礼有助于调养我们的身体。以饮食为例，什么能吃什么不能吃，什么时候可以吃，吃多少，如何吃，都有礼的规定。这些规定对我们的身体是有益的。如果没有这些规定，人们就会很容易产生暴饮暴食等自我放纵的行为，可能就会伤害身体。所以礼不只是一种限制，而是对身体和心灵的一种调养。

综上所述，在《荀子》中，"礼"不仅是对行为的规范，也是个人应该努力养成的美德，它还具有区分尊卑贵贱和调养身体的基本功能。它与刑法、政令在适用对象和实施方式上有明显的差别：礼主要适用于士及以上阶层，主要是对行为的引导和节制；而刑法则主要适用于庶人百姓，是对行为的强制性要求；礼主要是伦理上的要求，具有相对的稳定性，而政主要是国家经济、政治、军事等方面具体的政策，具有灵活性。

第四节　"圣人"概念的分析

"圣人"概念在儒家道德话语中占有十分重要的地位。它是儒家追求的理想道德人格，是完美的道德典范，是人生的最终指南。但是长期以来，"圣人"这一概念却没有被很好地分析。在本节中，我们将主要围绕"圣人"概念展开，试图澄清儒家"圣人"在不同儒家文本中的真正意义。

讨论计划如下：首先讨论"圣人"在儒家道德话语中的基本含义；接下来将对不同形式的圣人的意义进行澄清；进而探讨"圣人"概念在儒家道德话语体系中的功能与作用；最后，指出"圣人"概念可能存在的悖论。

一、"圣人"概念的词源考察

首先，从字源上考察"圣"的基本含义。顾颉刚指出，从语源学上看，"圣"字之意最初很简单，只是聪明人的意思，从文字学上看，金文中"聖"字省作"耳口"，为会意字，加"壬"为形声字，意指"声入心通"或"入于耳而出于口"，都是聪明的意思。① 例如，《尚书·洪范》中说："思曰睿""睿作圣"。这也是用聪明、睿智来解释"圣"。的确，从字源上看，一个"圣人"是一个聪明的人，但是这只是"圣人"的字源意义，并不是它的主要内涵。

在传统的中国社会，当一个人被称为"圣人"时，有两种不同的含义：一是道德意义上的圣人；二是非道德意义上的圣人。我们先简略考察这种非道德意义上的圣人。

当"圣人"一词在非道德意义上被使用时，它通常被用来描述那些曾经在职业发展上达到极致或取得重大成就的人。例如，在中国传统社会中有诗圣、武圣、画圣、书圣、药圣、茶圣等，他们都是用来表达这一层意思。也正如《说文解字》对"圣"的解释："圣，通也。

---

① 顾颉刚."圣""贤"观念和字义的演变［M］//中国哲学（第一辑）. 北京：生活·读书·新知三联书店，1979：80-81.

从耳，呈声。"段注："凡一事精通，亦得谓之圣。"但是一个人被称为这种意义上的圣人，不是自封的，也不是皇权赐封的，而是来自社会的共识。这类圣人是非道德意义上的，并不是说这类圣人就是没有道德的，或者无关乎道德的。像被称为武圣的关羽、药圣的孙思邈、画圣的吴道子等，一样也被认为是有道德的人，只是他们被称为职业上的圣人，主要是因为他们在职业上的卓越成就。总之，这类意义上的"圣人"并不是儒家道德话语中的"圣人"。

儒家道德话语中的"圣人"是道德意义上的圣人，那么，作为道德意义上的圣人又是什么意思呢？在不同历史时期和不同学者那里，作为道德意义上的圣人含义并不总是相同。我们首先看孔子在《论语》中对"圣人"概念的理解。

二、《论语》中"圣人"概念的分析

孔子没有对"圣人"下过一个明确的定义。不过有两段相关论述可以帮助我们理解圣人。"子贡曰：'如有博施于民，而能济众，何如？可谓仁乎？'子曰：'何事于仁，必也圣乎！尧舜其犹病诸？'"（《论语·雍也》）在孔子看来，如果一个人能够广泛地施惠民众，救济民众，那么这样的人超越了仁，达到了圣人的地步，这样的行为尧舜恐怕也很难做到。在这里，孔子似乎对"圣人"的概念提供了一个解释：博施济众是成为圣人的充分条件。博施济众事实上是仁的最高境界，孔子主张仁的最高境界就是能够普遍地爱人，所谓"泛爱众，而亲仁"。因此，在孔子看来，圣人首先是一个仁者，并且是一个有能力实现仁的理想的人。

在孔子看来，这样的圣人是一般人很难做到的。他说："圣人，吾不得而见之矣；得见君子者，斯可矣。"（《论语·述而》）孔子认为，在他所处的时代，他还没有见过一个真正的圣人。当学生称赞孔子为圣人时，孔子谦虚地拒绝这样的称号，他说："若圣与仁，则吾岂敢？抑为之不厌，诲人不倦，则可谓云尔已矣。"（《论语·述而》）尽管当孔子去世后，孔子的弟子们称孔子为圣人，但是孔子始终自认为还没有达到圣人的地步。这不是自谦，因为在孔子看来，尧舜都很难达到圣人的境界，何况自己。如果尧舜都不算是圣人，那么孔子的"圣"

人岂不是一个空的概念。但是根据孔子的意思，显然尧舜文武周公算是圣人了。如果他们都不算，那么就没有人有资格可以称得上是圣人了。

或许有学者会认为孔子的圣人更多地指向政治身份。正如吴震所言："在春秋末期，孔子的圣人观主要是指能够治理天下的一种政治理想人格，它是遥不可及、高不可攀的。"① 的确，孔子所认为的圣人具有鲜明的政治身份和地位。但是并不能因此就认为在孔子的观念中，圣人只是一种政治理想人格。因为孔子认为衡量一个人是不是圣人的充分条件是看他是否具有很高的仁德，政治身份只是帮助实现仁德的一种工具。所以孔子没有政治身份，学生依然会认为他是圣人。总之，在孔子看来，圣人在道德上是完美的，是很少有人能够达到的一种理想人格。但是根据孔子的意思，圣人就不可能是所有人的理想人格，因为并不是所有的人都有机会和能力承担政治事务。并且孔子对圣人的要求也很高，连他自己都不算是圣人，那么在世界上，就没几个人能够达到这样的理想人格。这样的理想人格存在有何意义呢？孟子之后回应了孔子的这些问题。

三、《孟子》中"圣人"概念的分析

孟子对"圣人"有了更进一步的论述。他对"圣人"作了初步的限定。主要有这几个方面：

首先，他认为圣人是百世之师。他说："圣人，百世之师也，伯夷、柳下惠是也。故闻伯夷之风者，顽夫廉，懦夫有立志；闻柳下惠之风者，薄夫敦，鄙夫宽。奋乎百世之上，百世之下，闻者莫不兴起也。非圣人而能若是乎，而况于亲炙之者乎？"（《孟子·尽心下》）有人可能会联系孔子的"万世师表"，将这里的"百世之师"理解为道德高尚的教师。但是这里所表达的不是这个意思，而是说这个人的德行成为天下人的榜样，并且会示范和砥砺后人，深刻地影响和改变后世的人们。这和孔子所讲的"君子德风""小人德草"的意思是一致

---

① 吴震. 中国思想史上的"圣人"概念［J］. 杭州师范大学学报（社会科学版），2013，35（04）：15.

的。孟子在这里引用伯夷和柳下惠的例子，是为了说明他们的道德及其影响力。所以孟子在这里认为，如果一个人是圣人，那么是他的德行足以能够成为人们道德上的榜样。这里似乎对道德榜样的影响力在时间上作了一些限定，只有那些道德榜样能够示范和影响很久的人才能够算是圣人。但是如果这样理解，依然无法清楚区分圣人和君子的界限，因为君子也可能是在道德上有重要影响力的人格。

不过孟子还认为圣人是人伦之至。他说："规矩，方圆之至也；圣人，人伦之至也。欲为君尽君道，欲为臣尽臣道：二者皆法尧、舜而已矣。不以舜之所以事尧事君，不敬其君者也；不以尧之所以治民，贼其民者也。"（《孟子·离娄上》）孟子用类比的方法来阐明这一点，用规矩画的方和圆是极致的方和圆，方圆的极致必须依靠规矩这一工具才能得以实现；同样，孟子认为圣人是人伦道德的极致或者完美状态。孟子在这里说的人伦，是专指他所说的五伦，即父子有亲、君臣有义、夫妇有别、长幼有序、朋友有信。当然，一般有道德的人，像君子也可以做到这五点，但是圣人能够将其做到极致。所以，他接着说为什么尧舜能够称之为圣人呢？是因为他们能够将这些人伦做到极致。在孟子看来，圣人是能够将五伦做到极致的人。

圣人是道德榜样，能够将人伦做到极致，那么这样的人似乎是一个道德完美的人。但是孟子下面的一些论述，又似乎表明即便是圣人，也并非在道德上是完美的。"见孟子，问曰：'周公，何人也？'曰：'古圣人也。'曰：'使管叔监殷，管叔以殷畔也。有诸？'曰：'然。'曰：'周公知其将畔而使之与？'曰：'不知也。''然则圣人且有过与？'曰：'周公弟也，管叔兄也；周公之过，不亦宜乎？且古之君子，过则改之，今之君子，过则顺之。古之君子，其过也，如日月之食，民皆见之；及其更也，民皆仰之。今之君子，岂徒顺之，又从为之辞。'"（《孟子·公孙丑下》）在这一段话中，孟子认为周公是古代的圣人，同时又承认周公犯过错误，不过圣人与常人不同之处在于，圣人对于自己的过错不会遮遮掩掩，敢于承认，勇于改正。但是无论如何，圣人并非像我们所想象的那么聪明睿智。包括他对伯夷、柳下惠等人的评价，认为他们的德行也有所偏颇。所以圣人并非都是道德上完美的。

因此，这也涉及下面的一个重要观点，圣人在道德性质上有程度的区别。有些圣人在道德上更完美一些，有些则在道德上似乎有些不足或者侧重。例如，他说："伯夷，圣之清者也；伊尹，圣之任者也；柳下惠，圣之和者也；孔子，圣之时者也。孔子之谓集大成。"（《孟子·万章下》）伯夷是圣人之中清高的人；伊尹是圣人中有责任心的人；柳下惠是圣人中随和的人；孔子是圣人之中识时务的人。不同的圣人，在道德品质上有所侧重：有些圣人可能更具有勇敢的美德，有些圣人可能具有仁慈的美德等。但这些圣人都是有缺陷的。另外，孟子还引用孔子学生的话，比较了这些圣人在道德程度上的差异。伯夷、伊尹等虽然都是圣人，但是他们在德性上都是有偏颇的。他说：

"伯夷、伊尹于孔子，若是班乎？"曰："否。自有生民以来，未有孔子也。"曰："然则有同与？"曰："有。得百里之地而君之，皆能以朝诸侯有天下。行一不义，杀一不辜，而得天下，皆不为也：是则同。"曰："敢问其所以异？"曰："宰我、子夏、有若，智足以知圣人，污不至阿其所好。宰我曰：'以予观于夫子，贤于尧、舜远矣。'子贡曰：'见其礼而知其政，闻其乐而知其德；由百世之后，等百世之王，莫之能违也。自生民以来，未有夫子也。'有若曰：'岂惟民哉！麒麟之于走兽，凤凰之于飞鸟，泰山之于丘垤，河海之于行潦：类也。圣人之于民，亦类也。出于其类，拔乎其萃。自生民以来，未有盛于孔子也。'"（《孟子·公孙丑上》）

在这段论述中，孟子认为，圣人存在等级上的差异。在这些圣人中，孔子更接近道德完美者，尧舜其次，伯夷、伊尹、柳下惠更次。

最后，孟子并不认为圣人是天生的、圣人天生具有智力或道德上的优势。他认为"圣人，与我同类也"，"人人皆可以为尧舜"。圣人并不是普通人遥不可及的，每一个人都具有成为圣人的潜能，并且每个人只要努力，都可以成为这样的圣人。

根据以上的论述，孟子认为如果一个人是圣人，那么他一定能够将五伦做到极致，并能够成为人们的道德榜样。但是圣人并不是道德完人，存在拥有不同美德的圣人。

四、《荀子》中"圣人"概念的分析

荀子对圣人的理解在某些方面与孟子的理解较为一致。他也认为，圣人是能够将人伦做到极致的人。他说："圣也者，尽伦者也。"（《荀子·解蔽》）这是做人最高的理想人格，"圣人者，人道之极也。"（《荀子·礼论》）他认为圣人不是天生的，人人通过自身的努力都可以实现，但是与孟子不同的是，在荀子的观念中，圣人还具有如下的一些特点：

第一，圣人是一个能够通达事理的智者。他借用孔子的话表达了自己的观点，"孔子曰：'人有五仪：有庸人，有士，有君子，有贤人，有大圣。'……哀公曰：'善！敢问何如斯可谓大圣矣？'孔子对曰：'所谓大圣者，知通乎大道，应变而不穷，辨乎万物之情性者也。'"（《荀子·哀公》）孔子认为一个圣人应该是聪明睿智、应变不穷、明辨事理的，这些都是从智力方面定义圣人。荀子更强调圣人在智力方面的超越品质，而孟子并不重视这一点。

第二，荀子认为圣人是道德和智慧上的完人。他说："涂之人百姓，积善而全尽，谓之圣人。""圣人也者，本仁义，当是非，齐言行，不失毫厘。"（《荀子·儒效》）"圣人，备道全美者也，是县天下之权称也。"（《荀子·正论》）"全尽""不失毫厘""备道全美"这些词都是在描述圣人完美的形象。

第三，荀子认为的圣人具有鲜明的政治身份。荀子在讲圣人的时候通常与圣王的概念联系在一起，并且二者常常被混同使用。例如，他说："凡礼义者，是生于圣人之伪，非故生于人之性也。"（《荀子·性恶》）荀子认为的圣人和孔子的认知是类似的，而孟子却没有鲜明的政治人格倾向。

第四，和孟子一样，荀子也认为人人都能够成为圣人，但是荀子认为人人之所以能够成为圣人，并不是因为人与生俱来的性善，而完全是由于长期的"积"和"伪"，根据礼和法对自我的改造实现的。他说："彼求之而后得，为之而后成，积之而后高，尽之而后圣。故圣人也者，人之所积也。"（《荀子·儒效》）"故圣人之所以同于众，其不异于众者，性也；所以异而过众者，伪也。"（《荀子·性恶》）

所以，荀、孟虽然同论圣人，但是"圣人"的概念在他们那里却有显著的差异。相较于孟子，荀子的"圣人"更强调智力和道德上的完美，圣人不可能是生而有之的，是依靠后天的努力而自我成就的。而且荀子的"圣人"通常是具有一定政治身份的统治者。

五、宋明理学家中"圣人"概念的分析

到宋明理学时期，圣人问题又一次被提上日程。宋明理学的开山祖师周敦颐对"圣人"概念作了全新的解释。他认为诚是圣人的根本特质。他说："诚者，圣人之本。""圣，诚而已。"（《通书·诚上》）换句话说，如果一个人是圣人，那么他必定具有诚的品质。这里所谓的诚，也是儒家通常所说的真实无妄的意思。这对圣人的理解与先秦儒家的理解就相差较大。诚在先秦儒家这里，对于圣人而言，并不是一个核心的构成要素。那么诚何以在周敦颐这里就成了构成圣人的核心要素呢？周敦颐的推理是这样的：人道应该效法天道，而天道运行中最根本的特质就是诚。因此，人道最根本的美德是诚。他说："大哉乾元，万物资始，诚之源也。乾道变化，各正性命，诚斯立焉。"（《通书·诚上》）诚不仅具有伦理学意义，更具有宇宙本体论的意义。它源自宇宙的根本"太极"，是自然运行的根本法则。它是其他诸美德的根本："诚，五常之本，百行之原也。"（《通书·诚上》）因此，对于一个人而言，只有做到诚，才能达到天人合一的圣人境界。

二程对"圣人"的理解不同于周敦颐。他们说："周公没，圣人之道不行，孟轲死，圣人之学不传。"（《河南程氏遗书》卷十一）他们认为的圣人主要是指尧舜禹汤、文武周召，连孟子、颜回都被排除在圣人之外。"颜子去圣人，只毫发之间，孟子大贤，亚圣之次也。"（《河南程氏遗书》卷十八）又载："邓文孚问：'孟子还可为圣人否？'曰：'未敢便道他是圣人，然学已到至处。'"（《程氏遗书》卷十九）那么一个人达到什么样的条件才算是圣人呢？他们认为，一个人需要通过不断学习，达到对天下的人伦事理明白通透的程度，才可以算是圣人。因为"圣人，人伦之至。伦，理也。既通人理之极，更不可以有加"（《河南程氏遗书》卷十八）。所以，明理是成圣的关键。"随事观理，而天下之理得矣。天下之理得，然后可以至于圣人。"（《河南程

氏遗书》卷二十五）可见，在二程这里，明理是构成圣人概念的核心要素。

朱熹虽然比较赞同二程对圣人的诠释，但是他不同意二程将圣人过分拔高。他说："不要说高了圣人。高了，学者如何企及？越说得圣人低，越有意思。"（《河南程氏遗书》卷四十四）如果圣人遥不可及，那么对于一般人而言，他就失去了作为理想人格可以实现的意义。但是尽管如此，朱熹依然认为，成为圣人还是要彻底地明理才可以。一个圣人必定是一个明理之人。这对于普通人而言，仍然是比较难以达到的。

王阳明对"圣人"概念的理解不同于程朱学派，在他看来，圣人并不是高不可攀、遥不可及的，圣人也并不是需要通过读书明理、涵养修身、克己复礼等方式才能实现的。内在心灵状态才是决定一个人是不是圣人的根本因素。他说："圣人之所以为圣，只是其心纯乎天理，而无人欲之杂。犹精金之所以为精，但以其成色足而无铜铅之杂也。人到纯乎天理方是圣，金到足色方是精。"（《传习录》）换言之，一个人是否是圣人，取决于内心的善的纯粹程度，当且仅当他的心灵状态是纯乎天理，没有人欲夹杂时，他才是一个圣人。这种状态就是一个人的良知得到彻底呈现的状态。在这里，他纠正了之前儒家学者认为圣人有程度差异的观念，之前人们在区分圣人的时候，往往是以他们的地位、贡献为依据，如尧舜之所以为圣人是因为他们贡献大，但是王阳明不同意这一观点。他说："然圣人之才力，亦有大小不同。犹金之分两有轻重。尧舜犹万镒。文王、孔子犹九千镒。禹、汤、武王犹七八千镒。伯夷、伊尹犹四五千镒。才力不同，而纯乎天理则同，皆可谓之圣人。犹分两虽不同，而足色则同，皆可谓之精金。以五千镒者而入于万镒之中，其足色同也。以夷、尹而厕之尧、孔之间，其纯乎天理同也。盖所以为精金者，在足色，而不在分两。所以为圣者，在纯乎天理，而不在才力也。故虽凡人。而肯为学，使此心纯乎天理，则亦可为圣。犹一两之金，此之万镒，分两虽悬绝，而其到足色处，可以无愧。"（《传习录》）他在这里用纯金作比喻很好地说明了这一点。假如尧舜的功劳相当于万两纯金，而一个普通的圣人的功劳可能只有一两纯金。但是这并不影响这个普通的人不是圣人，普通人与尧舜都是一样的圣人，因为他们的心灵都是一样的纯乎天理。所以，根据王阳明的看法，人人都可以成为圣人。这并不依赖于一个人的天赋资质、知识水平、职业地位等因素，而取决于这个人内心善的纯粹程度。

儒家将成为圣人作为个人修养的最高目标，相信每个人通过自身的努力都可以成为圣人，希望构建一个每个人都是圣人的社会。但是这真的能够实现吗？苏珊·沃尔夫在她具有重要影响力的《道德圣人》① 一文中，表达了这样一个颠覆性的观点：道德圣人是不值得欲求的。她给出的理由是，一是追求道德美德达到极端程度容易阻碍其他能够使生活过得好的非道德美德、技能或利益。道德圣人几乎将所有时间投入于帮助需要的人之中，他在一种极端的程度上拥有标准的道德美德；他没有时间和精力去发展和培养那些有助于自我健全、完美的非道德美德；他也没有时间去阅读文学、演奏音乐，培养他的烹饪技能和运动技能。在美好生活中扮演重要角色的部分，对于一个道德圣人而言，是被禁止的。一个道德圣人将是才智平庸、无幽默感或者平淡乏味的。二是成为道德圣人的理想生活，之所以令人不舒服，不仅是因为道德在整个理想生活中不恰当地占据了支配地位，与道德完善相冲突的那些正常的欲望被牺牲掉了，或者被取消、被抑制了，而且是因为其他可能的欲求不同，道德起支配作用的生活是自我的缺位，是对自我存在的否定。它不能够成为一种理想的人格类型，因为这些理想的实现会成为不道德，这是一种道德狂热。

针对沃尔夫的批评，事实上儒家的圣人观念可以给予回应。儒家思想中的圣人形象并不是才智平庸、没有幽默感或平淡乏味的。相反，圣人是才智出众的，而且儒家观念中的圣人是多种多样、多才多艺、富有生活气息的，比如孔子就喜欢音乐艺术，富有幽默感，而且并不反对非道德部分的美德、技能或利益的。恰恰相反，在中国传统社会中，那些具有某种特殊的卓越才能的人也会被人们尊称为圣人，如药圣、酒圣、武圣、诗圣等。再者，成为圣人也不意味着自我的欲望会被否定掉，这是对自我存在的否定。儒家认为成为圣人恰恰是自我真

---

① See Susan Wolf. Moral Saints [J]. The Journal of Philosophy, 1982 (08): 419.

正的实现。儒家认为人是成长中的人，自然意义上的人并不是理想的完美的人的形象，人需要在后天的成长中，不断通过自身的努力，发展和完善自我，最终成为理想的道德人格。所以，沃尔夫对圣人的批评，在儒家这里是不成立的。

第五章

儒家言语道德

言语道德不同于道德话语，它是人们在人际交往中的言语行为应该遵守什么样的道德规范和道德原则的问题。儒家坚信，言语行为不仅是一个语言学问题，更是一个伦理学问题。言语应当受到伦理的规范和约束，并且儒家鼓励个体自觉地在言语上进行修养，认为言语道德修养是个人道德发展的一个重要方面。儒家特别是早期儒家在言语道德方面有着丰富的论述，在本章中，我们将深入探究《论语》《孟子》《荀子》以及《礼记》中的言语道德思想。

第一节 《论语》中的言语道德

在《论语》中，孔子对人的言语行为有不少讨论，他认为人的言语行为应该受到伦理规范的约束，并且为言语的合理表达提出了一系列的伦理要求。下面将从几个方面阐述：

一、言语与人

孔子认为一个人的言语与他的道德品质相关。他说："有德者必有言，有言者不必有德；仁者必有勇，勇者不必有仁。"（《论语·宪问》）在这里，他认为一个人的言语表现能够体现出一个人的道德品质，如果一个人是有道德的人，那么这个人必定不会口出恶语，而是善言善语的，善语是成为一个有德之人的必要条件。为什么一个有德之人必然会讲善语呢？正如朱熹解释："有德者，和顺积中，英华发外。"（《四书章句集注》）一个内心真正有仁德的人，其仁德自然会由内而发，体现在言语行动之中。相反，一个有善语的人未必就是一个有道德的人。孔子说："巧言令色，鲜矣仁。"（《论语·学而》）"乡愿，德之贼也。"（《论语·阳货》）一个花言巧语的人表面看似有道德，但实际上是没有道德的。因为巧言令色之人表现出来的这种善语是表演性的，追求的是自我利益，不是内心仁德的自然流露。在孔子看来，真正的善语是由心而发的。

孔子认为，言语也是了解和认识人的重要途径。他说："不知命，无以为君子也；不知礼，无以立也；不知言，无以知人也。"（《论语·尧曰》）朱熹解释说："言之得失，可以知人之邪正"。（《四书章句集注》）言语在一定程度上能够反映一个人的真实状况，考察一个人在言语上的得失就可以知道这个人的邪与正。

言语虽然可以反映一个人的道德品质，但是孔子也认识到语言的真实性和合理性未必总是依赖于一个人的道德品质。孔子说："君子不以言举人，不以人废言。"（《论语·卫灵公》）他认为，君子不能仅仅根据一个人的言语就举荐或不举荐这个人；也不能够因为一句话出自道德品质不好的人，就抛弃他所说的话。可见孔子清楚地意识到在言语的真理性与个体的身份之间并没有必然的联系，言语的真实性有其自身的独立性，不必依赖于个人身份。

二、反对"巧言"

在孔子的言语道德中，他首先旗帜鲜明地反对"巧言"。他说："巧言令色，鲜矣仁。"（《论语·学而》）朱熹解释说："好其言，善其色，致饰于外，务以悦人，则人欲肆而本心之德亡矣。"（《四书章节集注》）孔子描述这样的人：满嘴说着讨人喜欢的话，满脸表现出讨人喜欢的表情，这样的人很容易被人误以为是具有仁德的人，但是实际上却恰恰相反；他好听的话语只是停留在嘴上，既不是由心而发，又没有将语言付诸行动，完全是虚假的言语，这就是孔子所反对的"巧言"。

孔子之所以反对巧言，首先是因为他认为这样的言语会损害一个人的道德品质。他明确地说："巧言乱德。"（《论语·卫灵公》）为什么巧言会乱德？朱熹解释说："巧言，变乱是非，听之使人丧其所守。"（《四书章句集注》）根据朱熹的意思，巧言会颠倒黑白、混淆是非，听信这样的话语会让统治者丧失对是非对错的正确判断。其次，孔子也高度意识到这些话语对政治产生深刻的影响力。他认为对于一个统治者而言，如果身边有一群善于巧言的人，那是一件很危险的事情："一言可以兴邦；一言可以丧邦。"（《论语·子路》）又说："恶紫之夺朱也，恶郑声之乱雅乐也，恶利口之覆邦家者。"（《论语·阳货》）孔子深信，如果统治者听信这样的言语，足以毁灭一个国家，他们的言语完全能够颠倒是非善恶，具有很强的蛊惑性和欺骗性。所以，在国家治理上，统治者要远离那些巧言之人。

三、提倡"谨言"

孔子特别强调言语的谨慎性。孔子的学生子贡说："君子一言以为知，一言以为不知，言不可不慎也。"（《论语·子张》）一个有道德的人，通过一个人的一句话就可以了解到他是不是一个智者。但是孔子认为说话之所以要谨慎，不仅仅是因为这会影响到别人对自己的评价，也不仅仅是因为不当的言语可能会给自己或他人带来灾难性的后果，而是因为行动比言语更难做到。他说："古者言之不出，耻躬之不逮也。"（《论语·里仁》）古代的人之所以不会轻易地说话，是担心说出后做不到，古人认为说到做不到是一件可耻的事情，所以古人不轻易说话。孔子又说："君子欲讷于言而敏于行。"（《论语·里仁》）一个有道德的人在说话上应该语速放慢，但是在行动中应该敏捷。司马牛问仁于孔子，孔子说："仁者，其言也讱。"司马牛不解，继续问："其言也讱，斯谓之仁已乎？"孔子说："为之难，言之得无讱乎？"（《论语·颜渊》）这里的"讱"是迟钝的意思，为什么一个有仁德的人说话是迟钝的呢？因为做到自己所说的话是一件困难的事情，"其言之不怍，则为之也难"（《论语·宪问》），所以一个人如果轻易做出承诺，那么他可能很难做到。

由以上分析可见，第一，孔子非常注重言语的行动性特点。言语指向行动，没有行动的言语是空洞的。行动是言语的实现，言语是行动的抽象，言与行统一在一个人身上。第二，孔子认为行动比说话更难做到。做出承诺容易，但是要用行动实现承诺则不是一件容易的事情。所以，孔子在评价一个人的时候，不仅仅看一个人说了什么，更要看他实际上做了什么："今吾于人也，听其言而观其行。"（《论语·公冶长》）第三，一个有道德的人，在言语上必然是迟钝的，但这种迟钝不是真迟钝，而是谨慎，是担心自己做不到。所以孔子说："刚毅、木讷，近仁。"（《论语·子路》）一个更注重行动，注重言行一致的人更可能是一个有仁德的人。

四、情境化的言语

《论语》还特别强调言语是情境性的言语，主张应该根据具体情境选择言语的内容和方式。

首先，孔子就是这样一个人，当他处在不同的场景时，言语的方式和态度是不同的："孔子于乡党，恂恂如也，似不能言者；其在宗庙朝庭，便便言，唯谨尔。"（《论语·乡党》）当孔子面对乡党时，显得温和而恭敬，像是不善言谈的样子。但是当他在宗庙或朝廷的时候，又显得能言善辩，且言语比较严谨。又如："朝，与下大夫言，侃侃如也；与上大夫言，誾誾如也。君在，踧踖如也，与与如也"。（《论语·乡党》）当他在上朝时，面对不同的对象，说话时的态度也是不同的——在朝堂上，当国君还没有到来时，他同下大夫说话，是温和而舒展的样子，同上大夫说话，是正直而公正的样子；当国君已经来了时，是恭敬而心中不安的样子，但又仪态适中。可见，孔子言语的态度和方式明显受到情境和对象的限制。

其次，孔子明确提出，当我们与人交谈时，应该充分考虑说话对象的具体状况。他说："可与言而不与之言，失人；不可与言而与之言，失言。知者不失人，亦不失言。"（《论语·卫灵公》）孔子在这里建议我们，当我们与人交流时，首先应该去了解交谈者的认知状况，根据交谈者的认知水平，决定是否有必要交谈以及交谈什么。如果遇到不合适的人，那么这种谈话可能就是浪费时间。如果遇到可以交谈的人，但是却不与之交谈，那么就失去了人才。在这里，孔子认为"可与言"和"不可与言"的标准是交谈对象的认知状况。我们需要预先判断谈话对象是否可以交谈。这一观点在另一段文本中也可以得到印证。孔子说："中人以上，可以语上也；中人以下，不可以语上也。"（《论语·雍也》）朱熹解释说："语者，告也，言教人者当随其高下而告语之，则其言易人而无躐等之弊也。"（《四书章句集注》）"上"就是高深的道理，"下"就是切身的话语。"中人"以及上下，是就一个人的资质天赋而言的。根据朱熹的解释，说话者应当根据说话对象资质天赋的不同而选择不同的交谈方式。如果交谈对象的资质和境界很高，那么就可以和他交流深奥的道理；但是如果对方的资质和境界都比较低，就不能够交流深奥的道理。所谓应当"语下"，就是从个人切实的生活和身边的小事入手加以引导。事实上，在孔子的教学实践中，他也是遵循着这样的教育理念，当不同的学生向他请教同样的问题时，他总是根据学生的情况，给予不同的回答。

再次，说话除考虑言语对象之外，还要把握好说话的时机。孔子说："言未及之而言，谓之躁；言及之而不言，谓之隐；未见颜色而言，谓之瞽。"（《论语·季氏》）孔子在这里列举了话语不合时机的三种情况：第一，"躁"是指不该说话的时候抢着说话；第二，"隐"是指该说话的时候却不说话；第三，"瞽"是指没有考虑说话对象的感受就直接说话。这三种情况下的说话都是不合时宜的。可见孔子比较重视语言的情境性因素，恰当的表达要充分考虑说话的对象、时机等因素。

五、言语合乎忠、礼、仁、义

孔子认为儒家基本的道德规范不仅约束人的行为，也约束人的言语。

第一，言语要合乎忠的道德原则。孔子认为，一个有道德的人应该积极地对自己进行彻底的反思，包括言语上的反思。他说："君子有九思。视思明，听思聪，色思温，貌思恭，言思忠，事思敬，疑思问，忿思难，见得思义。"（《论语·季氏》）孔子列举了君子应当反思的九件事情。其中，"言思忠"就是对自己言语的反思。反思自己的言语是否合乎忠的原则，是否存在自我欺骗、言不由衷的现象，反思自己的行动是否忠于自己的话语。

第二，言语要合乎礼。孔子说："非礼勿言。"（《论语·颜渊》）他认为我们的言语应该符合礼的要求。克制自己的私欲，使言谈举止合礼，这是自我道德修养的重要方式。再如按照礼的要求，"食不语，寝不言"(《论语·乡党》），吃饭时不能够发出声音，晚上睡觉前也不能说话，以免打扰到别人。

第三，鼓励人们谈论仁义的事情。他说："群居终日，言不及义，好行小慧，难矣哉！"（《论语·卫灵公》）在这里，孔子委婉地批判了这样的现象：一群人整日聚在一起，谈论无关仁义的事情，钻营私利。他认为真正有道德的人在一起应该关注仁义的事情，谈论仁义的话题。

综上所述，孔子高度重要言语的伦理意义。他认为言语在一定程度上反映了一个人的道德状况。他反对巧言，提倡谨言，强调言语的行动性与情境性，并且认为言语应该受到忠、礼、仁、义等道德规范的约束。

第二节 《孟子》中的言语道德

孟子对言语道德有着多方面的探讨。他不仅探讨了论辩的社会功能，也对错误的言语进行了区分，还意识到了规范性话语与描述性话语的区别，而且他对语言的习得也有独到的见解。下文将围绕这些问题进行论述。

一、论辩的社会意义

在下面这段文本中，孟子试图澄清人们对他的一个误解，即人们认为他喜好辩论。但孟子认为他自己并不是一个喜好辩论的人，辩论是他不得已而为之。在这里他通过解释好辩的原因，阐述了言语的社会价值。

公都子曰："外人皆称夫子好辩，敢问何也?"孟子曰："予岂好辩哉? 予不得已也。天下之生久矣；一治一乱。当尧之时……世衰道微，邪说暴行有作；臣弑其君者有之，子弑其父者有之。孔子惧，作《春秋》。《春秋》，天子之事也。是故，孔子曰：'知我者其惟《春秋》乎! 罪我者其惟春秋乎!'圣王不作，诸侯放恣。处士横议，杨朱、墨翟之言盈天下；天下之言，不归杨则归墨。杨氏为我，是无君也；墨氏兼爱，是无父也；无父无君，是禽兽也。……杨、墨之道不息，孔子之道不著：是邪说诬民，充塞仁义也。仁义充塞，则率兽食人，人将相食。吾为此惧。闲先圣之道，距杨、墨；放淫辞，邪说者不得作。作于其心，害于其事；作于其事，害于其政。圣人复起，不易吾言矣。……我亦欲正人心，息邪说，距诐行，放淫辞，以承三圣者。岂好辩哉！予不得已也。能言距杨、墨者，圣人之徒也。"（《孟子·滕文公下》）

　　孟子清楚地表明，自己辩论的真正目的是"正人心，息邪说"，即消灭错误的思想言论，端正人们的思想观念。在他看来，当时社会的混乱腐败，不是由于经济、政治上的错误政策所导致的，根源上是由于人们接受了错误的思想言论所导致的。在他看来，这些错误的思想言论主要来自当时流行的两大派别：杨朱的学说和墨家的学说。杨朱学派推崇贵己重生，是一种极端的利己主义；墨子学派则主张爱人如己的兼爱学说，是一种无父无母的禽兽学说。孟子认为这些思想观念的流行蛊惑了人民群众的心智，引导人民作恶，导致社会出现各种混乱现象。所以，他认为要拯救百姓，稳定社会秩序，首先要做的事情是深入批判和清算这些错误的思想言论，帮助人民建立起正确的信念。孟子的思路是清晰的，社会混乱的根源是由思想观念的混乱和错误引起的，而澄清思想观念的错误和混乱，不能依赖于武力、法律、政策等，而要依赖于语言和观念，观念的问题交由论辩来解决。所以，孟子将所有的社会问题归咎到言语和观念上，试图通过澄清人们错误的思想观念解决社会问题。这一思路其实和孔子一脉相承。他们都相信，语言和观念可以塑造和改变社会。

二、区分四种错误的言语

　　孟子认为杨朱和墨家的思想言论是错误的，不仅仅是因为他们和儒家的思想相抵触，以及遵循他们的思想言论可能会给社会带来灾难性后果，还是基于他对言语性质的理解。在下面的这段文本中，他清楚地区分了四种错误的言语类型，认为杨朱和墨家就属于其中的两类。

　　"敢问夫子恶乎长？"曰："我知言，我善养吾浩然之气。""何谓知言？"曰："诐辞知其所蔽，淫辞知其所陷，邪辞知其所离，遁辞知

其所穷。生于其心，害于其政；发于其政，害于其事。圣人复起，必从吾言矣。"（《孟子·公孙丑上》）

　　孟子在这里围绕"知言"的话题展开了论述。他首先区分了言语上的四种错误类型，分别是："诐辞"，即片面的言语；"淫辞"，即过度或极端的言语；"邪辞"，即不合正道的言语；"遁辞"，即逃避躲闪的言语。其次，他进一步认为一个真正"知言"的人，不仅能够清楚地区分这四种错误言语，还要进一步知道这四种言语错在何处。对于诐辞，要能够知道它的片面之处在哪里；对于淫辞，要能够知道它的极端和过分之处在哪里；对于邪辞，要能够知道它与正道的分歧在哪里；对于遁辞，要能够知道它的理曲之处在哪里。当一个人能够清楚地区分这四种错误的言语，并能够清楚地知道这四种言语的错误之处，孟子认为这个人才可以称为"知言"。在此基础上，孟子进一步认为上述错误言语产生的根源在于心，因为"心之官，则思"（《孟子·告子上》）。思考是心的功能，决定一个人如何思考、如何言说的是"心"。而"心"本来是善的，之所以出现言语上的错误，一方面是由于不良环境的影响，另一方面是由于心丧失了反思的功能，放其心而不知求。此外，孟子还进一步分析了上述四种错误言语导致的严重后果，认为它们会给人们的行动以错误的指引，会影响国家的安危。最后，孟子对自己的这一观点进行了辩护。他说假如有圣人出现，他们也一定会认同他的这一看法。

三、区分名称的规范性意义与描述性意义

　　孟子区分了名称的规范性意义与描述性意义，并且认为规范性意义才是名称的根本意义。如下的这段文本可以说明这一点。

　　齐宣王问曰："放桀，武王伐纣，有诸？"孟子对曰："于传有之。"曰："臣弑其君可乎？"曰："贼仁者谓之贼，贼义者谓之残；残贼之人，谓之一夫。闻诛一夫纣矣，未闻弑君也。"（《孟子·梁惠王下》）

　　在这里，孟子解释了为什么周武王诛灭殷纣王的行为不能算是弑君。他通过区分"君"与"一夫"这两个概念进行说明。他认为"君王"这一概念蕴含了君王是仁义的内涵。如果君王的行为是违背仁义的，那么该君王就不符合"君"这个概念的规范性要求，事实上的君

王并不一定是规范意义上的君王。纣王做出了一系列违背仁义的行为，所以纣王虽然名义上被认为是君王，但他的行为已经不符合规范意义上的"君"的名称，所以周武王讨伐殷纣王的行为不能被视为弑君，只能算是"杀一夫"。在孟子看来，人们之所以会产生错误的认知，就是将"君"的称号仅仅视为一种描述意义上的概念，而忽略了其规范性的意义。可见，在孟子的观念中，他已经清楚地意识到名称的规范性意义与描述性意义的差别，并且认为对于名称而言，其规范性意义更为根本。

四、语言的习得依赖于环境

孟子还讨论了语言的习得问题。在下面的这段文本中，他讨论了良好的语言环境对语言学习的重要意义。

孟子谓戴不胜曰："子欲子之王之善与？我明告子。有楚大夫于此，欲其子之齐语也；则使齐人传诸？使楚人传诸？"曰："使齐人传之！"曰："一齐人传之，众楚人咻之；虽日挞而求其齐也，不可得矣。引而置之庄岳之间，数年，虽日挞而求其楚，亦不可得矣。"（《孟子·滕文公下》）

他通过一个故事说明环境对语言的影响。如果一个楚国大夫想要他的儿子学会齐国话，那么他肯定是让齐国人而不是楚国人教他的儿子，如果他一直待在楚国，身边有一群楚国人每天在他耳边喋喋不休地说着楚国话，那么即便每天鞭打他，他也很难学好齐国话；相反，如果让他去齐国的街道上、巷子里生活数年，即便有人每天鞭打他，让他说楚国话，他也可能不会说楚国话了。所以，能否学好齐国话，关键在于生活的语言环境。人对语言的获得与相应的环境密切相关，语言的获得需要在特定的语言环境下进行，脱离语言环境的语言学习，在孟子看来是非常困难的。

综上所述，我们可以将孟子的言语道德思想，总结为以下几点：（1）错误的言语是社会混乱的根源，所以解决社会混乱的方法是通过辩论的方法清除人们错误的思想言论；（2）首先要区分一种错误言语属于哪一类，所有错误的言语主要有四类：片面的、极端的、闪烁的、不合正道的；（3）要通过"正名"的方法，重新定义重要的名称，赋予其规范性意义，以此规范人们的行为。

第三节 《荀子》中的言语道德

在《荀子》中，有关于言语道德的多方面论述。首先，荀子对名称问题进行深入的论述，阐述了名称的起源、本质和功能，并区分了错误使用名称的几种情况。其次，他从道德的视角，对言语进行多维度的区分，区分了君子之言语与奸言、智者之言与愚者之言。最后，他还对辩说进行了深入的论述。接下来，将围绕这些话题展开深入论述。

一、名称的本质

荀子在《正名》篇中，以"名"为例，深入探讨了名称的本质和起源问题。首先，他就语言的形成提出自己独到的观点。传统的观念认为，语言是圣人创造的，如伏羲造字。但是荀子认为语言不是被某一个人创造的，也不是先天就存在的，而是人们在长期的生活中共同约定俗成的。他对"名"下了这样一个定义："名也者，所以期累实也。"（《荀子·正名》）名称是人们对一类事物的共性的抽象概括。在另一段文本中，他说："名无固宜，约之以命。约定俗成谓之宜，异于约则谓之不宜。名无固实，约之以命实，约定俗成谓之实名。"（《荀子·正名》）他认为，名称与事物之间并无确定的必然的内在关系，人们用一个名称指称一个事物，这是人们共同约定的结果。例如，桌子被称为桌子，仅仅是人们在长期的生活中共同约定的而已。荀子的这一认识在当时是富有创见的，他厘清了名称和事物之间的关系，这种关系不是必然的自然的，而是偶然的建构性的，由此揭开了名称神秘而神圣的面纱。但是荀子认为，尽管事物的名称是约定俗成的，但是当名称与它所指称的对象的关系一旦被确定下来，成为人们的共识后，那么它们之间的关系就是稳定的，不应该再被任意改变，人们应当遵守对名称的这种共同约定，按照这种约定来使用语言。如果随意改变名称，将会造成名称与事物关系的混乱，进而造成社会的混乱。

按照名称约定论的观点，荀子进一步得出：（1）像仁义礼智、圣人等道德名称，不是内在于人自身的，也并没有特别神秘之处，只是人们共同约定俗成的结果而已。（2）仁义礼智等道德名称与它们所指称的对象并不是一回事，是不能够将二者混为一谈的，而之前的儒家并没有将二者严格区别开来。例如，孔子的学生向孔子请教什么是仁的问题，孔子面对不同的学生经常会有不同的答案。但这在荀子看来，仁的名称与仁所指的对象应该是固定的关系，是不可以被随意修改的。

二、名称的功能

除了论述名称的本质外，荀子更关注名称的功能。他认为名称的功能在于维持社会秩序。他说：

"异形离心交喻，异物名实玄纽，贵贱不明，同异不别。如是，则志必有不喻之患，而事必有困废之祸。故知者为之分别制名以指实，上以明贵贱，下以辨同异。贵贱明，同异别，如是，则志无不喻之患，事无困废之祸。此所为有名也。"（《荀子·正名》）

在这段文本中，荀子清楚地阐明了名称的功能是"上以明贵贱，下以辨同异"。或许有些人会认为"明贵贱"和"辨同异"是一回事，但是传统的观点认为这是两种完全不同性质的名称功能。胡适在其《先秦名学史》中说："儒家认为名的使用应当包括道德上的判断作用。这个观点被荀子保留在自己的理论中，即名的最重要的用处在于判明贵贱。这就是说，有些名是表示高贵的，因而鼓励上进和努力，而另一些名则总是和罪恶、耻辱联系在一起，因而引起非难、恐怖和回避。……名的另一种用处是区别同异，墨家学派是非常强调名的这种用处的，而荀子则把它仅仅看作是次要的。"① 冯友兰也做了类似的解释："指事物之功用，在于别同异。指社会上人与人各种关系之名，其功用在于别贵贱。如君、臣、父、子等名，皆所以指出此人对于彼人之关系。"又说："荀子承儒家之传统精神，故其所谓正名，除逻辑的意义外，尚有伦理的意义。故曰'上以明贵贱，下以辨同异'。"② 上

---

① 胡适．先秦名学史［M］．合肥：安徽教育出版社，1999：185.

② 冯友兰．中国哲学史［M］．上海：华东师范大学出版社，2000：230.

面这两位学者认为，"明贵贱"是名称在伦理意义上区分人的高低贵贱，"明贵贱"的贵贱不仅是政治和社会地位上的贵贱，也是道德意义上的贵贱；而"别同异"是名称在非伦理意义上具有认识事物异同的功能。两位学者都倾向于认为，在名称的功能上，"明贵贱"比"辨同异"更为重要。

荀子如此认为的理由是，假如人与人之间的交流沟通不依赖有形的语言，而依赖无形的意念；或者假如不同的名称和名称所指的不同事物混乱地交缠在一起，那么人与人在道德上、政治上或社会上的贵贱就不能够得到清楚的分辨，这样将会使社会陷入混乱无序的状态。同样，如果万事万物都没有名称，事物的同异也就不能清楚地被区分，那么，人们之间便无法进行正常的交流沟通，所以人类社会的存在需要名称。因此他认为目前社会混乱无序的状态，就是由于名称的不规范所导致的。所以，他主张通过"制名"，使贵贱分明，尊卑有序，进而使得社会变得有秩序。可见，荀子将语言作为工具，最终目的是构建一个有秩序的道德社会。

三、错误使用名称的三种情况

荀子区分和批评了错误使用名称的情况，他从语言使用的视角看，认为所有错误的思想言论都可以归为如下三种情况：

> "见侮不辱"，"圣人不爱己"，"杀盗非杀人也"，此惑于用名以乱名者也。验之所为有名而观其孰行，则能禁之矣。"山渊平"，"情欲寡"，"刍豢不加甘，大钟不加乐"，此惑于用实以乱名者也。验之所缘以同异而观其孰调，则能禁之矣。"非而谒楹有牛"，"马非马也"，此惑于用名以乱实者也。验之名约，以其所受悖其所辞，则能禁之矣。凡邪说辟言之离正道而擅作者，无不类于三惑者矣。故明君知其分而不与辨也。（《荀子·正名》）

在这段文本中，荀子区分了错误使用名称的三种情况：第一种名称使用上的错误是以名乱名。荀子列举了三个典型例子进行说明。一是"见侮不辱"。该命题是说，如果一个人遭到别人的欺负和侮辱，他并不感到耻辱，那么他就不会与人争斗，社会就能和谐。但荀子认为，事实上在"侮"的概念中本身就蕴含了"辱"的意义，因为离开"辱"，"侮"的概念是不能够成立的。因此，别人欺负和侮辱本身就蕴含着耻辱的意义，说不辱便是自相矛盾的。二是"圣人不爱己"的命题，这涉及墨子兼爱的主张。墨子认为圣人是爱人的，但"人"不是"己"，所以有人便误以为"爱人"不是"爱自己"。但荀子认为，事实上，"爱人"的"人"也包含自己，是爱一切人。三是"杀盗非杀人"的命题，这也涉及墨子的观点。这个命题错误地将"盗"从"人"这一普遍概念中剥离了出来，认为"盗"不属于人，所以杀盗不是杀人。但是荀子显然认为，盗也是人，因此，杀盗也是杀人。像以上这类就是用一个名称扰乱另一个名称的错误。

第二种名称上的错误是以实乱名，即用事实扰乱名称的正确使用。他认为惠施、邓析等名家的命题就犯了这类错误。这类命题的错误之处是用个别的事实反驳具有普遍意义的名称。例如，"山渊平"，的确存在着有些低矮的山与高山的渊一样平，但是不能够根据一两个特例否定普遍存在的事实。所以这类错误并不是由于名称的使用错误，而是用个别特例否定普遍名称的错误。

第三种名称上的错误是以名乱实。这是通过混淆、曲解或错误地使用概念破坏人们对已有事实的正确认识。例如，公孙龙的"白马非马"说。公孙龙认为，"白马"描述了马的形状和白的颜色；"马"的概念只是描述了马的形状属性，因此白马不是马。但是事实上，白马显然属于马，因为马是属概念，白马是种概念，二者是种属的关系。这是用名称扰乱人们对事实的认知的错误。

荀子认为所有涉及名称的、离经叛道的或者不正确的思想观念都可以归入到这三类之中。正是因为人们对名称的这种错误使用扰乱了人们的思想观念。因此，统治者要注意认识和分辨这些错误的言论。

四、君子之言与奸言

荀子从道德的视角，区分了道德的言语与不道德的言语。

凡言不合先王，不顺礼义，谓之奸言；虽辩，君子不听。法先王，顺礼义，党学者，然而不好言，不乐言，则必非诚士也。故君子之于言也，志好之，行安之，乐言之，故君子必辩。凡人莫不好言其所善，而君子为甚。故赠人以言，重于金石珠玉；观人以言，美于黼黻文章；听人以言，乐于钟鼓琴瑟。故君子之于言无厌。鄙夫反是：好其实不恤其文，是以终身不免埤污庸俗。故易曰："括囊无咎无誉。"腐儒之谓也。（《荀子·非相》）

荀子在这里区分了"奸言"与"君子之言"。所谓"奸言"是不符合古代圣王制定的道德准则或礼义制度的言语。一个有道德的人，不仅不应该讲这样的"奸言"，也不应该被这种言语所迷惑。"君子之言"是善良的有利于他人的言语，是美好的话语，"美于黼黻文章、乐于钟鼓琴瑟"，能够给人的心灵带来愉悦享受的言语。君子喜欢这样的言语，行动中遵循它，乐于宣扬它。

可见，荀子在这里根据言语的道德性质和美学性质将言语分别区分为善言和恶言、美言和丑言。奸言不仅是恶的言语，也是丑的言语，君子之言是善的言语，也是美的言语。而且荀子认为言语的道德性质和美学性质有主次之别：言语善恶的属性决定言语美丑的属性，言语的美主要来自它的善，丑来自它的恶。如果一种言语是不善的，那么它也肯定是不美的。

五、君子之言、智者之言与愚者之言

荀子除根据言语的道德属性和美学属性区分言语外，还根据言语能否清楚地表达意义，将言语区分为君子之言、智者之言与愚者之言，并对每种言语的特点进行了分析和评价。如下两段文本：

君子之言，涉然而精，俛然而类，差差然而齐。彼正其名，当其辞，以务白其志义者也。彼名辞也者，志义之使也，足以相通，则舍之矣。苟之，奸也。故名足以指实，辞足以见极，则舍之矣。外是者，谓之讱，是君子之所弃，而愚者拾以为己宝。（《荀子·正名》）

故愚者之言，芴然而粗，啧然而不类，诿诿然而沸，彼诱其名，眩其辞，而无深于其志义者也。故穷借而无极，甚劳而无功，贪而无名。故知者之言也，虑之易知也，行之易安也，持之易立也，成则必得其所好，而不遇其所恶焉。而愚者反是。诗曰："为鬼为蜮，则不可得。有腼面目，视人罔极。作此好歌，以极反侧。"此之谓也。（《荀子·正名》）

在上述两段文本中，荀子区分了君子之言、愚者之言与智者之言。愚者之言虽然看起来很有吸引力，用辞华丽，文采洋溢，故作深奥，但是事实上这并不是好的言语，因为这些言语不能够清晰地表达他们的思想，因为他们语言表达得模糊不清晰，粗糙不精致，啰唆杂乱，不符合礼法，华而不实，在思想学说方面空洞无物。这类语言虽然看似繁杂深刻，但是实际上是不合乎道德的语言。

君子之言和智者之言之所以是善的言语，是因为这类言语能够充分清晰准确地表达思想。荀子说智者的言语简约直白、通俗易懂、切实可行；君子的言语深入细致，符合礼法，使用词语精确，能够清晰准确地阐述他们的思想。这两者都是善的言语。愚者之言之所以是不善的，是因为它违背了语言使用的目的，语言使用的目的是表达实际事物和思想，但是愚者之言则背离了这一点。

就语言本身的性质而言，荀子认为，语言是能够清楚地表达人的思想和事物的，而之所以有时候出现语言不能尽意的情况，不是语言本身的问题，是由于语言使用者的主观因素所导致的。但是有学者可能会反对这种看法，认为荀子也有言不尽意的主张。例如，彭传华就认为荀子既主张言能尽意又主张言不能尽意。他所依据的证据有两个：第一是上文中的"外是者，谓之讱"这句话，他引用王先谦的解释："讱"为难以言状，"讱，难也。过于志义相通之外，则是务为难说耳，君子不用也。"[1] 他说："外是者"即为"志义相通之外"，承认在"言尽意"范围之外，就难以言说了。说明荀子在言意观上同时持有"言不尽意"的观点。[2] 这个证据是不足以支持言不尽意的主张的。首先，这里的"讱"不能够解释为"难以言状"，而应该解释为"语言迟钝"。在《论语》中就有类似的论述，例如，"司马问仁。子曰：'仁

---

① ［清］王先谦．荀子集解［M］．北京：中华书局，1988：426.
② 彭传华．荀子语言哲学的历史定位［J］．浙江学刊，2015（06）：75.

者，其言也讱。'"（《论语·颜渊》）"外是者"是指愚者对语言的使用违背了"名足以指实，辞足以见极"的原则，并不是说语言本身不具有穷尽意义的性质。第二个证据是荀子"名无固宜""名无固实""名无固善"的"三无"的观点，他认为："名、言与意、实之间并无固定不变、完全对应的关系，一切都取决于'约定俗成'。正因为'名无固宜''名无固善'，所以在'白志义'、传意旨方面，难以尽足。"①这种观点在推理上是不成立的，荀子的确认为语言是约定俗成的，"名无固宜""名无固善"是阐述名称与事物之间的关系并没有内在的固定的关系，是人为建构的，但是这并不意味着名称本身就不能够充分表达意义。在荀子看来，只要我们共同遵守语言的统一的使用规范，事物的意义是可以表达清楚的。

六、对辩说的区分

孔子不主张辩论，他经常告诫那些追求仁义道德的学生，应该学会节制自己的言语，尽可能地少说话，不要去争论，而是要敏捷地去行动，他特别讨厌那些夸夸其谈、巧言令色的人，认为这不是君子所为。但是相反，荀子旗帜鲜明地主张，君子一定要能言善辩。他说：

君子必辩。凡人莫不好言其所善，而君子为甚焉。是以小人辩言险，而君子辩言仁也。言而非仁之中也，则其言不若其默也，其辩不若其呐也。言而仁之中也，则好言者上矣，不好言者下也。故仁言大矣：起于上所以道于下，政令是也；起于下所以忠于上，谋救是也。故君子之行仁也无厌，志好之，行安之，乐言之；故言君子必辩。（《荀子·非相》）

在这段文本中，荀子论证了君子为什么一定要能言善辩。首先，他认为通常所有的人都喜欢谈论他们认为好的事物。小人认为险恶的东西是好的，所以喜欢谈论险恶的事物；君子认为仁义之道是好的，所以喜欢谈论仁义之道。这两种言论在社会上是客观存在的，并且是共存的。而仁义之道对于国家治理非常重要，君王需要用它来引导百

---

① 彭传华. 荀子语言哲学的历史定位 ［J］. 浙江学刊, 2015（06）: 75.

姓，臣需要根据它来规劝君王的过失。如果君子不谈论仁义之道，那么整个社会必将充斥的是小人邪恶的言论。所以，应该沉默不语、笨嘴拙舌的不是君子，而是小人；应该能言善辩的不是小人，而应该是君子，如此仁义之道才能够得到弘扬。因此，君子不仅是善于和乐于辩论的，也是应该要辩论的。

荀子的这个论证是有一定的说服力，但是并不意味着孔子主张君子讷言谨言的观点就是错的，只是二者出发的视角不同，孔子是从个人修养层面来讲，荀子是从社会治理层面来讲，都有一定的合理性。但问题是，荀子是根据言语内容的道德性质，将辩说区分为道德的辩说与非道德的辩说，但是非道德的辩说并非都是恶的。其次，他认为一个辩说的好坏是根据其动机和内容的善恶来决定，这一点也是值得质疑的，因为辩说的好坏应该根据真理的标准来决定，根据逻辑和事实来判断。可见荀子的辩说观始终带着浓厚的道德色彩。

荀子还从辩说者的道德出发，将辩说区分为小人之辩、士君子之辩和圣人之辩。

有小人之辩者，有士君子之辩者，有圣人之辩者。不先虑，不早谋，发之而当，成文而类，居错迁徙，应变不穷，是圣人之辩者也。先虑之，早谋之，斯须之言而足听，文而致实，博而党正，是士君子之辩者也。听其言则辞辩而无统，用其身则多诈而无功，上不足以顺明王，下不足以和齐百姓，然而口舌之均，应唯则节，足以为奇伟偃却之属，夫是之谓奸人之雄。圣王起，所以先诛也，然后盗贼次之。盗贼得变，此不得变也。（《荀子·非相》）

圣人辩说的特点是不思不虑，一切言说顺乎本性，合乎自然，应变自如，符合礼法又不失文采，这是辩说完美的典范。君子辩说的特点是预先考虑好，谋划好再说，他的发言能够旁征博引，有文采、严谨而公正。小人辩说的特点是听起来好听，也很能够掌握辩说的分寸，遇到地位高的人唯唯诺诺，遇到比自己地位低的人则夸夸其谈，被人视为是口才好的人，但是实际上言谈杂乱无章，充斥着各种阴谋诡计，对于君王和百姓并没有实际的用处，甚至还会危及国家的安全。对于这三类辩说有高低之分，荀子认为圣人的辩说是最好的，是所有人都应该追求的目标，但是并非人人都可以达到。它依赖于一定的天赋。但是对于君子的辩说能力，则是人人都可以达到的，这两种辩说都是道德的辩说。而小人的辩说是不道德的，因为他们的言论违背礼法，对国家和百姓无利。可见，荀子还是主要从辩说的道德和社会功效对辩说进行区分的。

荀子对辩说的这种区分在现在看来依然是很有价值的。它为"什么是好的辩说"这一问题提供了新的标准和规范。好的辩说应该是符合道德的和出自真心的。荀子强调了道德因素在辩说中的重要性，而这一点恰是我们现在所忽视的。

除此之外，关于辩说，荀子还论述了如何说服别人的技巧，他说：

> 谈说之术：矜庄以莅之，端诚以处之，坚强以持之，譬称以喻之，分别以明之，欣欢芬芗以送之，宝之，珍之，贵之，神之。如是则说常无不受。虽不说人，人莫不贵。夫是之谓为能贵其所贵。传曰："唯君子为能贵其所贵。"此之谓也。（《荀子·非相》）

荀子认为，如果我们想要说服他人，需要在这几个方面努力：第一，对于言说者，动机是真诚的利他的，态度是严肃庄重的，意志是坚定的，让他人感受到信心；第二，在说理方法上，要善于运用比喻、分析的方法阐述道理；第三，在语言态度上，要热情和气，让自己的言说显得珍贵重要。按照这些方法来做，即便不讨好于他人，也会收到说服的效果。荀子在阐述这些说服技巧时，始终强调以道德为基础，强调他者的福祉和利益，对他人真正地尊重和关心。如果从自我而不是从他人出发，仅仅关注自己的利益，是不可能真正说服他人的。

第四节　《礼记》中的言语道德

在儒家的经典著作《礼记》中，有许多关于言语道德的论述，它为言语的合理表达提出了许多规范性要求。下面将从言语与礼、言语与伦理关系、言语与行动、言语与艺术等方面，阐述《礼记》中的言语道德。

一、言语与礼

《礼记》关于言语的一个核心主张是，好的言语是符合礼的言语。例如，"鹦鹉能言，不离飞鸟。猩猩能言，不离禽兽。今人而无礼，虽能言，不亦禽兽之心乎？夫唯禽兽无礼，故父子聚。是故圣人作，为礼以教人，使人以有礼，知自别于禽兽"。（《礼记·曲礼上》）在这段话中，《礼记》认为尽管人类和动物一样拥有语言能力，如鹦鹉、大猩猩等也在一定程度上拥有语言能力，但是人类语言和动物语言在根本上是不同的，人类对语言的使用遵守了礼的规范，在礼的约束下进行言语交流，但是动物则不能，动物是顺着自然的本能进行交流。只有当我们的言语符合礼的要求时，我们的言语才是属于人的言语。可见，是否能够遵守礼的规范是言语的核心要求。

在《礼记》另一处还解释了言语为什么要符合礼的要求。"君子曰：无节于内者，观物弗之察矣。欲察物而不由礼，弗之得矣。故作事不以礼，弗之敬矣；出言不以礼，弗之信矣。"（《礼记·礼器》）如果一个人不能够按照礼的要求说话，那么他所说的话将不会得到人们的信任。

二、伦理关系中的言语道德

礼是如何约束言语的，人们在交谈中应该遵守什么样的礼的规范呢？《礼记》强调言语的使用要根据对象和情境来决定。"君命，大夫与士肄。在官言官，在府言府，在库言库，在朝言朝。朝言不及犬马。辍朝而顾，不有异事，必有异虑。故辍朝而顾，君子谓之固。在朝言礼，问礼对以礼。"（《礼记·曲礼下》）当我们处于什么样的情境中，拥有什么样的角色，我们就应该说什么样的话。因此，在《礼记》中，当我们处于不同的角色时，就会有不同的言语要求。

（一）父子关系中的言语道德

《礼记》对子女应该如何对待父母，从言语上提出了具体的道德要求。第一，当父母在世的时候，《礼记》说："恒言不称老。"子女不能够称呼自己是老人，或用带"老"的字称呼自己，这是对父母的不尊敬。第二，当父母生病的时候，"父母有疾，冠者不栉，行不翔，言不惰，琴瑟不御"（《礼记·曲礼上》）。我们不仅在行动上不能表现得快乐，在言语上对待父母的告诫也不能放肆怠慢。第三，当我们在为父母守丧和祭祀的时候，言语也有禁忌："居丧不言乐，祭事不言凶，公庭不言妇女。"（《礼记·曲礼下》）守丧时不应该玩乐，在祭祀期间不应该说不吉利的事情，在公共场合不应该说涉及妇女的闲言碎语。第四，对父母名字的称呼上也有要求。子女不能够直接称呼父母的名字，特别是当父母去世后，也要避讳父母的名字，但是如果父母的名字中名有两个字，则不必两个字全都避讳："二名不偏讳，夫子之母名征在，言在不称征，言征不称在。"（《礼记·檀弓下》）例如，母亲的名字叫"征在"，那么子女所言"在"则不称"征"，所言者及"征"则不称"在"是也。假如二字为名，避讳时可以只避其一，不必二字皆避。第五，孝的观念对子女的言语构成了约束。"今予忘孝之道，是以有忧色也。一举足而不敢忘父母，一出言而不敢忘父母。一举足而不敢忘父母，是故道而不径，舟而不游，不敢以先父母之遗体行殆。一出言而不敢忘父母，是故恶言不出于口，忿言不反于身，不辱其身，不羞其亲，可谓孝矣。"（《礼记·祭义》）子女的言语受到孝道观念的深刻影响，当子女说话的时候，不应该忘记父母的存在，因为如果子女时常记起父母，那么他可能就会在言语上有所收敛。

（二）夫妇关系中的言语道德

儒家男女有别的原则也体现在言语的道德要求上。《礼记》区分了内言与外言。例如："外言不入于阃，内言不出于阃。"（《礼记·曲礼上》）这里的"阃"本意是门槛，引申为妇女居住的内室，意思是闺室的话不可以传到外面，外面的话也不要传到闺室。又如："男不言内，女不言外。非祭非丧，不相授器。……男女不通衣裳，内言不出，外言不入。"（《礼记·内则》）男人不应该谈论妇女有关的事情，如相夫教子、织布做饭、整理家务之类的事情。妇女也不应该谈论男人该谈论的事情。这种男女有别的言语要求，还体现在对男女言语态度上的要求，倡导女性像淑女一样，言语要温柔和善，男性言语则要有阳刚之气。

（三）君臣关系中的言语道德

儒家的君臣伦理也体现在言语的道德要求上。第一，一个人的言语应当与他的政治身份相符合。"君子有五耻：居其位，无其言，君子耻之；有其言，无其行，君子耻之；既得之而又失之，君子耻之；地有余而民不足，君子耻之；众寡均而倍焉，君子耻之。"（《礼记·杂记下》）这里讲君子有五种耻辱，其中一种耻辱便是言语上的耻辱，即当我们担任某个政治职位的时候，却不谋其政，不能提供建设性的意见，这是君子应该感到羞耻的。

第二，言语应当与俸禄相符合。孔子说："事君大言入则望大利，小言入则望小利；故君子不以小言受大禄，不以大言受小禄。"（《礼记·表记》）这里根据臣对君提出的建议的重要性，将臣的建议区分为"大言"和"小言"，"大言"就是涉及国家根本事务的、重要的、贡献大的政治建议，比如孟子"仁政"、荀子"隆礼重法"的言说，就是大言。"小言"是那些涉及具体事务的不重要的建议。其次，言语与所享受的福利相一致："大言"就应该获得多的俸禄，"小言"应该获得少的俸禄。一个有政治身份的君子，应当根据自己建议的重要性享受合适的俸禄。

第三，言语要限制在自己的角色范围内，只谈论属于自己角色范围内的事情。"君言王事，不言国事；大夫士言公事，不言家事。"（《礼记·丧大记》）每个人以角色的身份存在，当我们以角色的身份与人交往的时候，我们所谈论的应该是属于我们角色范围内的事情。如果是君王，那么他谈论的应该是天下的事情，而不是一国的事情；如果是一国之君，那么他谈论的就应该是一国之事，而非大夫之事。所以，政治身份决定言语的内容和边界。

（四）长幼关系中的言语道德

儒家长幼有序的伦理原则也体现在他们对言语的道德要求上。例如："从于先生，不越路而与人言。遭先生于道，趋而进，正立拱手。先生与之言则对，不与之言则趋而退。"（《礼记·曲礼上》）当晚辈跟随长辈一起走路时，不要越过路与他人说话；在路上遇见长辈时，当长辈首先向晚辈打招呼时，晚辈才可以回话。还有晚辈对长辈说话应该毕恭毕敬。人们通过长期在言语上遵循这些规则，长幼有序、长尊幼卑的伦理观念便在不知不觉中成为人们的道德信念。

（五）教师的言语道德

《礼记》还提出了教师在教学上的言语要求。首先，他批评了那些看似口才很好的教师："今之教者，呻其占毕，多其讯，言及于数，进而不顾其安，使人不由其诚，教人不尽其材。"（《礼记·学记》）这类教师喜欢照本宣科，擅长吟咏，但是却不能将经典中的义理讲清楚，将本来简单的道理故作深奥，或者对知识有所保留，让学生疑惑不解或惶恐不安。他们的目的不是诚心诚意地讲授知识，而是炫耀自己的知识。这类老师看似辞藻华丽，旁征博引，但实际上不是一个善于讲授的老师。

一个好的教师是能够用通俗易懂的语言让学生清楚明白地了解经典的义理："善歌者，使人继其声；善教者，使人继其志。其言也约而达，微而臧，罕譬而喻，可谓继志矣。"（《礼记·学记》）一个善于教书的教师，在语言上应该通俗易懂，简约明晰，能够清晰准确地表达自己的思想，含蓄但精妙，虽然比喻不多，但是也能够让人听得明白。

三、称谓的道德要求

儒家认为，每一个人都处于伦理关系之中，没有人可以超越这种关系。在伦理关系中，每一个人通常会拥有多重社会角色，或者是父母，或者是子女，或者是君臣等。对一个人的称呼是由其在特定场景中所处的角色决定的。因此，虽然是同一个人，在不同情境和面对不同的对象时，称呼是不同的。如下：

诸侯见天子曰"臣某侯某"，其与民言，自称曰"寡人"。其在凶服，曰"适子孤"。临祭祀，内事曰"孝子某侯某"，外事曰"曾孙某侯某"。死曰"薨"，复曰"某甫复矣"。既葬见天子曰类见。言谥曰类。诸侯使人使于诸侯，使者自称曰"寡君之老"。（《礼记·曲礼下》）

这段文本告诉我们，每个人都是关系性的存在。人们该如何称呼，取决于人们在具体情境中的角色是什么。作为诸侯的我，当我去朝拜天子的时候，我应该称呼自己为"臣某"，因为此刻我的角色是臣；当我面对民众的时候，我应该称呼自己为"寡人"，因为我的角色是君王；当我在服丧期间，我称呼自己是"适子孤"，因为我此时的角色是失去父母的孩子；我在祭祀过世的父母时，我称呼自己是"孝子"，因为我此时的角色是子女等。一个人应该如何称呼自己，是由自己在关系性的场景中的社会角色所决定的，没有一个实体性的自我。

这一点还体现在一个人的称谓会随着另一方身份地位不同而不同。例如，同样作为妻子，但是随着丈夫的身份地位不同，妻子的称呼也会不同："天子之妃曰'后'，诸侯曰'夫人'，大夫曰'孺人'，士曰'妇人'，庶人曰'妻'。"（《礼记·曲礼下》）虽然事实上都是妻子的身份，但是称谓却如此不同，这不是因为妻子自身的缘故，而是因为丈夫的政治地位发生了变化：当自己的丈夫是天子的时候，妻子被称为"后"；当自己的丈夫是诸侯的时候，妻子被称为"夫人"；当自己的丈夫是庶人的时候，妻子被称为"妻"。妻子应该如何称呼，取决于丈夫的身份地位，也就是说妻子的社会身份和地位是由丈夫所决定的。

一个人的自我称谓也会随对象的不同而有差异。例如："公侯有夫人，有世妇，有妻，有妾。夫人自称于天子，曰'老妇'；自称于诸侯，曰'寡小君'；自称于其君，曰'小童'。自世妇以下，自称曰'婢子'。子于父母则自名也。"（《礼记·曲礼下》）可见，公侯夫人在面对天子、诸侯、国君、父母时，自我的称谓也是不同的。而且这些称谓"老妇""寡小君""小童""婢子"都有自我贬低的意味，通过自我的贬低以表达对他者的尊重。这正是《礼记》所强调的"自卑而尊人"观念的体现。它不仅体现在女性的称谓上，也体现在男性的称谓上。"列国之大夫，入天子之国曰'某士'；自称曰'陪臣某'。于外曰'子'，于其国曰'寡君之老'。使者自称曰'某'。"（《礼记·曲礼下》）当一个人对自己进行称呼，对自我进行评价时，都应当谦卑，甚至君王都自称为"寡人"。推崇谦卑尊敬的语言，这也是儒家道德话语的一个显著特点。

四、言语的行动特点

言语与行动的关系问题也是《礼记》所关注的一个重要问题。《礼记》特别强调言语一定是行动的言语。

第一，它强调言语的行动性特征。如"修身践言，谓之善行。行修言道，礼之质也"（《礼记·曲礼上》）。如果一个人的行为是善的，那么，他肯定兑现了他的承诺。《礼记》从礼的视角，强调行动之于言语的重要性："言而履之，礼也。行而乐之，乐也。"（《礼记·仲尼燕居》）什么是礼？当我们的言语真正落实在了我们的行动中时，我们的行为才是符合礼的。有言语但是没有在行动中落实，不符合礼。又说，"子曰：仁之难成久矣，惟君子能之。是故君子不以其所能者病人，不以人之所不能者愧人。是故圣人之制行也，不制以己，使民有所劝勉愧耻，以行其言"（《礼记·表记》）。这里强调一个有道德的人在行动上应当优先于他人，在言语上应当迟于他人。《礼记》说："行必先人，言必后人。"这个观念继承了孔子"讷于言而敏于行"的思想。因为在儒家看来，敏于言和迟于行是人们的通病。总之，言语一定是行动中的言语。

第二，《礼记》特别强调行动与言语的一致性。"子曰：言从而行之，则言不可饰也；行从而言之，则行不可饰也。故君子寡言，而行以成其信，则民不得大其美而小其恶。"（《礼记·缁衣》）一个人做出承诺后应当迅速去行动，那么就不会是空话。行动了之后再去批评总结，那么行动就不会走过场。所以，君子应该寡言。获得人们信任的关键是行动。这样百姓就不会夸大其优点，缩小其缺点。可见，《礼记》始终在强调行动之于言语的重要性。缺乏行动的语言是没有意义的。同时，《礼记》反对不能行动的言语。"王言如丝，其出如纶，王言如纶，其出如绋。故大人不倡游言。可言也，不可行，君子弗言也；可行也，不可言，君子弗行也。则民言不危行，而行不危言矣。"（《礼记·缁衣》）这里的"游言"，就是浮夸不切实际的言语，这是统治者所应当反对的。接着，这里区分了君子可以言与不可以行两种情况。如果说出来后做不到，那么就不要说；如果可以做到，但是却不能够言说的，君子也不会去做。如果统治者能够按照这样的言行规范去行动，那么民众就能够做到言行一致。因为"君子道人以言，而禁人以行。故言必虑其所终，而行必稽其所敝；则民谨于言而慎于行。诗云：'慎尔出话，敬尔威仪。'《大雅》曰：'穆穆文王，于缉熙敬止。'"（《礼记·缁衣》）君子是民众言行的引导者和示范者，君子有什么样的言行，民众也会模仿他们的言行。所以，君子的言行尤为重要。

第三，言语要符合事实。"君子过言，则民作辞；过动，则民作则。君子言不过辞，动不过则，百姓不命而敬恭。如是，则能敬其身；能敬其身，则能成其亲矣。"（《礼记·哀公问》）鲁哀公向孔子请教，如何做到让百姓尊敬自己，孔子说有两个原则：一是言不过辞，就是言语要符合事实，既不要有意夸大，也不要有意缩小。二是动不过则，行动不要超越规则，符合礼的要求。君子做到了这两点，就会获得百姓的尊敬和信任。

《礼记》认为那些不符合礼的语言是异言，应该被禁止。"关执禁以讥，禁异服，识异言。"（《礼记·王制》）如果言语不当，还可能会遭到相应的惩罚，甚至是严重的犯罪。"析言破律，乱名改作，执左道以乱政，杀。"（《礼记·王制》）如果有人诡辩、歪曲或者错误地使用法律和政令，或者随意改变事物的名称，或者变更法律，那么他将会被杀害，因为他错误地使用了言语，破坏了社会的秩序。

五、言语与歌唱、舞蹈

《礼记》还探讨了言语与歌唱、舞蹈的关系。认为歌唱和舞蹈在本质上是言语的延续。"故歌之为言也，长言之也。说之，故言之；言之不足，故长言之；长言之不足，故嗟叹之；嗟叹之不足，故不知手之舞之，足之蹈之也。"（《礼记·乐记》）在这里，《礼记》将歌唱视为一种言语的表达形式，是拉长声音的言语，用以表达人们内在情感的一种方式。当任何言语都不足以表达内心喜怒哀乐的情感时，就会自然而然通过歌唱来表达。当歌唱也不能够完全表达内心的情感时，那么人们就通过咏叹来表达。咏叹如果还不足以表达内心的情感，那么人们就通过手舞足蹈的舞蹈方式来表达。

《礼记》对言语、歌唱、朗诵与舞蹈关系的理解是独特的。第一，它认为这几类艺术形式和语言在本质上都是一致的，都是情感表达的工具。所以，在这些艺术形式之间是可以相通的。这个观念富有新意，打破了这几种不同艺术形式之间的壁垒。第二，它已经意识到了表达情感是言语的重要功能，但是言语在表达情感上是有局限的。当我们的情感激烈时，言语便不足以更充分地表达这种情感，而需要借助其他形式来表达。第三，在情感表达方面，《礼记》区分了这几种艺术形式的层次性和优先性。从言语→歌曲→叹咏→舞蹈，在情感表达上是层层渐进的。

综上所述，《礼记》对言语的使用提出了道德上的要求。第一，言语要符合礼的要求，符合礼的言语是人类与动物在言语上的本质区别。第二，正确地使用言语依赖于特定伦理关系中的角色定位。无论是在父子关系、君臣关系、夫妇关系中，还是长幼关系中，行动者都要根据自己在关系中的角色和对象来决定如何言说。第三，礼对言语的要求还体现在称谓的多样性上。同一个人，在不同的社会关系中，面对不同的对象时，他人对自我的称谓，以及自己对自己的称谓都不同，这种称谓的不同体现了尊卑有等、自卑尊人的道德观念。第四，《礼记》还特别强调行动对于言语的意义，认为没有行动或不能行动的言语是没有意义的，言语的意义在于行动。第五，《礼记》还探讨了言语与歌唱、朗诵、舞蹈等艺术形式的关系，认为这些在本质上是相通的，在一定意义上，这些艺术形式都是表达情感和思想的语言形式。

第六章

儒家道德叙事

叙事并不陌生，"存在于一切时代，一切地方，一切社会。有了人类历史本身就有了叙事"①。这是广义上的叙事，它是人类对其生活中发生的事件的叙述活动。本章所指的叙事是狭义上的叙事，就是讲故事，更确切地说，"叙事就是作者通过讲故事的方式把人生经验的本质和意义传示给他人"②。分析这一定义，叙事至少由这几个要素构成：讲故事的人、故事的接受者、故事的内容以及讲故事的方式。道德叙事，简单说就是讲道德故事，准确地说，"道德叙事是指教育者通过口头或书面的话语，借助对道德故事（包括寓言、神话、童话、歌谣、英雄人物、典故等）的叙述，促进受教育者思想品德成长、发展的一种活动过程"③。道德叙事是叙事的一种形式，只是其所讲的故事是道德故事。

对于儒家伦理而言，叙事是一种十分重要的话语形式。因为儒家在进行道德教育、道德解释、道德说理时，主要不是通过纯逻辑的推理说服人们，而是通过讲故事的方式启迪、感染和影响人们。如孔子所说的"不悱不发"。道德叙事重视个体体验和经验，关注生活本身，注重情感的感染，注重个人的自我觉悟，是一种非常有效的道德说理和道德教育的方法。因此，研究儒家道德话语不能不研究其最重要的话语形式之一——道德叙事。

在本章中，我们将根据儒家道德叙事所依赖的主要载体，分别从儒家经典文本、历史事件、家风家训、戏曲艺术以及日用器物等方面

① ［法］罗兰巴特．叙事作品结构分析导论［M］//张寅德．叙事学研究．北京．中国社会科学出版社，1989：2.

② ［美］浦安迪．中国叙事学［M］．2版．北京：北京大学出版社，2018：4.

③ 《伦理学》编写组．伦理学［M］．北京：高等教育出版社，2012：277-278.

详细阐述儒家道德叙事的特点。需要解释的是，叙事包括语言叙事和非语言叙事。语言叙事既包括口述的故事，也包括用文字的形式记载的故事，此外还有声音、视频、绘画、雕刻、舞蹈、音乐等非语言文字形式的间接的叙述故事的形式。所以，最后两节从戏曲艺术以及日用器物的视角阐述儒家的道德叙事思想。

第一节　儒家经典中的道德叙事

在儒家的经典文本中，叙事是一种十分常见的话语形式，它被广泛地用来进行道德教育。孔子经常通过讲故事的方法启迪和引导学生自我反省，改善学生的行为，帮助他们养成良好的道德品质。更重要的是，在儒家这里，它还是一种主要的道德说理方式。一些学者以现代学术的眼光看待儒家，经常批评儒家在进行道德说理时缺乏严格的逻辑推理，认为儒家所擅长使用的类比论证其实都是经不起推敲的。但是这种观念忽视了一个重要的方面，儒家在进行道德说理时，除了使用类比的论证之外，还有一种被广泛使用的方法就是叙事。例如，在《论语》《孟子》中，孔孟几乎绝大部分的道德说理都是通过讲述身边的故事、尧舜禹汤文武周公的故事或者寓言故事来进行的。可以说，叙事在《论语》《孟子》中呈现得非常生动，接下来，将以这两种经典文本为例，阐述儒家经典文本是如何进行道德叙事的。

一、《论语》《孟子》中的叙述者与受叙者

从叙事的构成要素分析，叙述者与受叙者是构成叙事的必要条件。一个叙事不可能存在没有叙述者或受叙者的情况。理解叙述者与受叙者是理解叙事的首要任务。

（一）《论语》《孟子》中的叙述者

叙述者是一个文本的声音的发出者，简言之，就是文本中讲故事的人。它是叙事的核心概念，任何叙事都必须有一个叙述者，没有叙述者，故事就不可能呈现出来。叙述者不同于作者。"真实作者是创作

成写作叙事作品的人，叙述者则是作品中的故事讲述者。"①

第一，从叙述者与叙述对象之间的关系来理解叙述者，可将叙述者区分为异叙述者与同叙述者。"异叙述者不是故事中的人物，他叙述的是别人的故事；同叙述者是故事中的人物，他叙述自己的或与自己有关的故事。"② 在《论语》一书中，两种类型的叙述者都存在于孔子一身，他是一个异叙述者，经常叙述尧舜周公、管仲等人的故事；同时也是一个同叙述者，经常也叙述自己及其身边发生的故事。比如他叙述自己的一生成长的故事："吾十有五而志于学，三十而立，四十而不惑，五十而知天命，六十而耳顺，七十而从心所欲，不逾矩。"（《论语·为政》）回忆自己年少的故事："吾少也贱，故多能鄙事。君子多乎哉？不多也。"（《论语·子罕》）在作为同叙述者时，孔子将自己置身于故事中的主人公地位，给学生分享自己的人生真实经验，流露真情实感，很容易让学生和读者产生共鸣。在《孟子》中，孟子主要是作为异叙述者的身份出现，他较少叙述自己的或与自己有关的故事，他主要叙述的是像尧舜禹汤文武周公这样的圣王的故事，或者是寓言故事。由于孟子较少叙述自己的故事，所以，一些人对孟子在情感上的认知可能就不如孔子那么真切。

第二，从内外叙述者的视角理解《论语》《孟子》的叙述者。根据叙事文本中的叙述层次，叙述者可以区分为外叙述者与内叙述者。所谓"外叙述者是第一层次故事的讲述者，他在作品中可以居支配地位，也可仅起框架作用"③。所谓"内叙述者，就是故事内讲故事的人，换句话说，故事中的人物变成了叙述者"④。内叙述者在讲故事中居于核心地位，是故事的主要讲述者。从最外围层次来看，我们完全可以将整个《论语》视为一部叙事集，因为它是在孔子去世后，孔子的弟子们根据各自的回忆，汇编整理的一部关于孔子的言行录，也就是各自讲述与孔子相关的故事。如这个故事："子贡欲去告朔之饩羊。子曰：'赐也！尔爱其羊，我爱其礼。'"（《论语·八佾》）故事的叙述者就

---

① 胡亚敏. 叙事学［M］. 武汉：华中师范大学出版社，1994：36-37.
② 胡亚敏. 叙事学［M］. 武汉：华中师范大学出版社，1994：41.
③ 胡亚敏. 叙事学［M］. 武汉：华中师范大学出版社，1994：43.
④ 胡亚敏. 叙事学［M］. 武汉：华中师范大学出版社，1994：43.

是孔子的某个弟子，孔子在其中是主人公的角色，讲故事的弟子可以视为外叙述者。所以从《论语》整体而言，孔子就是故事中的人物，而他在讲故事时就可以视为一个内叙述者。

作为外叙述者，弟子们主要勾勒出关于孔子的故事的框架结构和背景知识，当然，他们中的有些人也积极参与了内叙述者的活动。内叙述者与外叙述者之间并非完全无关。在《论语》中，作为外叙述者的孔子的弟子们，主要充当提问的角色，通过向老师请教什么是仁、什么是义、如何成为君子等问题，而作为内叙述者的孔子主要充当解释者的角色，他经常通过讲故事回答学生提出的这些问题。这一点在《孟子》中更突出，孟子通常通过故事回应学生的问题。

第三，从叙述者对故事的态度来理解《论语》《孟子》中的叙述者。根据叙述者对故事的态度，可以将叙述者分为客观叙述者与干预叙述者。前者只是讲述单纯的客观事实，他只是故事的传达者，不夹杂个人的任何态度和看法；而主观的叙述者则强调叙述者对故事中人物、事件的态度和评价。从该视角看，显然在《论语》和《孟子》中，作为叙述者的孔子和孟子，都毫无例外地是干预叙述者，他们经常会对某个事件或人物做出重要的评价，甚至他们的思想就是在对这些事件和人物的评价中发展起来的。他们希望用有道德意义的词语来进行评价，以表达其鲜明的道德态度。

总之，在《论语》《孟子》中，孔子和孟子既是同叙述者，也是异叙述者；主要是内叙述者，完全是干预叙述者。

（二）《论语》《孟子》中的受叙者

讲故事的人总是在向某个人讲故事，这个人就是受叙者，又称为接受叙述者。注意的是受叙者人不是读者，是文本中的听众，是与叙述者交流对话的人。理解受叙者对理解儒家道德叙事也很重要。例如，因为受叙者不同，叙述者对同一问题的解释可能就完全不同。

在《论语》中，当孔子是叙述者时，我们分析受叙者的情况。通常情况下，当孔子讲故事的时候，会有明确的受叙者，在大多数情况下，孔子的故事主要是讲给他的学生听的，如子贡、子路、颜渊等学生。有时候是单独讲给一个学生听，有时候是同时讲给几个学生听。注意到这一点很重要。我们可以发现，当学生向孔子请教仁的时候，孔子针对不同的学生会有不同的回答，而这个时候可能是当孔子单独和一个学生在一起的时候发生的，他是针对受叙者本身讲的，因为在群体中回答这一问题，需要一个普遍性的能够被不同学生共同接受的解释。除了学生群体外，受叙者还包括君臣交往中的君或臣，如"齐景公问政于孔子。孔子对曰：'君君臣臣，父父子子'。"（《论语·颜渊》）这时候受叙者是齐景公，孔子试图说服齐景公实现他的政治主张。但在《论语》中，在大多数情况下受叙者是孔子的学生。与《论语》不同，在《孟子》中，孟子的受叙者主要是统治者，如梁惠王、齐宣王等。孟子在大多数时候，都是给他们讲授道德故事。无论是何种意义上的受叙者，这些人都是故事的参与者。

受叙者对故事的发展具有重要的作用。在《论语》《孟子》中，故事的开始依赖于受叙者的疑问，故事的进一步发展也依赖于受叙者的追问，而故事的结束也是伴随着受叙者疑问的消失而结束。如果受叙者不想继续听叙述者的故事，那么故事就难以继续。例如，"孟子谓齐宣王曰：'王之臣，有托其妻子于其友，而之楚游者；比其反也，则冻馁其妻子。则如之何？'王曰：'弃之。'曰：'师是不能治事，则如之何？'王曰：'已之。'曰：'四境之内不治，则如之何？'王顾左右而言他"。（《孟子·梁惠王下》）梁惠王自知理亏，转移话题，所以孟子的故事就无法再继续下去。

了解叙述者与受叙者的关系，可以帮助我们更好地理解儒家经典文本。在《论语》中，叙述者孔子与受叙者学生是师生关系，是一种信任的亲密关系，叙述者在对受叙者讲故事的目的在于引导教育学生。受叙者对老师所讲的故事则持开放的信任的态度。叙述者与受叙者之间的交流对话是一种无障碍的自由的交流，孔子可以随意批评学生，学生也不会介意。其次，当叙述者是孔子，受叙者是孔子的学生时，意味着他们有很多共识，学生可能或多或少地了解叙述者孔子，了解叙述中的一些人物尧舜、管仲等人物，甚至学生已经知道了老师讲给他的一些事情，所以当读者对孔子的某句话而感到莫名其妙的时候，事实上在学生这里是不成问题的。但是当叙述者和受叙者是君臣关系时，没有建立起足够的信任，就不可能像师生关系那样知无不言、言无不尽，二者的关系影响了叙事的方式和内容。因此，理解叙述者与受叙者的关系对于理解文本思想内容是有意义的。

二、《论语》《孟子》的叙事内容

这是叙述者对受叙者讲什么故事的问题。叙事中的故事被定义为"从叙述信息中独立出来的结构"①。它独立于叙述者与受叙者，也独立于叙事方式，有其独立的结构。构成故事内容的要素主要有情节、人物、环境，以及它们的构成形态。接下来，将分别从这几个方面来分析。

无论是在《论语》还是在《孟子》中，叙述者所讲述的故事都比较简略，情节简单，看不到故事发生的时间和空间，对故事的过程也缺乏细致的描述。如在《论语·乡党》中讲述马厩被焚的故事，仅仅几句话："厩焚，子退朝，曰：'伤人乎？'不问马。"没有讲述火灾的详细情况及其评价的理由。又如孔子说："周监于二代，郁郁乎文哉！吾从周。"（《论语·八佾》）孔子没有解释清楚"周监于二代"究竟是怎么一回事，只是对事件进行简单的概述。之所以概述，可能是因为这些事件在学生中已经成为共识，不需要再做过多的解释。总之，相比于情节，孔孟更关心对故事的道德评价以及故事所体现的道理。

从故事性质看，《论语》中的故事以发生在孔子及其学生身边的真实事件居多。例如，子贡不想参加告朔饩羊的仪式。孔子说："赐也！尔爱其羊，我爱其礼。"（《论语·八佾》）樊迟问孔子如何种地，孔子认为自己在这方面不如老农、老圃而拒绝回答樊迟的问题。再如子路鼓瑟时，孔子说"奚为于丘之门"，门人由此表现出"不敬子路"，孔子不高兴就说"由也升堂矣，未入于室也"（《论语·先进》）。又如孔子说："饭疏食饮水，曲肱而枕之，乐亦在其中矣。不义而富且贵，于我如浮云。"（《论语·述而》）孔子讲述颜回的生活，平时吃粗粮，喝凉水，用胳膊当枕头，对颜回来说也是开心快乐的事情。这些事件是真实发生的，在时间距离上更近，往往具有较强的感染力和说服力。

《孟子》中的故事以古代圣王的故事居多。孟子大部分时候讲述的

---

① 胡亚敏. 叙事学［M］. 武汉：华中师范大学出版社，1994：118.

基本是尧舜禹汤文武周公、孔子等古代圣贤们的故事。此外还有寓言故事，通过构造寓言故事说明道理，故事生动形象，含义深刻，具有说服力。如，"今有人日攘其邻之鸡者，或告之曰：'是非君子之道。'曰：'请损之，月攘一鸡，以待来年，然后已。'如知其非义，斯速已矣，何待来年？"（《孟子·滕文公下》）孟子通过偷鸡的寓言故事，告诉人们如果知道自己的行为是不义的，就应该马上停止。

尽管《论语》《孟子》故事情节比较简略，但是都比较关注故事中的人物形象，对故事人物形象的刻画往往比较饱满而细致。《论语》中有多处对孔子言行举止的细致描绘。例如，"入公门，鞠躬如也，如不容。立不中门，行不履阈。过位，色勃如也，足躩如也，其言似不足者。摄齐升堂，鞠躬如也，屏气似不息者。出，降一等，逞颜色，怡怡如也。没阶，趋进，翼如也。复其位，踧踖如也。"（《论语·乡党》）。这个故事生动地刻画了孔子进入朝廷大门时谨慎而恭敬的举止神态。当孔子走进朝堂的大门时，是谦卑恭敬而小心翼翼的样子，好像没有他立足之地。他好像不敢站在门的中间，也不敢踩门坎。当他走过君王的座位时，他的神情马上严肃起来，脚步也迅速起来，说话也显得中气不足一样。当他提起衣服向朝堂上走的时候，显得恭敬谨慎，好像憋住气不呼吸的样子。而当他从堂上退下后，脸色又逐渐舒展了开来，怡然自得的样子。走完了台阶，快快地向前走几步，像鸟儿展翅一样自在。回到自己的位置，是恭敬而不安的样子。这段描述刻画得十分细致，从孔子走入朝堂大门，经过君王座位，到退下来回到自己的位置中，每一个动作和神态的变化都生动地呈现出来。

又如描述孔子在乡里和上朝时说话的态度："孔子于乡党，恂恂如也，似不能言者；其在宗庙朝庭，便便言，唯谨尔。"（《论语·乡党》）描绘孔子入太庙时的谨慎："入太庙，每事问。"起居饮食上的严格："食不厌精，脍不厌细"；"席不正，不坐"（《论语·乡党》）。在服饰上的要求："不以绀緅饰，红紫不以为亵服。"（《论语·乡党》）从多重维度，对孔子的言行举止进行生动的描绘，勾勒出一位栩栩如生的人物形象。

《论语》不仅描述了孔子的外在形态和动作，也在各种故事中描述了孔子的心灵世界。如通过讲述故事，描述孔子对实现仁道的坚定信念："子畏于匡，曰：'文王既没，文不在兹乎？天之将丧斯文也，后死者不得与于斯文也；天之未丧斯文也，匡人其如予何？'"（《论语·子罕》）在颜渊去世时，通过对话的方式，寥寥数笔便看到了孔子的悲痛之情。"颜渊死，子哭之恸。从者曰：'子恸矣！'曰：'有恸乎？非夫人之为恸而谁为？'"（《论语·先进》）

需要注意的是，在《论语》中，对人物形象的塑造和描述，不是在静态中完成的，几乎绝大部分对人物的描述，都是通过描述人物的行动来实现的，在人物的行动中，实现对人物的生动刻画。而这背后反映了儒家的一个深层逻辑，人是行动中的人，没有行动就没有人物，没有事件。

在对人物的描述中，《论语》《孟子》都在试图将人物塑造成一种道德符号。通过叙述故事，让人物成了一种精神或美德的象征。例如，孔孟讲述伯夷、叔齐的故事，他们是商朝遗民，反对周武王伐纣，以食用周朝粮食为耻，宁愿选择饿死在首阳山上，也不愿接受周朝的俸禄，成为正直廉洁的象征。孟子称赞："伯夷，圣之清者也；伊尹，圣之任者也。"（《孟子·万章下》）可见，儒家所塑造的每一种人物形象象征了一种美德，通过对人物的生动塑造，使美德不再成为一个抽象的概念，而成为活生生的现实的例子，成为可以实现并且值得追求的事物。

三、《论语》《孟子》的叙事话语模式

话语模式是叙事中人物语言的表达形式，即叙述中人物是以什么方式表达语言的。根据人物语言与叙述者的关系，可分为直接引语与间接引语两种模式。直接引语又可区分为由引导词引导的人物对话和独白。间接引语是叙述者以第三人称的身份讲述人物语言和内心活动。分析话语模式对于理解叙事特点也具有十分重要的意义。

《论语》和《孟子》的话语模式主要是人物对话和独白。独白就是单独一人的话语，例如，在《论语》中，多数句子或段落都是以"子曰"开头，这基本上都是直接引用，而且是独白。采取这种方式，可以更真实地还原人物的思想观念，客观地还原历史中的人物形象。其次，人物对话也是《论语》和《孟子》的主要形式。道德故事往往在

人物对话中展开，在《孟子》绝大部分篇章中，故事都是通过孟子与君王或孟子与他人的对话完成的。通过人物对话的叙事方式，可以真实地还原思想观念产生的背景和来龙去脉，更有利于人们在具体情境中理解人物的思想。

总之，在话语模式上，《论语》《孟子》主要采用了直接引语的模式。这种话语模式相较于间接引语的显著优点是，它能够更加真实地还原故事，真实地还原孟子和孔子的思想观点、性格特点、人物关系、社会背景等，为后来的人们准确理解儒家经典文本提供了更为直观、真实的原始资料。

第二节　历史事件中的道德叙事

儒家对历史事件的叙述与他们所推崇的道德观念密切相关。他们对历史事件的叙述并不像历史学家那样关注历史事实的真实性，或者说他们并不是将追求历史的真相作为首要价值。在儒家看来，历史事件真假不重要，重要的是这些历史事件所表达的道德价值，道德上的对错高于事实的真假。更有甚者，在儒家看来，历史事实仅仅具有工具性的价值，只有当它们被用来表达道德观念时才有意义，这是儒家道德叙事与其他叙事方式的一个重要区别。所以，在儒家这里，历史是道德叙事的工具。这一观念集中体现在儒家的春秋笔法上。

孟子说："世衰道微，邪说暴行有作，臣弑其君者有之，子弑其父者有之。孔子惧，作《春秋》。《春秋》，天子之事也。是故，孔子曰：'知我者其惟《春秋》乎！罪我者其惟《春秋》乎！'"（《孟子·滕文公下》）正是因为当时"世衰道微"，出现了弑君杀父的乱臣贼子，孔子才作《春秋》，孔子试图通过对历史事件的褒贬来行使天子赏罚黜陟的威权，以此来达到拨乱反正的目的。通过《春秋》来震慑那些图谋不轨的人。《公羊传》在结尾处说："制《春秋》之义，以俟后圣。"这就是说孔子在《春秋》中制定了义法，等待着后世圣王将它付诸实施。

更具体地说，《春秋》叙事的明确目的是"借事明义"，寻找和反思历史故事背后的伦理意义，以达到"善善恶恶，贤贤贱不肖"的目的。它采取"微""晦""婉"等隐喻式叙事的话语方式，以"微言大义"解读历史事实和建构事实背后的意义。《春秋》不仅仅是在记载历史，更是在政治和道德上给后世以借鉴。《春秋》所记载的史实只是一种道德工具，一种文字符号而已，最重要的是借用这种工具来表达其道德观念。下面将以《春秋》及其三传的解释为例，加以详细说明。

一、一字定褒贬的叙事方法

春秋笔法的显著特点就是一字定褒贬，对历史事件的道德评价不是通过直接使用道德词汇来实现，而是通过看似客观的事实陈述来表达。

谨慎而严格地使用词语进行道德评价，最有代表性的例子就是《春秋》中"夏五月，郑伯克段于鄢"的记载。郑伯指郑庄公，段指郑庄公的亲弟弟共叔段，两人曾因其父亲立太子之事而不和，以至视若仇敌而兵戎相见，最后郑庄公杀死了共叔段。《春秋》对此事的记载很简略，即"夏五月，郑伯克段于鄢"，这句话除了明确主体、时间和地点之外，只用了一个动词"克"。但是在儒家看来，它已经充分表达了对该事件的道德评价。接下来我们看三传是如何解释的。

《公羊传》的解释是："克之者何？杀之也。杀之则曷为谓之克？大郑伯之恶也。曷为大郑伯之恶？母欲立之，己杀之，如勿与而已矣。段者何？郑伯之弟也。何以不称弟？当国也。其地何？当国也。齐人杀无知，何以不地？在内也；在内，虽当国不地也。不当国，虽在外，亦不地也。"之所以用"克"而不用"杀"是为了夸大和强调郑庄公的恶，之所以要这样写，是因为他的做法违反了他母亲的意愿，他母亲想立共叔段为太子，而他却杀之。为什么不称呼段为"弟"，是因为他与郑国为敌。

《左传》的解释是："五月辛丑，太叔出奔共。书曰：'郑伯克段于鄢。'段不弟，故不言弟；如二君，故曰克；称郑伯，讥失教也，谓之郑志。不言出奔，难之也。"这里解释了之所以不言"弟"，是因为共叔段没有遵守做弟弟的本分，做了不合乎弟弟应该做的事情，所以不说他是庄公的弟弟；之所以用"克"，是说他们二人如同国君与国君一样争斗；之所以称"郑伯"而不称"郑庄公"，是为了讽刺郑庄公没有教育好弟弟共叔段；之所以不言"出奔"，是因为赶走共叔段是郑庄公的本意。

《穀梁传》的解释是："克者何？能也。何能也？能杀也。何以不言杀？见段之有徒众也。段，郑伯弟也。何以知其为弟也？杀世子、母弟，目君；以其目君，知其为弟也。段弟也，而弗谓弟，公子也而弗谓公子，贬之也。段失子弟之道矣，贱段而甚郑伯也。何甚乎郑伯？甚郑伯之处心积虑而成于杀也。于鄢，远也。犹曰取之其母之怀中而杀之云尔，甚之也。然则为郑伯者宜奈何？缓追逸贼，亲亲之道也。"这里解释为什么用"克"而不用"杀"，是因为郑庄公能做到杀人，但不直接说杀人，是因为共叔段拥有独立的封地，有百姓和士兵；之所以不称"弟"，是因为《春秋》在贬斥共叔段，因为他违背了做弟弟的伦理，更严厉的是谴责郑庄公，因为是他蓄谋已久，有意杀害共叔段。

这三传都对《春秋》这句话中为什么用"克"不用"杀"，称"郑伯"而不是"郑庄公"，称"段"而不称"弟"等词做了解释。尽管解释略有差异，但是基本上都认为这些词的使用表达了《春秋》对郑庄公和共叔段在道德上的贬斥。共叔段的行为之所以是错误的，是因为违反了做弟弟的伦理规范；郑庄公的行为之所以也是错误的，是因为他不仅没有做好兄长教育弟弟的本分，而且试图谋杀弟弟。所以，二人在道德上都是应该被批判的。

一字定褒贬，有时候仅仅是一字之差，但是在道德评价上却可能是截然相反的。如《春秋》桓公十五年："郑世子忽复归于郑。"郑世子忽就是郑昭公，他于桓公十一年被逼退位离开了国都，四年后才得以归国并恢复君主之位，"复归"正是在道德上肯定了复归这一事件。《春秋》成公十八年："宋鱼石复入于彭城。""复入"与"复归"一字之差，却表现了鱼石入彭城的不正当性，在道德评价上给予贬抑。为什么要贬抑他？因为他邀结了其他国家的军队打回本国，以此来恢复自己的职位，这种行为是不符合道德的。在成公十五年的时候，鱼石因宋国发生内乱而前往楚国，十八年借楚、郑侵宋的机会重新返回宋国，且楚、郑以三百辆兵车留守宋国，这样被他国士兵驻守的情况引起宋国人的强烈不满，所以孔子以"复入"一词来表达鱼石这种以不符合礼仪道德的方式归国而不受欢迎的情况。"复入"与"复归"一词之差，但是对事情背后的性质做出了截然相反的道德评价，这种词汇变化只是《春秋》中表达道德话语的一种方式，同时还有"隐而不书"和词序变化等方式。

在对恶行进行避讳时，通常是通过用一个词代替另一个词来实现的。如《春秋》庄公元年："三月，夫人孙于齐。"《春秋》在描述诸侯被迫离开本国时，一般都直接描述为"奔"，如桓公十六年"卫侯朔出奔齐"。但是为什么此处都写作为"孙"呢？对这个问题，《公羊传》写道："孙者何？孙犹孙也，内讳奔谓之孙。"《穀梁传》写道："孙之为言，犹孙也，讳奔也。"夫人，庄公母，史称文姜，与兄齐侯淫通，受公责问，诉于齐侯，而使公见杀，故惭惧而出奔。"孙"与"逊"通，写作"孙"字，似乎是夫人谦逊地离职出走，而并不是因为奸淫之事被人追杀而逃离，以"孙"代替"奔"很好地起到了避讳遮掩的效果，这样的一个词就改变了这个故事中所传达出的道德价值和道德评价，对后人也起到了教化和引导的作用。

《春秋》虽然主要是记载鲁国的历史，但是在价值取向上始终在维护周朝的礼制，维护周天子的统治和权威。诸侯的行为是否符合周朝的礼制，是《春秋》进行道德评价的重要标准。例如，不予专地。本来是交换土地，但是《春秋》却说是借用土地。《春秋》桓公元年："三月，公会郑伯于垂，郑伯以璧假许田。"这句话直接的意思是，三月，鲁桓公与郑庄公在"垂"地相会，郑庄公用玉璧向鲁国借"许田"，但事实上，郑庄公是与鲁桓公私下见面，交换周王朝的土地。为什么要称为"假许田"呢？《公羊传》对鲁桓公的这一行为做了详细解释："其言以璧假之何？易之也。易之则其言假之何？为恭也。曷为为恭？有天子之存，则诸侯不得专地也。许田者何？此鲁朝宿之邑也。诸侯时朝乎天子，天子之郊，诸侯皆有朝宿之邑焉。此鲁朝宿之邑也，则曷为谓之许田？讳取周田也。讳取周田，则曷为谓之许田？系之许也。曷为系之许？近许也。""以璧假许田"其实是交换许田。那为什么要说"假"而不说交换呢？是对周天子恭敬。为什么要恭敬？因为周天子还在，诸侯不能私自交换土地。而"许田"在天子都城的郊外，是鲁国国君朝见周天子时暂住的地方，土地的所有权属于周天子。那为什么叫"许田"，是为了避讳交易周王朝土地的事实。所以，根据

《公羊传》的解释，这里用"以璧假许田"是为了维护鲁桓公非法交换土地的不道德行为。《穀梁传》对《春秋》中的"以"做了解释："郑伯以璧假许田。假不言以，言以，非假也。非假而曰假，讳易地也。"如果借某个东西，是不需要"以"某物作为凭借的，但是这里却用"以"，所以不是真的借，不是借东西，那为什么要用"假（借）"呢？是为了避讳他们私下交换土地的做法。为什么避讳？因为这种做法是错误的。鲁桓公拿着归属于天子的地去交换郑地，等于取天子之田为己有。诸侯是天子之臣，却私取天子之田与人交易，违背了"诸侯不得专地"之义，鲁桓公此举属不义且违背礼节约束之事。既然鲁桓公的这种行为是不合乎礼制的，那么为什么还要庇护他呢？《春秋》对于这种事情予以隐晦避讳的表达是为了维护礼制和鲁国的形象。

有时候看似十分正常的词语使用，事实上却蕴含着道德评价。如"公薨"就很有意思。《春秋》隐公一一年："冬，十有一月壬辰，公薨。"对于鲁隐公为何被杀，《左传》解释是："羽父请杀桓公，将以求大（太）宰。公曰：'为其少故也，吾将授之矣。使营菟裘，吾将老焉。'羽父惧，反谮公于桓公而请弑之。壬辰，羽父使贼弑公于寪氏。立桓公，而讨寪氏，有死者。不书葬，不成丧也。"鲁大夫羽父想要立桓公为君主，所以想办法杀了隐公，显然，这里我们可以看到隐公是被暗杀致死的，但是在《春秋》中却并没有表达出这种犯上杀君的意思。又如《春秋》桓公十八年："夏四月丙子，公薨于齐。"但事实上鲁桓公并不是正常死亡，是被人暗杀的。鲁桓公与夫人文姜到齐国，齐襄公与异母妹文姜私通，鲁桓公指责，齐襄公使公子彭生杀桓公。《春秋》却按照记载君主正常死亡的方式书作"公薨"，这显然是在避讳这种对鲁国不体面的事情，维护鲁国统治者的良好形象。

这两个例字都是以"薨"来代替"弑"，其中主要就是为了维护君主的形象和避讳一些不符合礼节道德的事情，如例子中的兄弟相对相杀，因私通而导致的桓公之死，这些是违背儒家所讲的孝悌忠信等价值观的。孔子在《春秋》中采取这种隐晦的处理办法，其实也同样是对礼制和仁义道德的维护，不过不可否认的是这种操作对于后世对历史事件的道德评价是有引导和影响的，这也是道德教化的一种手段，但在现在来看，这种方式可能并不可取。

二、隐而不书的叙事方式

《春秋》对有些历史事件的叙事采取了隐讳不书的书写方式，从而维护了礼制或是隐晦委婉地表达了道德上的批评。

第一，只记录时间，不记录重要事件，从而实现对事件的道德评价，以及对事件主人公的保护。例如，《春秋》僖公元年："元年春王正月。"按照《春秋》的记事习惯，于"元年春王正月"接着应写"公即位"，而在这里却并没有延续之前的习惯进行撰写。对此，《左传》的解释是："元年春，不称即位，公出故也。公出复入，不书，讳之也。讳国恶，礼也。"《左传》认为，此处所以不书"公即位"，是为了"讳国恶"，即为了避讳鲁僖公成为国君背后的不堪之事。而这一事情就是，鲁庄公做国君时，庄公的弟弟庆父和庄公的夫人哀姜私通。在庄公死后，庆父与哀姜先杀子般立闵公，当时僖公鉴于形势出奔逃亡到陈国。后来庆父想要自立为国君，但由于国人与齐桓公的反对和抵制，最后庆父并没有实现其意愿并且出奔莒，哀姜也出奔邾，再后来僖公在其他人的帮助下重新回到鲁国继位做了国君。所以，此处的"隐而不书"，反映出了孔子既想表达僖公不是按正常的礼节程序即位这一历史事实，又要避免张扬鲁国多内乱这一"国耻"的周全考虑。在《春秋》中除了这一处，还有其他几处没有写"公即位"的地方，理由基本一致。这里孔子这样婉转的避讳表述还有一层意思，就是要人们意识到这种不合乎礼节的行为是不值得提倡的，且要在今后的行为中应当避免。道德上也许并没有贬抑批判，毕竟很多是形势所迫，但是不管怎么样，在礼节规范上是不符合的，所以不宜提倡和宣扬。

第二，为了维护鲁国国君的形象，省略与之相关的重要事件。《春秋》成公十年："秋七月，公如晋。冬十月。"鲁成公于成公十年朝见晋国，晋人此时正怀疑鲁国有背叛晋国追随楚国的意图，所以在晋国扣押了鲁成公，并且让他为刚刚去世的晋景公送葬。当时诸侯葬礼，其他国家一般都派大夫参加，但是在晋景公葬礼上，只有鲁成公一人是国君，所以，鲁国人认为这是奇耻大辱。所以《左传》中写道："秋，公如晋。晋人止公，使送葬……冬，葬晋景公。公送葬，诸侯莫在。鲁人辱之，故不书，讳之也。"而以《春秋》的记叙习惯，往往对于外国诸侯去世的事情都会记录时间和地点，但是《春秋》恰恰没有记录有关晋景公丧葬之事。这里显然是鲁史官有意讳而不书，是因为这件事背后承载着鲁国的耻辱之事，不宜宣扬，也是对晋国当时做法的道德批判，因为他们羁押一国之君且让其不合礼节地为晋景公送葬。但没有说什么，也没有什么都不说，这就是"隐而不书"的特点，也是儒家话语表达中很具特色的地方。

第三，通过省略行为人的名字，对一些违背礼制的行为进行讳匿。如《春秋》哀公一二年："夏五月，甲辰，孟子卒。"孟子本为鲁昭公夫人，按照《春秋》常例，鲁君及鲁君夫人之死应称"薨"，其他诸侯及大夫之死才称"卒"，而且称夫人必冠以姓。对此，《春秋》三传做出了基本一致的解释。《公羊传》解释说："孟子者何？昭公之夫人也。其称孟子何？讳娶同姓，盖吴女也。"《穀梁传》解释说："孟子者何也？昭公夫人也。其不言夫人何也？讳其同姓也。"《左传》解释说："昭夫人孟子卒。昭公娶于吴，故不书姓。"在当时，按照周礼，同姓是不能够通婚的，所以，鲁昭公娶同姓的吴国女子是违礼的行为。《春秋》没有直接写明，而是隐讳其词，委婉地表达了对这种通婚的违反习俗道德行为的不满，同时在一定意义上也是维护鲁昭公的个人形象。

第四，通过省略句子的主语表达对行动主体或客体的道德评价。如《春秋》僖公一九年："梁亡。"《左传》解释是："梁亡，不书其主，自取之也。初，梁伯好土功，亟城而弗处，民罢而弗堪，则曰：'某寇将至。'乃沟宫沟，曰：'秦将袭我。'民惧而溃，秦遂取梁。"按照《春秋》的写作习惯，应该写为"秦灭梁"，而此处却写作"梁亡"，就是在无声地责备梁自取灭亡，对其不纠察自己，不严格遵守礼节制度等行为进行批判和贬抑。又如《春秋》僖公一四年："春，诸侯城缘陵。"《左传》解释是："春，诸侯城缘陵而迁杞焉。不书其人，有阙也。""诸侯城缘陵"，按照《春秋》的写作习惯，应该是齐国带领诸侯替杞国在缘陵筑城。这里反常规不说"齐"，因为城没有筑牢固这个地方，齐国人就走了，这样书写以示贬斥之意。

其实在很多思想表达中，孔子是主张直笔的，可是礼制在孔子心中又有着十分重要的地位，单纯的直笔很多时候并不能适宜地表达一些重礼的思想，正所谓"直而无礼则绞"（《论语·泰伯》），"父为子隐，子为父隐，直在其中矣"（《论语·子路》）。所以，当直书与礼制发生冲突时，《春秋》就不惜隐讳事实真相以遵从礼制。

那么什么应该隐讳什么不应该隐讳，应该遵循什么样的礼制呢？《公羊传》总结了《春秋》的两个标准：一是"《春秋》录内而略外，于外大恶书，小恶不书；于内大恶讳，小恶书"。《春秋》主要记载的是鲁国的历史，对于其他国家的大的恶行可以记载下来，小的恶行就不需要记载下来；而对于鲁国，大的恶行不必记载下来，小的恶行可以记录下来。这就是"讳国恶"（《左传》僖公元年），即避讳隐匿对本国不体面的事情，维护鲁国的国家形象，所以大恶不能记，但是小恶如果不记则不足以让恶人畏惧，所以要记载。二是"为尊者讳，为亲者讳，为贤者讳"。就是当尊者、亲者、贤者做出逾越礼制或不合乎道德的事情时，应该为其避讳，捍卫他们的尊严和良好的道德形象，因为他们的行为举止对社会风气有重要的引领作用。

三、语法变化的叙事方法

除了通过对词汇的谨慎使用进行道德评价外，《春秋》还通过语序的变化、省略、名称的增加与删除等语法变化来进行道德评价。

第一，通过增加或删除名称进行道德评价。《春秋》昭公二十年："秋，盗杀卫侯之兄絷。"卫国的卿叫齐豹，杀死了卫侯的兄长，想求得勇敢的名声。但是《春秋》指斥齐豹为盗，违反了仁义礼节，所以不记他的名字。《春秋》襄公二十一年："邾庶其以漆、两丘来奔。"《春秋》昭公五年："夏，莒牟夷以牟娄及防、兹来奔。"《春秋》昭公三十一年："冬，黑肱以滥来奔。"以上所讲的三个时间段里的三个人的叛国之事，即庶其、牟夷、黑肱三个人都逃到鲁国，把自己国家的一部分土地也献给鲁国，这是背叛祖国的行为。按《春秋》的写作习惯来讲，这三个人名位低微，没有资格记到《春秋》上去，但是为了要揭露他们的罪行，所以也把他们写在了《春秋》里。正如《左传》所说："贱而书名，重地故也。君子曰：名之不可不慎也如是，夫有所有名而不如其已。以地叛，虽贱，必书，地以名其人终为不义，弗可灭已。是故或求名而不得，或欲盖而名章，惩不义也。齐豹为卫司寇，守嗣大夫，作而不义，其书为'盗'。邾庶其、莒牟夷、邾黑肱以土地出，求食而已，不求其名，贱而必书。此二物者，所以惩肆而去贪也。……是以《春秋》书齐豹曰'盗'，三叛人名，以惩不义，数恶无礼，其善志也。故曰：《春秋》之称微而显，婉而辨。上之人能使昭明，善人劝焉，淫人惧焉，使以君子贵之。"齐豹为恶欲以此求名而《春秋》不书其名，邾庶其、莒牟夷、黑肱三人窃邑求利不欲以此闻名而《春秋》特地写上他们的名字，目的都是为了惩罚和在道德上批判这些恶人，"惩恶劝善"，这正体现了《春秋》着眼于道德评判的文本初衷。

第二，通过添加"称谓"进行道德评价。例如，《春秋》昭公八年："陈侯之弟招杀陈世子偃师。"陈侯的弟弟公子招杀了陈国太子偃师，何以如此？《左传》的解释是："乡曰'陈公子招'，今曰'陈侯之弟'，何也？曰：尽其亲，所以恶招也。"原来公子招趁陈哀公生病而杀了太子偃师，是为了改立公子留为太子。这显然是不道德的行为，理应受到谴责，所以《春秋》不仅直接称呼其名，还和此前多称他为"陈公子招"不同，添加上表示亲属关系的成分，即"陈侯之弟"，以此来突出他在基本人伦层面上所犯下的罪过，这是在道德伦理上对其进行批判。这里以非常规的称谓来表达，起到突出强调的效果和作用，比如这里的"陈侯之弟"，便突出了伦理关系，在此基础上使得对相关事件的道德批判的更贴切和深刻，褒贬之意更加明确。又如《春秋》桓公七年："夏，谷伯绥来朝。邓侯吾离来朝。"《左传》对这一事件的解释是："春，谷伯、邓侯来朝，名，贱之也。""伯""侯"分别是其所拥有的爵称，"绥""吾离"是其具体的名称。二人春时便已上来，到夏天才行朝礼，漫不经心，于礼不足，所以书写其全名来贬斥其失礼行为。而《公羊传》隐公一一年："十有一年，春，滕侯、薛侯来朝。其言朝何？诸侯来曰朝，大夫来曰聘。其兼言之何？微国也。"这里与上边的例子便是相反的，这里是对诸侯来朝的褒扬。

第三，通过改变"称谓"进行道德评价。在春秋时期，陈国有个女子叫夏姬，她同时和陈灵公、孔宁、仪行父三人通奸，夏征舒用箭射死陈灵公。这在当时被认为是弑君的行为，夏征舒也就成了乱臣贼子。于是第二年，楚国的楚庄王带着军队进入陈国，杀死了夏征舒，为陈灵公报了仇。《春秋》是如何记载这件事情的呢？《春秋》说：

"冬十月，楚人杀陈夏征舒。"是谁杀了夏征舒？是楚庄王。按照惯例，《春秋》应该称呼楚庄王的爵号"楚子"，可为什么要叫他"楚人"呢？《公羊传》回答："贬之也。"这是在贬斥楚庄王。为什么还要贬斥楚庄王呢？《公羊传》回答："不与外讨也。"孔子曾经说过，理想的政治秩序应该是"礼乐征伐自天子出"，要讨伐谁攻打谁，只有天子才有这个决定权。所以尽管夏征舒有罪，但作为一个诸侯，楚庄王是没有资格去私自讨伐罪人的。因此虽然他做了一件正义的事情，但却是不合当时的礼法的，侵犯了天子的权威，属于僭越行为，因此要贬之。这也是通过这种贬义来警示和教化人们要严格遵循礼节规范。这就叫作诸侯"不予专讨"。

第四，通过词序的变化进行道德评价。例如，《春秋》庄公一七年："夏，齐人歼于遂。"齐人派兵驻在那里，驻军轻敌，不加戒备，被遂人全部歼灭。这样写法包含有责备齐人的意味，对他们进行道德上的贬斥。要是写作"遂人歼齐人"，那么就只是普通的记录了遂国人歼灭了齐国人的事情，至于为何如此就没更多意思，那么也就不是《春秋》含褒贬之情，微言以抒大义的写作风格了。

第五，有时候通过调整并列主语的词序表达道德评价。如《春秋》僖公二年："虞师、晋师灭下阳。"下阳是虢国的城邑，这次本是晋国为了吞并虢国，必须经由虞国，于是他们用各种好东西来贿赂虞国，虞国国君虞公贪图贿赂便同意给晋国借路，并且还出兵帮助晋国。按说这次的侵略是以晋军为主，"晋师"该放在前面，但是《春秋》却把虞师放在了前面，其意是在责备虞国，好像是虞国发动的侵略，内含对虞国不讲仁义忠信而接受贿赂帮助他国征伐的事情的道德批判和贬抑之情，这便是将"虞师"放到"晋师"前面所起的褒贬作用。

第六，通过调整句子中的语序来表达尊卑贵贱。如《春秋》定公二年："夏，五月，壬辰，雉门及两观灾。"《穀梁传》解释是："其不曰雉门灾及两观，何也？灾自两观始也，不以尊者亲灾也。先言雉门，尊尊也。"《公羊传》解释是："其言雉门及两观灾何？两观微也。然则曷为不言雉门灾及两观？主灾者两观也。时灾者两观，则曷为后言之？不以微及大也。何以书？记灾也。"事实上火是从两观着起来然后波及雉门，客观的表述应是"两观灾及雉门"。但雉门尊两观卑，所以雉门在前两观在后，以示前尊后卑。这里《春秋》强调无论在什么情况下都要严格遵循尊卑秩序的礼制，是一种严格的道德约束。《春秋》通过不同的语序表达贬褒的意思很明显。不同的句法结构可以表达相同的意义，但是，不同句法结构的深层意义是有着细微的差别的。《春秋》就善于通过这种句法结构的变换来体现其隐微之义。

又如《春秋》僖公元年："齐师、宋师、曹师次于聂北，救邢。"为了救援处于危难中的邢国，齐国的军队、宋国的军队和曹国的军队驻扎在邢国的聂北，一般就说救援某个国家就好，为什么这里先说军队驻扎在邢国呢？《公羊传》中这样解释的："救邢救不言次，此其言次何？不及事也。不及事者何？邢已亡矣。"先说驻扎而不说救援，是因为邢国已经灭亡了。那为什么不直接说邢国已经灭亡，还要后面讲诸国是来救援它的呢？《公羊传》这样解释："曷为不言狄灭之？为桓公讳也。曷为为桓公讳？上无天子，下无方伯，天下诸侯有相灭亡者，桓公不能救，则桓公耻之。曷为先言次而后言救？君也。君则其称师何？不与诸侯专封也。曷为不与？实与，而文不与。文曷为不与？诸侯之义不得专封也。诸侯之义不得专封，则其曰实与之何？上无天子，下无方伯，天下诸侯有相灭亡者，力能救之，则救之可也。"这里回答了为什么不直接说邢国已经灭亡，是为了维护齐桓公的威信和形象。为什么要为齐桓公避讳呢？因为齐桓公是当时各国的盟主，他本应该有义务救助邢国，避免邢国的灭亡，但是却不能救。为什么先说驻扎而后说救呢？是因为三支军队都是国君率领的。这里其实是对诸侯国之间相互救援的一种道德上的正面评价和赞赏。但是后面在说为什么国君领导却称之为军队的原因，是因为在礼节上是不赞成诸侯自专的，即随意地对别人分封土地和称号。所以这里也是对这些诸侯国军队的一种道德上的贬抑，但是仅仅是在字面上，实际中因为上下都没有有能力和魄力的领导，相互之间的救援是支持的。这就是"不予专封"。

孔子作《春秋》表达对历史事件的褒贬之意，将儒家的"礼"与"仁"的思想寓于史事之中，形成了独具特色的"春秋笔法"。《春秋》开创的这种书写手法，对后世史学发展、史籍编纂，甚至对文学创作等都产生了积极而深远的影响。它通过对史事细节的内容进行选择性书写，详略与隐显的不同，以至用词和语气的微妙差别，委婉而曲折地透露出作者的道德评价和价值判断，而这其中运用了大量的精练的道德话语。正如现代学者周振甫所说："所谓《春秋》笔法，主要是指不由作者出面来对人和事件表示意见，是通过对人物或事件的叙述来表示褒贬，含有让事实说话的意味。"所以，"春秋笔法"是依靠真实的历史事实进行道德叙事，用事实影响人、感染人、约束人，最终达到教育人和引导人向善的目的。

第三节　家风家训中的道德叙事

传统中国人的道德教育在很大程度上是在家庭内部完成的。父辈对子女进行道德教育的方式主要通过家风家训的方式进行，家风家训是儒家思想在家庭层面的生动呈现。其主要是以叙事的方式进行，可以说，家风家训是儒家道德叙事的一种特有方式。其中家风侧重于讲在家庭教育和管理以及多年的日常生活中形成的整体性的风格或者风气，如有的家庭称之为书香世家，有的家庭以"勤俭"名显于世，有的以"忠烈"之名被人称颂等。家训侧重于具体的家人教育和家庭管理的内容，形成了家范、家规、家诫、家书和庭诰等诸多形式，且具有口耳相传的原始性到逐渐系统化、规范化和理论化的特点，并形成诸多不同风格的著作。关于家训的文献和专著，如南朝颜延之的《庭诰》、南北朝颜之推的《颜氏家训》、北宋司马光的《家范》和清朝朱柏庐的《朱子家训》等。家风家训不仅包含了家庭或者家族中的长辈或先贤对他们所处的时代和周围的生活事件所做出的道德评价和价值判断，也包含了他们对家庭或者家族未来发展的期许和对后人为人处世的期望。通过家风家训将祖辈宝贵的人生经验和道德智慧代代相传，在潜移默化中实现对人的道德改造。下面将从道德叙事的构成要素进行分析。

一、家风家训的叙述者与受叙者

在传统的家风家训中，通常是长辈对晚辈进行叙事教育。从叙述者视角看，并不是任何人都有资格成为叙述者，一个人能否成为家训叙事的主体，不是取决于他的社会地位，也不是取决于他的文化水平，而是取决于他在家庭中的地位。这个地位是看他是不是家庭成员中的长辈，如果是长辈，那么他就天然地具有成为道德叙事主体的资格和权力，他就可以在道德上教育晚辈。这里的长辈包括家庭成员中的父母、祖辈甚至兄长等，但基本上是以父母为主。例如，《颜氏家训》《袁氏世范》《朱子家训》《曾国藩家训》等叙事的主体都是父亲教育子女及后世子孙。

从受叙者视角看，家风家训中的受叙者有明确的对象和边界。家风家训的叙事不是针对社会大众，主要是针对家庭内部成员的一种道德叙事。也就是说，它提出的一系列具体的道德规范的效力是有限的，仅仅对家族成员及其后世子孙具有一定的约束力和强制力。而哪些家庭成员可能会成为道德叙事的对象是明确的。第一，假如叙述者是父亲，那么受叙者可能主要就是子女。可以看到大部分的家训主要是父母教育子女的，几乎不可能有子女教育父母的。第二，孙辈重孙辈等也是受叙者。但是随着时代的发展，这种家训对后世子孙的约束和影响也会逐渐减弱。第三，受叙者还包括弟弟、妹妹等。例如，在《曾国藩家训》中就有多处是曾国藩给弟弟曾国荃在道德上的忠告。第四，受叙者还包括非血缘关系的家庭成员，如儿子、孙子的媳妇。第五，受叙者还包括家族中的仆人、丫鬟等。在传统社会中，由于人可以买卖，这些人通常被视为家族成员中的一部分，他们也会受到家风家训的约束。需要注意的是，并非只有家族成员中的晚辈才是道德叙事的对象，有时候母亲也会成为受叙者。人们天然地认为一个父亲有在道德上引导和教育妻子的权力。但是叙述者的父母甚至祖辈或者哥哥姐姐通常不可能是受叙者。在儒家看来，如果一个晚辈教育长辈如何做人，那在道德上通常是错误的，即便长辈有错误，也需要以极其含蓄的方式引导，而不是教育。总之，在传统的家庭中，哪些人是叙述者或受叙者是由这个人在家族中的具体身份决定的。

二、家风家训的叙事内容

在叙事内容上，传统的家风家训主要围绕如何修身和如何治家等问题来展开。首先，家风家训十分重视个体的修身问题。修身是儒家所强调的一种道德传统。《大学》说："自天子以至于庶人，一是皆以修身为本"，"身修而后家齐，家齐而后国治，国治而后天下平"。这一理念生动地体现在中国传统的家风家训中。诸葛亮的《诫子书》就是很好的典范。在该书中，诸葛亮告诫子女："夫君子之行，静以修身，俭以养德。非淡泊无以明志，非宁静无以致远。夫学须静也，才须学也。非学无以广才，非志无以成学。淫慢则不能励精，险躁则不能治性。年与时驰，意与日去，遂成枯落，多不接世，悲守穷庐，将复何及！"他认为静可以修养身心，俭可以养成品德，淡泊亦可以彰明其志，宁静亦可以志存高远，希望后世子女能够静心养德，志存高远，能够仰慕先贤，树立自己学习的榜样，不可贪图安逸，要去掉迟疑怠惰的缺点。让志向成为鞭策自己奋进的力量，在学习修养的过程中不断扩充、坚定志向。在诸葛亮的教育下，他的孩子均很有成就。

再如北宋欧阳修在《诲学说》中告诫子女修身的重要："玉不琢，不成器；人不学，不知道。然玉之为物，有不变之常德，虽不琢以为器，而犹不害为玉也。人之性，因物则迁，不学，则舍君子而为小人，可不念哉？"这是欧阳修给次子欧阳奕专门著的，在这篇不到百字的文本里，既表现了他本人好学不倦的品性，也传达了对其子读书明理及成才的良苦用心。欧阳修以玉设喻，认为玉料不经雕琢就不能成为精美的玉器；而人不读书学习就不能知书达理。尽管如此，玉石作为原料，即便不加工仍然能保持其本来的质地，而人的习性则不可能不受外物的影响，君子不学习，难免最终沦落为小人。欧阳修在这里以玉为喻，从正反两面来教诲自己的孩子要认真学习，学习明理可成大器，不学习人会因环境的影响而逐渐远离君子沦为小人。这其中便内含着对君子和小人的道德评价，认为人应追求成为君子而避免成为小人，并对君子和小人的道德概念从行为上做了界定，学习明理成器为君子，反之为小人。

如何治家也是家训进行道德叙事的另一个重要内容。《训俭示康》是司马光教导他的子女治家崇尚节俭的一篇家训。其中就有如何治家的经典论述："俭则寡欲，君子寡欲，则不役于物，可以直道而行；小人寡欲，则能谨身、节用、远罪、丰家。故曰：'俭，德之共也。侈则多欲。君子多欲则贪慕富贵，枉道速祸；小人多欲则多求妄用，败家丧身；是以居官必贿，居乡必盗。故曰：'侈，恶之大也。'"司马光认为"俭"和"侈"与人的欲求紧密相关，认为"不俭"是"多欲妄求"的表现，而过多的欲望则是败德丧家的罪魁祸首，他通过对"俭"和"侈"所反映的人之品性优劣的对比，表达了"崇俭"的思想。司马光这里也不是空谈节俭，他本人也是如此做的，在《训俭示康》中首先就有对自己节俭生活的一段描述，并表示"众人皆以奢靡为荣，吾心独以俭素为美。人皆嗤吾固陋，吾不以为病"。司马光这里所讲的君子和小人不同于欧阳修对其进行的道德评价，在这里没有强调二者品德上有何不同，也没讲我们应以何种人为追求，更多是运用两例对"俭"和"侈"进行评价，认为无论是君子还是小人，都应"求俭弃侈"，君子寡欲不会被物质所驱使，可以行直道，小人寡欲，可以平安身躯，丰富家庭；君子追求贪欲便会走上弯路引来祸患，小人追求贪欲便会败家丧身。

家风家训在推崇勤俭的美德时，也注意到"俭"存在滑向"吝"的可能性，所以还主张"俭而不吝"的持家之道。颜之推在《颜氏家训》中就引述孔子话语进行阐述。"孔子曰：'奢则不孙，俭则固；与其不孙也，宁固。'又云：'如有周公之才之美，使骄且吝，其余不足观也已。'然则可俭而不可吝已。俭者，省约为礼之谓也；吝者，穷急不恤之谓也。今有施则奢，俭则吝；如能施而不奢，俭而不吝，可矣。"颜之推认为持家之道关键在于俭约，但是不能因此而走向"过俭"，以至于滑向"吝"的地步，遵循礼的俭约就不会走向鄙吝，如对于穷困亲友不假以援手就是不合礼，就是鄙吝的表现。所以，他认为居家应该做到"施而不奢，俭而不吝"，即周施济众但不奢靡，俭约有礼而不吝啬。这也体现了在家训中的道德评价和选择也不是刻板不变的，随着时代不断发展，生活经验的丰富和完备，家训中所用的道德话语更加准确和贴切，更加贴近现实生活。

处理邻里关系也是家风家训叙事的重要内容。《袁氏世范》中就说："言忠信，行笃敬，乃圣人教人取重于乡曲之术。盖财物交加，不损人而益己，患难之际，不妨人而利己，所谓忠也。有所许诺，纤毫必偿，所期约，时刻不易，所谓信也。处事近厚，处心诚实，所谓笃也。礼貌卑下，话语谦恭，所谓敬也。若能行此，非惟取重于乡曲，则亦无人而不自得。然'敬'之事于己无损，世人颇能行之，而矫饰假伪，其中心则轻薄，是能敬而不能笃者，君子指为谀佞，乡人久亦不归重也。"袁采在这里引述孔子的话，希望邻里间、乡邻间相处要坚持忠、信、笃、敬的道德理念，并从具体的叙事中对这几个道德术语进行界定。这是圣人对后世的教诲，袁采在这里引入自己的家训当中，训诫自己的后人。这里必然包含对忠、信、笃、敬这四种品德的正面的道德评价，其是人们应该作为目标去努力追求的东西，获得之后不仅对于自身品德有极大的提升，对于处理好邻里关系也是大有裨益。在后面袁采针对存在虚假的忠、信、笃、敬也进行了分析和负面的道德评价，认为这是人们应该警惕和避免的，传达了一种当时的道德判断和价值评价。

三、家风家训的叙述方式

叙事方式是叙述者讲故事的方式，包括从什么样的视角切入，选取什么样的题材，以什么样的形式进行叙事等方面。中国传统家训的叙事主要是通过这几个方面进行的。

第一，讲述家族史和追溯祖辈的光辉事迹。在中国传统家族中，每个家庭几乎都会有家谱，家谱是家族具有特殊意义的历史档案，它记载了自己祖先的悠久历史，有些家谱甚至可以追溯至上千年前的祖先那里；而且家谱承载了家族的道德记忆，通常详细记载了家庭成员中的重要人物光辉感人的事迹、丰功伟绩和高尚行谊。人们通过家谱不仅了解到自己从何处来，更重要的是会被祖先的高尚事迹所感动，深刻地激励着人们的后续行为。自己的行为不能"羞先人"，不能给祖先丢脸，要光宗耀祖，为家族荣誉而努力。这种观念可能就是受到了家族史叙事的影响。

这一点在家训中也有生动的体现。例如，司马谈在公元前110年随汉武帝登封泰山途中染病，不幸病卒于洛阳，临终想到自己撰写一本通史的志愿未曾实现，故而把希望寄托在了儿子身上，他对司马迁说道："余先，周室之太史也；自上世尝显功名于虞夏，典天官事……今汉兴，海内一统，明主贤君忠臣死义之士，余为太史而弗论载，废天下之史文，余甚惧焉！汝其念！且夫孝，始于事亲，中于事君，终于

立身。扬名于后世以显父母，此孝之大者。"（《史记·太史公自序》）
在这里，司马谈就是通过讲述家族祖先悠久历史故事的方式进行道德
告诫，表达自己对儿子司马迁的最后期盼和对家族未来发展的最后训
诫。他从历代先祖修史的事情起始，以他的家族因此而闻名于世而自
豪，也深感作为家族一分子有责任和义务要继承为国修史的家族传统，
他为自己将不久于人世不能承继这一使命而感到愧疚和担心。因此，
他将此志寄托于其子，望其可以继续承担起这份修史的责任，并以
"孝"赋予这份责任，认为继承祖先的事业就是行孝。

第二，生活化的道德叙事。孔子就善于借助日常生活中的小事教
育子女。例如在《论语·季氏》中，孔子借助陈亢问于伯鱼的故事教
育自己的儿子要学习《诗》《礼》。

陈亢问于伯鱼曰："子亦有异闻乎？"对曰："未也。尝独立，鲤趋
而过庭，曰：'学《诗》乎？'对曰：'未也。''不学《诗》，无以言。'
鲤退而学《诗》。他日，又独立，鲤趋而过庭，曰：'学《礼》乎？'
对曰：'未也。''不学《礼》，无以立。'鲤退而学《礼》。闻斯二者。"
陈亢退而喜曰："问一得三，闻《诗》，闻《礼》，又闻君子之远其
子也。"

从上可以看到孔子教育儿子的方式，即在日常生活中，通过反问
的方式让对方意识到自己学习上的缺失，并告诉其要学《诗》，不然很
难去言谈论辩，要学《礼》，不然无法立足于世，告诉你要学习什么，
并告诉你学习的功用，这样可以更好地激发人们学习的兴趣和动力。
陈亢最后所言"问一得三，闻《诗》，闻《礼》，又闻君子之远其子
也"，也体会出孔子在教育学生和自家子女上"吾无隐乎尔"的平等相
待，无隐匿无偏私。

颜之推也经常通过讲述生活中的真实故事教育子女。例如他为了
告诫子女和学生谦逊谨慎，在《颜氏家训·勉学》中说："俗间儒士，
不涉群书，经纬之外，义疏而已。吾初入邺，与博陵崔文彦交游，尝
说《王粲集》中难郑玄《尚书》事。崔转为诸儒道之，始将发口，悬
见排蹙，云：'文集只有诗赋铭诔，岂当论经书事乎？且先儒之中，未
闻有王粲也。'崔笑而退，竟不以《粲集》示之。魏收之在议曹，与诸
博士议宗庙事，引据《汉书》，博士笑曰：'未闻《汉书》得证经术。'

收便忿怒，都不复言，取《韦玄成传》，掷之而起。博士一夜共披寻之，达明，乃来谢曰：'不谓玄成如此学也。'"

在这段文字中，颜之推列举了两个"自以为是"的例子。前例中"俗儒"孤陋寡闻，自认为"文集只有诗赋铭诔，岂当论经书事乎?"便对别人所说"《王粲集》中难郑玄《尚书》事"表示质疑，以他人所言闻所未闻，便将之视为超出自己试听范围外的"无稽之谈"。后例中博士以"未闻《汉书》得证经术"来质疑魏收援引《汉书》验证经学义理的做法，在魏收拿出《韦玄成传》以示早有此例时，博士才为自己的孤陋寡闻而深表歉意。颜之推借此事想教导子弟在学习过程中一定要谦逊谨慎、好学多问，孤陋寡闻只会贻笑大方。优良的道德品德的培养和树立对于我们为人处世是极为有益的，谦逊谨慎让我们能以更好的态度与人交往，相互学习；好学多问让我们可以更快地学到更多的知识，开阔视野，丰富个人的内涵和学识；为人诚信，待人坦率真实，是人应该去追求的品德，而自以为是则是我们应该慢慢改掉的陋习，这也是此家训所要表达的内在之意。

第三，通过讲述历史故事进行道德叙事，这是古代家训叙事的主要方法。例如，颜之推在《颜氏家训·教子》中说："齐朝有一士大夫，尝谓吾曰：'我有一儿，年已十七，颇晓书疏，教其鲜卑语及弹琵琶，稍欲通解，以此伏事公卿，无不宠爱，亦要事也。'吾时俛而不答。异哉，此人之教子也！若由此业，自致卿相，亦不愿汝曹为之。"在这里，颜之推引齐朝士大夫教子的故事来教育子女要导之以"正"，培养其为人处世的道德品质，如果家庭教育单纯以功利为目的则不如不教，一味偏重于应世接物，则可能会把子女导向"邪路"。颜之推为了告诫子女不可懈怠和荒废光阴，勉励他们勤学苦读，也常以历史故事为例进行生动说明。如他说："古人勤学，有握锥投斧，照雪聚萤，锄则带经，牧则编简，亦为勤笃。"（《颜氏家训·勉学》）颜之推还通过对过去士大夫阶层的浮华淫乱、放纵奢靡的生活风气的叙事，告诫子女个人修养过程中谨防被奢靡的生活风气腐蚀，要坚定理想信念，志存高远，不被世俗贪欲所左右。他说："梁朝全盛之时，贵游子弟，多无学术，至于谚云：'上车不落则著作，体中何如则秘书。'无不熏衣剃面，傅粉施朱，驾长檐车，跟高齿屐，坐棋子方褥，凭斑丝隐囊，列器玩于左右，从容出入，望若神仙。明经求第，则顾人答策；三九公宴，则假手赋诗。贵族子弟不涉实物，不学无术，长袖翩翩，生活奢华，靠着门阀制度坐享高官厚禄，假他人之手延揽名声，不能应涉世务，乃至于遭逢离乱之后，求诸身而无所得，施之世而无所用。被褐而丧珠，失皮而露质，兀若枯木，泊若穷流，鹿独戎马之间，转死沟壑之际。"（《颜氏家训·勉学》）颜之推对社会不良现象的批判，是他教导子弟"勿坠凡庸"保全身家的谆谆教诲，也是他对社会风化的忧思。

第四，身教的道德叙事。中国古人相信"言传不如身教"，叙述者以身作则或现身说法，通过讲述自己亲身经历的事情来影响和感染家庭成员。由于所讲授的是自己亲身经历的，故事是真实发生的，所以很容易引起受叙者的情感共鸣。这也是家训中重要的叙事方式。如在《颜氏家训》中，颜之推通过讲授自己一生的坎坷遭遇和奋斗历程教育子女。他说："吾家风教，素为整密，昔在龆龀，便蒙诱诲；每从两兄，晓夕温清，规行矩步，安辞定色，锵锵翼翼，若朝严君焉。赐以优言，问所好尚，励短引长，莫不恳笃。年始九岁，便丁荼蓼，家塗离散，百口索然。慈兄鞠养，苦辛备至；有仁无威，导示不切。虽读《礼传》，微爱属文，颇为凡人之所陶染，肆欲轻言，不修边幅。年十八九，少知砥砺，习若自然，卒难洗荡。二十已后，大过稀焉；每常心共口敌，性与情竞，夜觉晓非，今悔昨失，自怜无教，以至于斯。追思平昔之指，铭肌镂骨，非徒古书之诫，经目过耳也。故留此二十篇，以为汝曹后车耳。"（《颜氏家训·序致》）

又如北宋范仲淹，他长期苦读浸淫于儒家经典，教家人正己正家，敦行父慈子孝夫义妇顺的家庭美德，自己将践行人伦作为毕生的行为准则。他说："道者何？率性之谓也。从者何？由道之谓也。臣则由乎忠，子则由乎孝，行己由乎礼，制事由乎义，保民由乎信，待物由乎仁。此道之端也。……然后可以言国，可以言家，可以言民，可以言物，岂不大哉！"在他作为宰辅时，他依旧简约质朴，上可忠心为国分忧，下可在家施教把控门风，其言传身教不令而行，为时人世人所仰慕，其诸子大都有乃父风范，尤其以次子范纯仁官至宰相成就最高，成就了"父子宰相"的美名，而其后世能够谨遵家训的训教，遵从父亲之意。范仲淹自身也是其所倡导的道德理念的践行者，言传身教让其与后代之间的家庭关系更加和睦，而没有出现孟子所担心的父子相怨相离。经其创办的范氏义庄在数百年时间里为范式家族的发展、壮大提供了保障，得到了社会的认可，其家门家风中的忠善仁义由此也更为人所熟知，受其教诲的人也不再局限在家门之内，其影响深远波及至今。

第四节　戏曲艺术中的道德叙事

正如王国维在《宋元戏剧考》中所说："戏曲者，谓以歌舞演故事也。"① 中国古代戏曲在本质上是一种叙事艺术。没有故事就没有戏曲，每一折戏都是在讲述一段故事。在舞台上人物的唱念做打、场景的布局、服饰穿戴、道具的设计、动作的表演都是服务于故事的需要，可以说戏曲中所采用的音乐、舞蹈、绘画等所有艺术形式，都是为了给观众呈现一个个生动多彩的故事。

在中国古代，大部分戏曲故事都是道德故事。通过一个个故事告诉人们什么是忠孝节义，什么是礼义廉耻，对于大部分没有接受过教育的普通民众而言，正是通过戏曲这种形式，知道了儒家伦理思想，在不知不觉中接受了儒家的道德教育。所以对儒家而言，戏曲是一种非常重要的道德叙事方式。作为一种艺术化的叙事，戏曲的道德叙事具有如下的特点。

一、从叙事目的上看，中国古代戏曲的目的主要不是用来供人们娱乐消遣的，而是具有浓厚的道德色彩，其主要目的是为了对民众进行道德教化

明代戏曲家汤显祖在论述戏曲的目的时说，戏曲"可以合君臣之节，可以浃父子之恩，可以增长幼之睦，可以动夫妇之欢，可以发宾友之仪，可以释怨毒之结，可以已愁愤之疾，可以浑庸鄙之好。然则斯道也，孝子以事其亲，敬长而娱死；仁人以此奉其尊，享帝而事鬼。

---

① 王国维. 王国维戏曲论文集［M］. 北京：中国戏剧出版社，1984：163

老者以此终，少者以此长。外户可以不闭，嗜欲可以少营。人有此声，家有此道，疫病不作，天下和平。岂非以人情之大窦，为名教之至乐也哉？"① 在这里，汤显祖深入地阐述了戏曲艺术的道德价值，它可以调和改善父子、夫妇、君臣、长幼、朋友之间的伦理关系，可以化解恩怨，疏通情感，减少人们的欲望，维护人们的健康，使人身心愉悦。可见，戏曲对于社会的和谐具有重要功能。显然汤显祖没有将戏曲视为一种价值中立的艺术，而是认为戏曲是实现儒家伦理道德的一种重要方式。

戏曲叙事的目的在于道德教化。孔尚任在《桃花扇》小引中也清楚地说明了这一点："传奇虽小道，凡诗、赋、词、曲、四六、小说家，无体不备。至于写须眉，点染景物，乃兼画苑笑。其旨趣实本于三百篇，而义则春秋，用笔行文，又左、国、太史公也。于以警世易俗，赞圣道而辅王化，最近且切。"②孔尚任这里指的传奇就是像《桃花扇》一类的戏曲小说，在传统社会中被认为是不能和诗词古文等相比的，然而孔尚任却认为戏曲小说是高度综合的艺术创作形式，它的创作宗旨与《诗经》是一致的，其表达的义理则是与《春秋》一致，"用笔行文"则与《左传》《国语》《史记》等一致，其最终的目的都在于教化百姓，辅助王道。

二、从叙事内容上看，戏曲主要表达的内容是儒家的道德观念

戏曲中的故事有取自历史题材的，也有神话故事，也有作者对亲身经历事件的改编，总之，这些故事是经过戏曲家的创作加工而成。如《窦娥冤》就是关汉卿对《列女传》中的《东海孝父》故事改编而成，《孟姜女哭长城》的戏曲就源自《左传》中的"杞梁妻拒绝齐侯郊吊"。戏曲推崇的道德价值观主要是以儒家的仁义礼智、忠孝廉耻等观念为核心，以帝王将相、忠臣孝子、才子佳人等感人事迹为素材，生动地构造一系列的道德故事。以《包待制三勘蝴蝶梦》为例，这剧目讲述了皇亲葛彪无故打死了一位平民，平民的三个儿子又将葛彪打

---

① ［明］汤显祖. 汤显祖诗文集：卷三四［M］. 上海：上海古籍出版社. 1982：1127.

死然后被抓，在审理案件中，这三个儿子争相偿命，最后死者的妻子让自己的亲生儿子去抵命。包公被王氏一家的母贤子孝所感动，最后找了一个本来有罪的替死鬼结案。看最后包公为该案下的判词："你本是龙袖娇民，堪可为报国贤臣：大儿去随朝勾当，第二的冠带荣身，石和做中年县令，母亲封贤德夫人。国家重义夫节妇，更爱那孝子顺孙，今日的加官赏赐，一家门望露恩。"① 因为这位母亲大公无私地让三位儿子争相受死的义行，这位母亲和三个儿子不仅没有被杀死，反而被褒奖受封。通过这样的故事向民众宣扬儒家的伦理道德。

三、从叙事方式上看，戏曲叙事是一种艺术化的叙事方式

戏曲从每一句唱腔、每一个动作到每一次舞台场景的安排、服饰道具的设计，都充满含蓄浓郁的艺术气息。欣赏戏曲就是在欣赏艺术，它是一件快乐的事情，是"寓教于乐"的事情，人们在艺术的享受中获得道德的熏染。相比于其他叙事方式，戏曲作为一种艺术化叙事方式，具有如下的特点。

（一）戏曲是抒情化的道德叙事

这是戏曲叙事区别于其他道德叙事的一个显著特点。戏曲叙事不是完全理性地借故事说教，戏曲中充满了喜怒哀乐各种情感的夸张表达，更希望用情感感染、影响、打动人的心灵。周之标说："时曲者，无是事，有是情，而词人曲摩之者也；戏曲者，有是情，且有是事，而词人曲肖之者也。有是情，则不论生旦净丑，须各按情，情到而一折便尽其情矣；有是事，则不论悲欢离合，须各按事，事合而一折便了其事矣。"② 在这里，周之标对当时的清曲和戏曲做了比较，指出清曲是抒情性的艺术表演，而戏曲是抒情性和叙事性兼有的艺术形式。正如《毛诗序》中有这样一段话："诗者，志之所之也。在心为志，发言为诗。情动于中而形于言，言之不足故嗟叹之，嗟叹之不足故咏歌之。永歌之不足，不知手之舞之，足之蹈之也。"诗歌也是一种语言，

---

① 李春祥. 元代包公戏曲选注 [M]. 郑州：中州书画社，1983：54.

② [明]周之标，吴歙萃雅，王秋桂. 善本戏曲丛刊：第 2 辑 [M]. 影印明万历刻本. 台北：台湾学生书局，1984：8-11.

是表达情感的语言，当语言不足以表达情感时，我们就需要借用诗歌、舞蹈等艺术形式来表达内心的情感。

情感如何表达叙事？第一，在唱腔的表演上，为了表达人物不同的情感，如高兴、悲伤、愤怒、哀怨等，就会用唱腔的音调、音色、声音的长短鲜明生动地表达出来。第二，在唱词创作上，多采用具有浓厚的感情色彩的词语，如在秦腔《铡美案》中，陈世美抛弃秦香莲，并派人追杀，等再次见到丈夫后，她唱道："你不该差人来行凶，蛇蝎心肠似枭獍，忘恩负义太绝情。"唱词表现了秦香莲对陈世美抛弃妻子、忘恩负义的愤恨之情。第三，借用身体动作及面部表情表达内心的情感。比如我们常见的"甩水袖""帽翅功"，常表达了人物内心的焦虑和苦闷。总之，相比于其他叙事方式，戏曲的独特魅力在于其丰富的情感表达，能够震撼人的心灵，引起人们的共鸣，进而增进人们的道德情感。

（二）戏曲叙事是定型化的道德叙事

这也是戏曲叙事的另一个显著特点。古代戏曲虽然是一种艺术形式，但是并不意味着化妆、服饰、舞台、道具等可以被随意创造。每一个样式都有明确的固定的伦理表意。最有代表性的就是脸谱。脸谱的每一种颜色都有鲜明的道德寓意。脸谱是红色，象征着刚毅忠义，如关羽；脸谱是白色，象征着阴险奸诈，如曹操；脸谱是黑色，象征着公正无私，如包拯；脸谱是黄色，象征着凶狠残暴，如典韦、宇文成都；脸谱是蓝色，象征着刚强阴险，如刘唐；脸谱是绿色，象征着勇猛莽撞，如李逵；脸谱是紫色，象征着刚正威武，不媚权贵，如杨延昭；脸谱是金银色，象征着神仙妖怪。每一个不同颜色的脸谱都有鲜明的道德品质和性格特征指向，人们看到脸谱就可以清晰地知道这个人是善是恶，是忠是奸。

每一个角色也有其显著确定的道德意义。如京剧中的生旦净丑都有特定的道德指向。生行是扮演除花脸（包括净、丑）外的所有男性人物；"老生"一般是中年以上男性人物，有胡须，如帝王将相，象征着品行端正；"青衣"通常扮演品行端正或贞洁刚烈的中青年女性，其行为举止端庄娴静，真诚质朴，如《秦香莲》里的秦香莲、《三娘教子》里的王春娥等；武生通常指武艺高强的青壮年男子，如《长坂坡》

里的赵云；彩旦扮演下层老年女性，一般为喜剧或闹剧人物，实为女丑，如《四进士》里的万氏、《拾玉镯》里的刘媒婆等；净俗称花脸，主要扮演性格粗豪的男性，如包拯。每一种角色及其相应的服饰、动作都是定型的，都是与其道德品质相一致的。通过这种定型化的形式，将是非善恶的观念鲜明地呈现在观众面前。

四、从叙事效果上看，戏曲叙事对于民众的道德教化具有重要意义

在中国传统社会中，绝大部分民众没有机会接受教育，看戏就成为他们接受教育特别是道德教育的一种重要形式。相比其他形式，它对民众的教育效果要远胜于所谓的经典正史。"盖古之忠臣孝子、义人烈士，事在正史，不但愚氓无由知，即浅学儒士，至有不能举其姓字者。唯一列之俳场，节以乐句，则流通传播，虽妇人孺子皆知称道之。故杂剧之效，能使草野闾巷之民，亦知慕君子而恶小人，此庄士之所不废也。"① 那些正史所记载的忠臣孝子，不要说普通百姓不知道，就是一般的读书人也不能举几个名字出来，只有将这些事件以戏曲的形式表达出来才能使人们熟知。

第一，戏曲叙事的受众具有广泛性。戏曲的受众包括士农工商各个阶层的人们，无论是达官贵人，还是下里巴人，都有机会欣赏戏曲艺术。例如，在宋代，不仅在皇宫里可以听到戏曲，在公共的集市上，也有戏曲表演专门的地方——"瓦市"。所有赶集的人们都能听到戏曲。所以戏曲是一种"雅俗共赏"的艺术形式。第二，戏曲叙事为人们喜闻乐见，深受民众的喜爱。通常人们不喜欢被道德说教，但人们却不能够抵挡艺术的魅力。正如清代的刘继庄所言："余观世之小人，未有不好歌唱看戏者。"② 在古代视听艺术不发达的情况下，戏曲就成了最有吸引力的一种艺术形式。其次，戏曲叙事的效果在于能够从情感上感动人，从心灵深处打动人，引起人们对恶的憎恶和对善的渴望，并且为人们的行为提供道德指南。为了凸显表演效果，戏曲往往设计

---

① 王绍曾，宫庆山. 山左戏曲集成 [M]. 上海：上海古籍出版社，2008：548.
② [清] 刘献廷. 广阳杂记：清代史料笔记 [M]. 北京：中华书局，1997：177.

大量的剧情冲突。如善与恶、正与邪、美与丑、真与假的较量，还有美德之间的冲突，如忠与孝、生与义之间的冲突。故事往往扣人心弦，感人至深。这些故事为人们的为人处世树立了榜样。例如，明代剧作家丘濬在《五伦全备记》中写道："今世南北歌曲，虽是街市子弟、田里农夫，人人都晓得唱念，其在今日亦如古诗之在古时，其言语既易知，其感人尤易入。近世以来，做成南北戏文，用人搬演，虽非古礼，然人人观看，皆能通晓。尤易感动人心，使人手舞足蹈，亦不自觉。"戏曲以其通俗易懂、喜闻乐见、感人至深而深受民众的喜爱。

综上所述，中国传统戏曲是儒家重要的叙事方式，它对儒家道德观念的普及和民众的教化发挥了重要作用。中国传统戏曲的创作宗旨在于道德教化，其表达的内容以儒家的伦理道德为主，其表达的方式是情感化的、定型化的叙事方式，其因通俗易懂、寓教于乐，为人们所喜闻乐见，深刻地影响了普通民众的道德观念。

第五节　日用器物中的道德叙事

日常生活中的器物用品也是儒家进行道德叙事的重要载体，这些器物以不同方式被赋予伦理意义，讲述着道德故事，以无声的道德话语，潜移默化地熏陶人、感染人，这又被称为道德物化，即通过物来表达道德观念，规范和引导人们的行为。它是构成儒家道德叙事的重要方式。

在中国传统社会中，器物的道德化是一种长期存在的文化现象。在一些中国早期的经典文献中就对这种现象有相关记载。《考工记》中写道："轸之方也，以象地也。盖之圆也，以象天也。轮辐三十，以象日月也。盖弓二十有八，以象星也。"人们之所以将马车设计成如此造型，并不是为了追求审美上的价值，也不是为了生活上的实用，而是用这造型表达他们对宇宙与人的关系的理解。同样，在《左传》中也有记载："昔夏之方有德也，远方图物，贡金九牧，铸鼎象物，物而为之备，使民知神奸。……用能协于上下，以承天休。"从前夏朝正在实行德政的时候，远方各地的人们将各种奇异东西画成图像，九州贡献出金属，铸成九鼎，把这些图像铸在鼎上，教人民知道是非善恶。可见，当时统治者已经懂得利用器物表达道德观念。此外，上古青铜器上刻着的铭文很多也与道德相关。通过这些记载，我们看到，上古时期的人们已经初步意识到器物对人的道德意义。后来儒家又发展出了"制器尚象""藏礼于器"的思想。这种通过器物表达道德观念的现象一直流行到明清，已经泛化到器物的许多方面，大到城市布局设计、小到家庭用具都有一套"讲究"，这些"讲究"中包含着做人的道理，所以朱熹就讲"天下无一物无礼乐"，可见，在儒家这里，器物已经被广泛地用于表达道德观念了。通过这种具有道德意义的"器物"潜移默化的方式教育人，对促进中国传统社会的道德教化发挥了极其重要的作用。那么器物如何实现道德叙事的表达呢？笔者将从以下几个方面进行阐述。

一、器物道德叙事的主要方式

在中国古代，器物存在泛道德化的现象，但是器物的泛道德化并不像器物的实用功能那样自然地内在于器物之中。例如，只要制造出一个茶具自然就可以喝茶，但器物承载的道德观念则是儒家通过主观努力有目的、有计划地将传统的道德观念"植入"器物中的。那么儒家是如何实现这一点的呢？儒家道德观念主要是通过器物设计、器物解释与器物使用这三种途径被"植入"到器物中的。

1. 将儒家道德观念"设计"到器物中

在器物造型、设计和装饰时，将儒家道德观念嵌入到器物中，使器物具有了道德意义，这是儒家将道德"植入"器物的最主要方式。

在对器物进行装饰时，将具有道德教化意义的文字雕刻在器物上，或者是将具有道德象征意义的图案装饰在器物上。就文字而言，早在先秦时期就有这样的传统，最为典型的例子是商周时期的青铜器，青铜器无论是作为具有实用功能的酒器、食器、水器，还是作为语言象征意义的礼器，一般在其正面、侧面或背面都有铸造的文字。这些文字不仅记载了那个时期的历史事件，也记录了具有道德意蕴的话语：或是长辈对晚辈的道德训诫，或是晚辈对长辈懿德嘉言的称赞。如《礼记·祭统》说："夫鼎有铭，铭者自名也。自铭以称扬其先祖之美，而明著之后世者也"，"论撰其先祖之有德善、功烈、勋劳、庆赏、声名，列于天下，而酌之祭器"。这些器物上记录了祖先的光辉事迹、重要功劳和高尚美德。这些含有道德意义的文字作为一种装饰，自先秦以后在中国历史上一直广为流行，像"门匾""门联"就是明显的例子，如古代县衙悬挂有"明镜高悬""光明正大"牌匾，家庭有"耕读传家""孝悌之家"门匾等之类的装饰，这种情况在现在一些地方依然可以看到。

除了将具有道德意义的文字装饰在器物上之外，还有一种形式，即将一些具有道德寓意的图案装饰在不同的器物上，以达到道德教化的目的。这在中国古代也是一种极为普遍的现象。《国语·郑语》中说："物一无文。""文"就是装饰，在儒家看来，每一件器物都需要纹饰，或雕刻或镶嵌或描绘等。而装饰不仅是为了美观，更重要的是对民众进行道德教化。景德镇瓷器上的"五个人坐在三个缸前尝酒"的图案，便喻指"三纲五常"。我们也经常看到，在古代的墙上、瓷器上刻有一些像"二十四孝"之类的道德故事，教育人们要遵守三纲五常。又如在一些青铜器上装饰有"饕餮"的图案，《吕氏春秋·先识览》中解释："周鼎着饕餮，有首无耳，食人未咽，害及其身，以言报更。"这个图案讲述了饕餮贪吃过度，最终玩火自焚的故事，警示人们不可贪婪无度。

在器物造型设计时，将道德观念嵌入在器物上，从而使器物具有了道德意义。儒家认为，器物造型设计要符合礼的要求。孔子不仅批判了"八佾舞于庭"违背礼制的情况，同时也批评了酒器设计的违礼做法，他说："觚不觚，觚哉，觚哉。"（《论语·雍也》）觚是一种青铜酒器，本来是有棱角，而现在制造的觚，没有了棱角，这种酒器的设计不符合礼制的要求，所以不能称之为合格的酒器。孔子认为，如果器物的设计违背礼的要求，即便具有实用功能，也是"名不副实"。

在《荀子·宥坐》中有一个更典型的例子，说明器物设计中所表达的道德观念。

孔子观于鲁桓公之庙，有欹器焉，孔子问于守庙者曰："此为何器？"守庙者曰："此盖为宥坐之器。"孔子曰："吾闻宥坐之器者，虚则欹，中则正，满则覆。"孔子顾谓弟子曰："注水焉。"弟子挹水而注之。中而正，满而覆，虚而欹，孔子喟然而叹曰："吁！恶有满而不覆者哉！"子路曰："敢问持满有道乎？"孔子曰："聪明圣知，守之以愚；功被天下，守之以让；勇力抚世，守之以怯；富有四海，守之以谦：此所谓挹而损之之道也。"（《荀子·宥坐》）

在这对话中，孔子对宥器的设计赞叹不已，原因是这种装水的容器有个显著的特点：灌满了水就翻过去，没有水就倾斜，把水灌到中间的位置正好能垂直正立。这一特点之所以值得赞赏，是因为它具有道德上的警示功能，警示君王治理国家要坚持中庸之道，过犹不及。

此外，还有如"凭几"，这是中国古代一种十分常见的家具，主要用来支撑身体、做依靠用。但不是所有人都有资格使用它，所谓"养衰老""养尊者之物"，如果是年轻人或社会地位低的人使用它，就会被认为是不道德的。又如古代皇帝的帽子造型"旒冕"，冕的顶部通常是前圆后方，寓意天圆地方，表示博大之意；涂着黑漆，表示庄重。在板的前后都系有垂旒，寓意帝王正视听——非礼勿视，非礼勿听，明辨是非邪正。板下有玉衡，连接在冠的两边凹槽内；衡两端有小孔，两边垂挂的丝绳一直到耳旁，到耳处系着一块美玉，好像塞住了耳朵，即所谓"充耳"，寓意帝王不要听信谗言。可见，这些器物的设计具有鲜明的道德意义。

2. 对器物进行道德化解释

有些器物在设计时本来没有道德意义，但是通过人为的解释，赋予器物以道德意义。"玉"就是一个典型代表，它本来只是一种普通石头，但是在中国古代社会却被人们喜欢，无论男女老少都喜欢将"玉"佩戴在腰间。人们喜欢这样做，不仅仅是因为玉的美学价值，而是因为玉石蕴含着特殊的道德寓意。一是认为玉蕴含着五种美德。东汉许慎的《说文解字》说："润泽以温，仁之方也；鰓理自外，可以知中，义之方也；其声舒扬，专以远闻，智之方也；不挠而折，勇之方也；锐廉而不忮，洁之方也。"许慎认为玉有仁、义、智、勇、洁五种美德；二是认为玉有十一德。《礼记·聘义》："子贡问于孔子曰：'敢问君子贵玉而贱珉者，何也？为玉之寡而珉之多与？'孔子曰：'非为珉之多故贱之也，玉之寡故贵之也。夫昔者，君子比德于玉焉，温润而泽，仁也；缜密以栗，知也；廉而不刿，义也；垂之如队，礼也；叩之，其声清越以长，其终诎然，乐也；瑕不掩瑜，忠也；孚尹旁达，信也；气如白虹，天也；精神见于山川，地也；圭璋特达，德也；天下莫不贵者，道也。'诗云：言念君子，温其如玉。故君子贵之也。"在这段话中，根据玉的质地、形状、声音、色泽等自然属性，分析出了玉的十一种美德：仁、智、义、礼、乐、忠、信、天、地、德、道。正因为玉在儒家文化中有如此多的美德寓意，所以深受人们的喜爱。人们佩戴玉也向他人展示了自己对道德的向往和追求。

不仅是无机的自然物，许多植物也具有特殊的道德寓意。中国人喜欢在院子周围种竹子，使用竹子、木材等自然材料制作器物，除去技术因素的限制外，还有其道德寓意。苏轼曾说："可使食无肉，不可使居无竹，无肉令人瘦，无竹令人俗，人瘦尚可肥，士俗不可医。"宁可吃饭没有肉，也不能够让居住的地方没有竹子，因为竹子象征着正直的美德，对于提升道德境界具有重要的启示意义。草木也具有道德意义。例如兰芝，它本来只是一种普通的香草，但是人们根据兰芝散发出的香味赋予了其道德意义："与善人交，如入芝兰之室，久不闻其香则与之化矣。"人们在家里种兰芝寓意君子善良的美德，梅花象征着坚贞不屈的美德，菊花象征着富贵，石榴寓意着多子多孙。自然界的植物通常被赋予了美好的道德意义。

不仅是植物，一些动物也被赋予了道德意义。人们会将很多动物图案装饰在器物上来传递某种道德观念。例如，《韩诗外传》中就认为雄鸡具有五种美德："鸡有五德：首带冠，文也；足搏距，武也；敌在前敢斗，勇也；见食相呼，仁也；守夜不失，信也。"羊羔跪着吃奶，所以羊在中国古代象征着孝顺父母的美德。所谓"图必有意，意必吉祥"，在中国古代的家具或房屋上经常会装饰杜鹃、喜鹊的图案，因为它们寓意着好运的到来；鹿寓意着福禄双全；鱼与余谐音寓意着年年有余；鸳鸯、龙凤寓意着成双成对，警示人们在婚姻上忠贞恩爱。

此外，还有一种普遍的现象，因在某个地方或某类器物上发生的故事，而使得该事物具有了道德意义。例如，安徽著名的六尺巷本来只是一个普通的巷子，但后来却因为一件事情而具有了道德意义。据《桐城县志》记载，清代（康熙年间）文华殿大学士兼礼部尚书张英的老家人和邻居吴家在修墙问题上发生了争议，家人让张英施压吴家。而张英回馈给老家人的是一首诗："千里修书只为墙，让他三尺又何妨。万里长城今犹在，不见当年秦始皇。"家人见书后，主动退让了三尺，下垒建墙，而邻居吴氏也深受感动，退地三尺，建宅置院，于是就形成了两家的院墙之间有一条宽六尺的巷子。村民们可以由此自由通过，六尺巷由此而来。后来这六尺巷便成为一个重要的历史古迹，象征了谦让的美德，深刻影响着周围的人们。

3. 器物使用上的道德约束

通过限制器物的使用功能，使得器物间接地能够在道德上引导和约束人们的行为。如何体现人们的尊卑贵贱，器物的使用就发挥了重要作用。古代就有"尊者居中"的观念。《荀子·大略》中说："王者必居天下之中，礼也。"过去摆放在厅堂中间的"太师椅"，不是任何人都有资格使用的，只有那些身份显赫的尊贵客人或长者才有资格使用。《礼记·曲礼上》中说："席南乡北乡，以西方为上；东乡西乡，以南方为上。"在用餐时，餐桌不同的方位具有尊卑贵贱的意义。再如事物的色彩也被赋予了道德寓意。《考工记》记载："东方谓之青，南方谓之赤，西方谓之白，北方谓之黑，天谓之玄，地谓之黄。"自汉武帝之后，黄色成为皇家服饰，成为权力的象征，普通百姓不能够随便使用。当人们对器物的使用提出了规范性的要求，只允许某些人使用、以某种方式使用时，该物往往就具有了道德上的象征意义。

还有一种情况，当器物是被自己的亲人使用，或者是亲人所遗留或赠予自己的物品，该物品也具有了特殊的道德价值。比如对于祖传的器物，要以极其崇敬的态度对待；对方出价再贵，在中国人看来都不应当出售，如果将自己祖传的器物出售，不仅在情感上是对父母的不尊重，在道德上也会被认为不尊重他人。同样，别人馈赠的礼物，也不应该拿去买卖或送人，这样做都被认为是对馈赠者的不尊重。

二、器物道德叙事的呈现

前文探讨了儒家的道德观念以何种方式被嵌入到器物中，从而使得该器物具有了道德寓意。但是需要注意的是，凝结在器物中的道德观念并非自然而然地呈现出来，被人们所认知。因为在器物与儒家的道德观念之间并不是逻辑的关系，这种关系是被建构起来的，器物之于道德仅有象征意义。因此，道德化的器物要发挥道德功能，它还需要依赖器物中的道德被呈现出来。

人们对器物中的道德观念的认识依赖于被人揭示。器物具有道德意义，但是在不知情的情况下依然是没有意义的。比如对一个从不了解中国文化的外国人而言，他并不能够自然地知道这些器物背后蕴含的道德寓意。所以需要有人揭示。揭示有几种方式：第一，在生活实践中，当道德接受者欣赏、参观或使用某物时，由道德施予者有意或无意地解释该物而获得关于该物的知识。在现代社会，人们去参观古迹景点时，导游的相关解释就是对事物意义的揭示。第二，将器物所蕴含的道德知识以专门书籍的形式表现出来。比如在《礼记》中就器物与"礼"相联系起来，详细诠释了器物中所蕴含的道德道理。第三，通过政治力量将其变成制度法律，使得人们获知器物的道德意义。例如，《清圣祖御制·文二集》记载康熙帝曾说："凡饮食、动履、话语，皆有矩度。虽平居独处，亦教以罔敢越轨。"最后，个体自觉地道德体悟。人们经常通过对器物的观察、想象，从中获得关于道德的知识。比如在《周易》中，人们从对大地的观察中，体悟仁厚的美德；从对太阳的观察中，体悟自强不息的美德。宋明理学家也主张从一草一木中体悟儒家的道理。

三、器物道德叙事的功能

第一，道德化的器物对人们的行为具有重要的提示和警醒作用。儒家早就意识到道德要对人发生作用，首先需要进入人的意识层面，人意识道德，然后才能够按照道德原则行动。孔子称赞颜回"三月不违仁"，《中庸》中说："莫显乎隐，莫显乎微"，就是时刻在提醒人们在道德上要保持高度的警惕状态。但是作为观念之物的道德要进入意识层面，需要外界之物的警醒和提示。人们看到外在的器物，其中所蕴含的道德意义伴随着器物的出现会随时呈现眼前，从而起到提醒和警示的作用。比如见到墙上挂的梅兰竹菊的字画，时刻提醒自我要做一个正直廉洁的君子。当写字时用"欹器"，就会提醒做人要谦虚。特别是一些追求圣贤人格的人，为了加强自我的道德修养，他们往往会故意在家里购置或设计一些具有道德寓意的物品，以提醒自己，让自己对道德持有持续的敏感性。

第二，道德化的器物能够在潜移默化中对人们的行为产生引导和约束作用。器物在使用上有道德上的限制和约束。所以当使用者在使用该器物时，其行为会自然受到器物使用道德的约束，按照道德的要求使用该器物。如果违反器物使用规范的要求，很可能就会受到群体的道德谴责。比如，在中国参加婚礼或葬礼的酒桌上，座位都是有一定的规定：长辈坐在上位，晚辈在下位。每一次的这种活动都会强化人们长幼有序的观念，这种尊长的观念就会因为"座次"而强化一次，久而久之，就会形成一种潜意识和行为习惯，并且还会成为这种习俗的自觉维护者。所以当人们在重复使用器物的过程，事实上是道德观念不断被"记忆"和被持续强化的过程。器物对行为起作用还依赖于中国古代关于礼仪方面的制度规定，如果违反器物的使用，不仅会受到社会舆论的谴责，也会受到当时法律的惩罚，这种惩罚有时候特别严厉，比如如果在古代普通百姓穿黄色的衣服，可能会被视为"谋反"。

第三，器物通过器物拥有者的记忆活动，也会对其本身产生道德影响。器物是人与人之间沟通和联系的纽带，通过器物将去世的人、远在千里之外的人与眼前的人紧紧地联系在一起。所谓"睹物思人"，时常将去世之人的遗物放在身上或挂在家中，时时看到器物便自觉能够回忆起去世的人，回忆其过往事迹和美德，以及对自己的嘱咐、告诫，从而时刻提醒自己不要去做不道德的事情。这是将人置于连续的历史中，通过情感的影响，进行道德上的引导和约束。

四、器物道德叙事的当代价值

与"人对人"的传统道德教育相比较，通过器物进行道德教育具有这样的显著特点。

第一，它尊重了人作为道德主体的价值。以往"人对人"的道德教化存在与人的道德主体性相矛盾的问题。在传统的道德教化中，需要教化的个体被视为道德上不成熟的人。虽然通过传统的道德教化，个体获得了道德知识，也表现出某种道德行为，但是个体对道德行为的遵从不是来自自我的觉醒而是来自外在强制力量的灌输，没有尊重个体在道德上的自由选择。"物对人"的道德教育主要不是通过强迫其必须接受观点。器物能否对个体发挥道德作用，关键取决于个体对器物的认知。个体如果不能够发挥自我的主体性，那么再道德化的器物都难以对其发生作用。

第二，器物道德叙事是通过润物细无声的潜移默化的方式进行的，它比道德宣传的方式能够产生更为持久的影响。那些"运动式""口号式"的更能体现平等的理念。在传统的道德教化中，有道德施予者和道德接受者之分，道德施予者被认为是掌握了道德真理的人，是先知先觉，他们是道德知识的传播者，他们被塑造成样板，特别是道德典范有时候可以被塑造成"道德品质卓越"甚至是"道德完美"者的形象，影响人和感染人。"道德接受者"被视为在道德上是不成熟的，是需要被教育的对象。因此，二者在地位上并不是完全平等的。但是通过器物进行道德教化则消除了道德施予者与道德接受者在地位上的不平等性。尽管器物的道德内涵的揭示依赖于道德施予者，但是他只是作为消极的存在，在无意间或对器物意义有需求的时候才揭示，他的揭示并不是为了刻意达到某种目的。

第三，器物道德叙事最大的价值在于它能够以"物"的形式保存儒家的道德观念。儒家的道德观念或者存在于文字中，或者存在于人的行为中，或者存在于器物中。相比于其他存在形式，物的形式是稳定的、持久的、真实的。道德观念可以伴随着实物的存在得以长久地真实保留下来。今天人类的历史记忆就是依靠各种考古发现的文物得以保存和印证。在这个意义上，器物化的道德叙事方式，是非常有价值的一种叙事方式。

结　语

　　本书主要围绕儒家道德话语这一主题，从儒家道德话语的历史变迁、汉语表意、概念体系、言语道德、道德叙事等几个方面进行了研究，形成了如下一些看法。

　　在儒家道德话语的历史变迁上，儒家道德话语的体系正式形成于先秦时期，孔子首次创立了以仁为核心的道德话语体系，经孟子和荀子的发展，逐渐成为当时有影响力的话语。两汉至隋唐时期，尽管在学界认为是儒家伦理思想发展的缓慢期甚至停滞期，但对于道德话语而言，则是一个重要的阶段。这一时期，儒家道德话语从学术话语、民间话语上升为体现国家意志的官方话语。而且通过训诂等方式得以实现。到宋明时期，儒家道德话语趋于成熟，其显著的标志是不再局限于两汉的语言学诠释，而是发展出更为精密的形而上理论做支撑，构建起了以"心""气""理"等核心概念为基础的话语体系。无论是形而上，还是人性论、境界论和工夫论的话语都趋于完善。

　　儒家伦理思想借助于古代汉语得以表达。古汉语的语音、字形、词汇、语法和修辞不仅是儒家伦理思想表达的语言工具，也一起参与了儒家伦理思想的创造，是儒家道德话语的重要构成要素。在语音方面，儒家认为语音能够表达一个人的道德态度，并且采用"因声求义"的方式定义重要概念。在字形方面，汉字是典型的表意文字，通过对"父""妻""友""嫁""娶""孝""慈"等甲骨文、金文等字形的分析，从对文字字形的重新解读中寻找儒家五伦道德观念的原始胎记，发现其蕴含的伦理意义与后来人们所理解的存在显著差异。在词汇方面，儒家的道德词汇是以像"仁""义""礼"这样的单纯词为主，以名词为主，合成词较少被使用。在合成词中，儒家使用的"君臣""夫妇"等复合词,在复合词词素的排序上,通过男先女后、长先幼后、君先臣后的次序,鲜明地体现了儒家尊卑贵贱的伦理观念。在语法上,比如词类活用的现象,对于理解儒家伦理思想就比较重要,像"君君""臣臣""父父""子子"正是通过词类活用的方式表达其伦理意义。像宾语前置、定语状语后置等特殊的语法形式,往往强化或制约着伦理思想的表达,凸显了作者的意图。在修辞上,比喻是儒家重要的修辞方式,其中类比和隐喻是解释道德概念和道德论证的重要方式。从比喻的视角理解如儒家的性善、性恶等概念,可以澄清人们在这些问题上的争议。

儒家伦理思想中的核心概念是构成儒家道德话语的核心内容。不同于以往学者研究的是,我们广泛运用了语义分析、概念分析的方法对这些概念及其相关命题进行了深入研究。如根据语义学的相关理论,从语义场、搭配词、反义词、同义词及其义素构成等语义学视角,创造性地分析了"仁""义""礼"等概念,对这些概念在不同哲学家那里的含义进行了区分,并从概念分析的视角分析了概念的构成要素及其与相关概念的关系,推进了对儒家道德话语核心概念的理解。

儒家认为"如何说话"是一个道德问题,言语应当受到道德约束。在《论语》中,孔子认为言语表达了一个人的道德态度,他鼓励谨言,反对巧言,注重语言的礼的要求。孟子将社会混乱的根源诉诸语言和思想上的混乱,通过澄清四类错误的言语,区分名称的规范性意义与描述性意义,试图解决社会问题。荀子提出了道德名称的约定性本质,论述了纠正道德名称的社会作用,区分了君子之言与奸言等差异。《礼记》认为言语要符合礼的要求,即言语符合伦理关系中角色所规定的礼的要求,无论是在父子关系、君臣关系,还是男女关系中,言语都要根据自身的角色和对象做出相应的表现。《礼记》中的言语观还特别强调行动对于言语的意义,没有行动或不能行动的语言是没有意义的。

叙事是儒家一种重要的话语形式,它不仅是儒家进行道德教育的一种方式,更是儒家进行道德论证、道德解释的重要手段。无论是在儒家经典著作、历史事件、家风家训、戏曲艺术,还是在日用器物中,都广泛存在着道德叙事。可以说,儒家话语主要是一种叙事性话语。

总之,本书对儒家道德话语这一主题做了一些初步的尝试性的探索，一些论述还不够成熟，一些话题还有待深入，一些领域还有待开辟。但无论如何，从语言的视角理解儒家伦理思想，对于发展儒家伦理思想，构建中国道德话语，无疑具有重要的意义。期待今后有更多学者就这一领域中的问题进行更深入的研究。

主要参考文献

中央文件类：

[1] 中共中央文献研究室. 习近平关于社会主义文化建设论述摘编 [M]. 北京：中央文献出版社，2017.

古籍类：

[2] 程树德. 论语集释 [M]. 北京：中华书局，1990.

[3] 杨伯峻. 论语译注 [M]. 北京：中华书局，2017.

[4] 钱穆. 论语新解 [M]. 北京：生活·读书·新知三联书店，2002.

[5] [清] 焦循. 孟子正义 [M]. 北京：中华书局，1987.

[6] [清] 王先谦. 荀子集解 [M]. 北京：中华书局，1988.

[7] 王天海. 荀子校释 [M]. 上海：上海古籍出版社，2005.

[8] 顾迁，译注. 尚书 [M]. 北京：中华书局，2019.

[9] 周振甫. 诗经译注 [M]. 北京：中华书局，2019.

[10] [周] 左丘明. 国语 [M]. 北京：商务印书馆，2018.

[11] 滕一圣，译注. 礼记译注 [M]. 北京：商务印书馆，2015.

[12] [晋] 郭璞，注. 尔雅 [M]. 杭州：浙江古籍出版社，2011.

[13] [汉] 许慎. 说文解字注 [M]. 段玉裁，注. 郑州：中州古籍出版社，2006.

[14] 江世龙，编著. 甲骨文释读 [M]. 合肥：黄山书社，2018.

[15] 王本兴，编著. 金文字典 [M]. 北京：北京工艺美术出版社，2016.

[16] [汉] 刘向校订，耿天勤注译. 战国策 [M] 武汉：崇文书

局，2020.

　　[17] 董仲舒. 春秋繁露 [M]. 程郁导读注译. 长沙：岳麓书社，2020.

　　[18] 杨伯峻. 春秋左传注 [M]. 北京：中华书局，2016.

　　[19] 刘尚慈. 春秋公羊传译注 [M]. 北京：中华书局，2010.

　　[20] 徐正英，邹皓. 春秋谷梁传译注 [M]. 北京：中华书局，2016.

　　[21] 周敦颐. 通书 [M]. 张文瀚，注. 开封：河南大学出版社，2018.

　　[22] [宋] 张载. 张载集 [M]. 章锡琛，点校. 北京：中华书局，1978.

　　[23] [宋] 张载. 正蒙 [M]. 苏士梅，译注. 开封：河南大学出版社，2016.

　　[24] [宋] 程颢，程颐. 河南程氏遗书 [M]. 陈京伟，笺证. 济南：山东人民出版社，2020.

　　[25] [宋] 程颐，程颢. 二程集 [M]. 王孝鱼，点校. 北京：中华书局，2004.

　　[26] [宋] 朱熹. 朱子语类 [M]. 黎靖德，编. 王星贤，点校. 北京：中华书局，1986.

　　[27] [宋] 朱熹. 四书章句集注 [M]. 北京：中华书局，2011.

　　[28] [宋] 陆九渊. 陆九渊集 [M]. 钟哲，点校. 北京：中华书局，1980.

　　[29] [明] 王守仁. 王阳明全集 [M]. 吴光，等编校. 上海：上海古籍出版社，2012.

　　[30] [清] 王夫之. 船山全书 [M]. 长沙：岳麓书社，2011.

　　[31] [清] 曾国藩. 曾国藩日记 [M]. 长沙：岳麓书社，2015.

著作类：

　　[32] 褚孝泉. 语言哲学：从语言到思想 [M]. 上海：上海三联书店，1991.

　　[33] 陈来. 古代宗教与伦理 [M]. 北京：生活·读书·新知三

联书店，2009.

[34] 冯友兰. 中国哲学史 [M]. 北京：商务印书馆，2011.

[35] 龚鹏程. 文化符号学导论 [M]. 北京：北京大学出版社，2005.

[36] 胡亚敏. 叙事学 [M]. 武汉：华中师范大学出版社，1994.

[37] 康宇. 儒家诠释学研究 [M]. 哈尔滨：黑龙江大学出版社，2015.

[38] 牟宗三. 心体与性体（上）[M] 长春：吉林出版集团有限责任公司，2013.

[39] 蒙培元. 理学范畴系统 [M]. 北京：人民出版社，1989.

[40] 申小龙. 汉语与中国文化 [M]. 上海：复旦大学出版社，2003.

[41] 唐瑞琮. 古代汉语语法 [M]. 上海：上海古籍出版社，2008.

[42] 伍谦光. 新编语义学概要 [M]. 北京：北京大学出版社，2012.

[43] 王红旗. 语言学概论 [M]. 北京：北京大学出版社，2008.

[44] 张岱年. 中国古典哲学概念范畴要论 [M]. 北京：中国社会科学出版社，1989.

[45] 王国维. 王国维戏曲论文集 [M]. 北京：中国戏剧出版社，1984.

[46] 王立军，等. 汉字的文化解读 [M]. 北京：商务印书馆，2012.

[47] 宗廷虎，陈光磊. 中国修辞史 [M]. 长春：吉林教育出版社，2007.

[48] 朱贻庭，主编. 中国传统伦理思想史 [M]. 上海：华东师范大学出版社，2003.

[49] [美] 史华慈. 古代中国的思想世界 [M]. 程钢，译. 南京：江苏人民出版社，2004.

[50] [英] 黑尔. 道德语言 [M]. 万俊人，译. 北京：商务印书馆，2004.

[51] [美] 陈汉生. 中国古代的语言与逻辑 [M]. 北京：社会科学文献出版社. 1998.

[52] [美] 斯蒂文森. 伦理学与语言 [M]. 姚新中，秦志华等，译. 北京：中国社会科学出版社，1997.

[53] 张寅德. 叙事学研究 [M]. 北京. 中国社会科学出版社，1989.

[54] RAYMOND D S. Confucius：The Analects [M]. New York：Oxford University Press，2000.

论文类：

[55] 暴拯群. 上古汉语特殊语序与汉民族原始思维方式的关系 [J]. 学习论坛，1999 (03).

[56] 白奚. 孟子对孔子仁学思想的推进及其思想史意义 [J]. 哲学研究. 2005 (03).

[57] 陈来. 仁学视野中的"万物一体"论（上）[J]. 河北学刊，2016，36 (03).

[58] 戴兆国.《孟子》"心"概念辨析 [J]. 华东师范大学学报（哲学社会科学版），2015. (02).

[59] 郭锡良. 先秦汉语名词、动词、形容词的发展 [J]. 中国语文，2000 (03).

[60] 黄怀信.《论语》中的"仁"与孔子仁学的内涵 [J]. 齐鲁学刊，2007 (01).

[61] 彭传华. 荀子语言哲学的历史定位 [J]. 浙江学刊，2015，215 (06)

[62] 申小龙. 中西古典修辞学传统比较 [J]. 复旦学报（社会科学版）1992 (05).

[63] 罗江文. 古文字与儒家伦理观 [J]. 思想战线（云南大学人文社会科学学报），1999 (02).

[64] 梁涛. "天生人成"与政治形上学——荀子天论发微 [J]. 中国哲学史，2021，121 (05).

[65] 林乐昌. 张载心学论纲 [J]. 哲学研究，2020 (06).

［66］隋淑芬. 儒家的道德叙事方法及其借鉴［J］. 思想教育研究，2005（09）.

［67］向玉乔. 汉语道德语言的构成要素及其伦理表意功能［J］. 道德与文明，2022（03）.

［68］吴震. 中国思想史上的"圣人"概念［J］. 杭州师范大学学报（社会科学版），2013，35（04）.

［69］伍晓明. "爱（与）（他）人"——重读孔子的"仁者爱人"［J］. 中国文化研究，2003（04）.

［70］杨国荣. 道德与语言［J］. 学术月刊，2001（02）.

［71］WOLF S S. Moral Saints［J］. The Journal of Philosophy，1982（08）.

［72］SHUN K L. Moral Reasons in Confucian Ethics［J］. Journal of Chinese Philosophy，1989（16）.